"十三五"普通高等教育本

期货交易理论与实务

编　著　张忠慧

主　审　李维刚

中国电力出版社
CHINA ELECTRIC POWER PRESS

内 容 提 要

本书为"十三五"普通高等教育本科系列教材。本书全面介绍了国外期货的起源与发展现状及我国期货的发展历程，结合实际介绍了期货合约、期货交易流程、期货交易制度等期货交易基础知识，在此基础上对套期保值、套利、基差交易理论与实际交易进行了分析。本书还详细介绍了期货价格走势两种分析方法——基本分析法与技术分析方法。在期权交易方面，本书在介绍了进行期权交易所需的期权种类、保证金、交易流程等基础知识以后，结合实际交易案例介绍了期权的交易策略。

本书概念清晰、内容简明、贴近实际，并配有大量相关的案例。本书可作为贸易、管理、金融类专业本科生期货课程的教学用书，也可以作为对期货感兴趣的读者了解期货与知识的入门书，或者作为期货从业人员资格考试的辅导用书。

图书在版编目（CIP）数据

期货交易理论与实务 / 张忠慧编著 . —北京：中国电力出版社，2015.8（2024.2 重印）
"十三五"普通高等教育本科规划教材
ISBN 978-7-5123-7965-7

Ⅰ. ①期… Ⅱ. ①张… Ⅲ. ①期货交易－高等学校－教材 Ⅳ. ①F830.9

中国版本图书馆 CIP 数据核字（2015）第 146339 号

中国电力出版社出版、发行

（北京市东城区北京站西街 19 号 100005 http://www.cepp.sgcc.com.cn）
北京天泽润科贸有限公司印刷
各地新华书店经售

*

2015 年 8 月第一版 2024 年 2 月北京第四次印刷
787 毫米×1092 毫米 16 开本 14 印张 336 千字
定价 **28.00** 元

前　言

随着我国期货市场交易种类、规模的不断扩大，金融机构及大中型企业在投资、融资等方面，需要大量掌握期货与期权的理论与实务的从业人员，对于金融、贸易与管理类学生来说，这无疑增加了许多就业机会。这是编者编写此书最主要的目的。

本书具有以下几个特点：

（1）通俗易懂。期货交易操作性极强，将操作性极强的实务用浅显直白的语言表述出来，并让读者易于接受，是编者在编写过程中遵循的第一原则。

（2）内容新颖。期货市场的交易工具创新快、交易技术更新快、交易规则改变快，针对期货市场的上述特点，本书所涉及的相关内容采用了最新的资料。

（3）理论联系实际。作为实务操作性极强的教材，理论联系实际也是编者在编写过程中遵循的重要原则。通过本书的学习，能让读者很快进入期货市场操作，实现自己的交易目的。

（4）使用价值高。对于想从事期货交易工作的读者来说，考取期货从业人员资格证书是迈入期货市场的第一步，所以本书在内容上涵盖了期货从业人员考试的所有内容，并在附录中提供了期货从业资格考试的模拟试题。

本书可以作为高校金融、贸易及管理类本科学生的教学教材，或者期货公司的培训教材；也可以作为期货从业人员资格考试辅导用书，或者作为金融、贸易与管理工作者的自学用书。

在本书的编写过程中，李维刚教授给予了悉心的指导，提出了极有参考价值的建议，在本书初稿完成后又审定了全部书稿。同时，本书也借鉴了许多学者及同行的研究成果和文献资料，在此一并致谢。

限于作者水平，加之时间仓促，书中疏漏及不足之处在所难免，恳请广大读者批评指正。

编　者

2015 年 6 月

目　录

第一章 期货市场概述

【本章要点】 本章介绍了期货市场的产生、发展及特征,对我国期货市场的发展历程及现状进行了阐述,介绍了我国各类期货合约的条款。

第一节 期货市场的产生与发展

一、期货市场的产生

（一）现货交易的问题及解决办法

人类早期的交易方式是易货交易,如农民用谷物与渔民交换鱼虾,这种交易方式在古希腊、古罗马和中国古代就产生了,并被广泛应用。随着货币制度的出现,一手交钱一手交货的现货交易方式代替了易货交易方式,成为主流交易方式。直到今天,这种现货交易方式依旧被广泛地应用在人类的经济活动中。

由于交易媒介——货币的引入,一手交钱一手交货的现货交易方式,较之古老的易货交易方式是一种巨大的进步,但这种交易方式并未克服现货交易的固有缺点,而且随着市场经济的发展越发显得突出。19 世纪中叶,美国芝加哥已发展成为当时美国最大的谷物集散地。在那里,随着农业生产的进一步发展、商品交易量的增加,一手交钱一手交货的现货交易方式的缺点突显出来,这种缺点集中体现在供需矛盾上。收获季节,农场主将大量的谷物运到芝加哥,他们沿袭古老的交易方式在大街上沿街摆卖。由于供给太过集中,往往供过于求,价格常常跌到生产成本之下,甚至一文不值。农场主常常因此遭受重大损失。而到来年春天,青黄不接,谷物供不应求,价格常常扶摇直上,消费者常常因此而受到严重损失。同时,谷物的价格在谷物出产地的芝加哥与美国其他非谷物出产地之间也时常出现巨大差异。

简而言之,一手交钱一手交货的现货交易方式的主要缺点是,商品供应者所持商品的时间状态和空间状态与商品需求者对商品时间状态和空间状态的要求常常是不一致的。就美国芝加哥谷物市场而言,农场主所持商品的时间状态是丰收季节,而谷物需求者一般要求能全年均衡地得到谷物供应,而不仅仅是丰收季节;农场主所持商品的空间状态是农场(或芝加哥),而谷物需求者则分布在整个美国。

改变商品时间状态和空间状态的基本方法是存储与运输。事实上,当年在美国芝加哥,人们就是采用这种方法来解决问题的。当地经销商在交通要道设立商行、修建仓库,长途贩运。收获季节,他们从农场主那里收购谷物,存于仓库,来年春季青黄不接时他们再将谷物贩运到各地出售。

以运输和仓储为基础的经销业的发展解决了现货交易方式存在的主要问题,但经销商则面临新的问题。他们要承担谷物过冬期间价格波动的风险及谷物在运输途中价格波动的风险。例如,支出了仓储费用后,来年春天,谷物价格不是上升而是下跌;支出了运输费用后,谷物到了出售地,价格也可能下降。为了回避这种风险,芝加哥的商人采用了远期合同的贸易方式。

（二）远期合同贸易方式的问题与解决办法

远期合同贸易方式也是一种古老的贸易方式，在古罗马和古希腊时期就有雏形。那时，城里的商人在农产品还未成熟时就向农民预购农产品，等到收获后，农民才交付农产品。13世纪，英国出现了用远期合同贸易方式买卖在途货物的做法。具体做法是，交易双方先签订一份买卖合约，列明货物名称、数量、质量、价格、交货日期等，预交一笔定金，待到货物运到时，双方再交换全部货款和货物。到了19世纪中叶，美国芝加哥的商人也采用了这种做法。他们在谷物还未成熟甚至还未播种时，就一方面与农场主签订收购合同，大量预购谷物，另一方面与谷物加工商就来年春季供应谷物签订供货合同；他们在将谷物从仓储地运到出售地之前，就与谷物需求方签订买卖合同。通过这种方法，商人们能较有效地回避因仓储和运输而产生的价格风险。

但远期合同的贸易方式几乎从其产生的那天起就暴露出固有的缺点。

（1）交易极为混乱。买卖双方为转嫁价格风险、牟取更大收益，往往在货物运到之前将合同转卖，而合同的买者也可能因为同样的原因将合同再转卖。这种情况发展下去，常常使原始供货者和最终需求者之间出现一个冗长而又极其混乱的交易链，原始供货者和最终需求者就商品品质、数量、交货方式等方面的理解也出现巨大的差异。同时，许多投机者见买卖这种合同有利可图，也积极参与远期合同的买卖。他们的参与使买卖远期合同的混乱状况进一步加剧。

（2）出现了大量违约事件。因远期合同的大量转让常常形成冗长的交易链，只要其中一个环节有交易者违约，其后所有交易者都面临被违约或被迫违约的境地。而大量违约的出现又加剧了交易的混乱。

交易的混乱和大量违约事件危及远期合同交易方式作为大宗货物主要交易方式之一的地位。为克服远期合同交易方式的缺点，交易商采取了两方面的措施。

1）组织措施。实行远期合同交易的集中化和组织化。商人们组成会所，远期合同的签订及转让集中在会所进行，而且远期合同的签订及转让只能在会员间进行，会所对远期合同的签订及转让提供公证及担保。这种会所形式早在13世纪中叶就出现了，那时，尼德兰、法国、意大利、西班牙等地的商人就曾组成过这类会所。最著名的会所是1848年美国芝加哥82位商人组成的交易会所芝加哥期货交易所（又称芝加哥谷物交易所（Chicago Board Of Trade，CBOT，原意是芝加哥交易会所）。集中化和组织化使远期合同交易的混乱状况大为改善，违约事件也大为减少。但集中化和组织化并未从根本上解决远期合同交易方式的固有问题。而且随着远期合同转让的情况越来越普遍，交易混乱和大量违约依旧是最为突出的问题。于是就有了第二个方面的措施。

2）技术措施。对远期合同进行标准化并实行保证金制度（这方面的内容我们以后将详细介绍）。芝加哥期货交易所在1865年推行了标准化和保证金制度，从根本上克服了远期合同交易方式带来的交易混乱和不断出现大量违约的缺点，从而在远期合同交易方式的基础上正式发展出现代期货合约交易方式。

二、期货市场的发展

期货交易品种经历了由商品期货（Commodity Futures）（农产品期货—金属期货—能源化工期货）到金融期货（Financial Futures）（外汇期货—利率期货—股票指数期货—股票期货）的发展历程。

（一）商品期货

从 19 世纪中叶现代意义上的期货交易产生到 20 世纪 70 年代，农产品期货一直在期货市场中居于主导地位，同时新的期货品种也在不断涌现。随着农产品生产和流通规模的扩大，除了小麦、玉米、大米等谷物以外，棉花、咖啡、白糖等经济作物，生猪、活牛等畜产品，木材、天然橡胶等林产品也陆续在期货市场上市交易。19 世纪下半叶，伦敦金属交易所（London Metal Exchange，LME）开金属期货交易的先河，先后推出铜、锡、铅、锌等期货品种。伦敦金属交易所和纽约商品交易所（the Commodity Exchange，COMEX，隶属于芝加哥商业交易所集团旗下）已成为目前世界主要的金属期货交易所。

20 世纪 70 年代初发生的石油危机给世界石油市场带来巨大冲击，石油等能源产品价格剧烈波动，直接导致了能源期货的产生。纽约商业交易所（the New York Mercantile Exchange，NYMEX，隶属于芝加哥商业交易所集团旗下）已成为目前世界最具影响力的能源期货交易所，上市的品种有原油、汽油、取暖油、天然气、电力等。商品期货的种类如表 1-1 所示。

表 1-1　　　　　　　　　　　　　商 品 期 货 的 种 类

农产品期货	谷物及油脂油料期货：小麦、燕麦、糙米、早籼稻、玉米、大豆、豆粕、豆油、菜籽油、棕榈油等
	畜产品期货：活牛、生猪、冷冻猪腹、猪肉等
	林产品期货：木材、纸浆等
	乳品期货：牛奶、奶粉、奶酪、奶油等
	软商品期货：棉花、白糖、咖啡、可可等
金属期货	有色金属期货：铜、铝、铅、锌、镍、锡等
	贵金属期货：黄金、白银、铂金、钯金等
	黑色金属期货：螺纹钢、线材、钢平板、钢条、海绵铁、废钢、热轧卷板、钢坯等
能源化工期货	能源期货：原油、汽油、柴油、燃料油、取暖油、天然气、燃料乙醇、煤炭、电力等
	化工期货：线型低密度聚乙烯、聚氯乙烯、精对苯二甲酸、聚丙烯等

（二）金融期货

20 世纪 70 年代，布雷顿森林体系解体，浮动汇率制取代了固定汇率制，世界金融体制发生了重大变化。随着汇率和利率的剧烈波动，市场对风险管理工具的需要变得越来越迫切。商品期货的发展为金融期货交易的产生发挥了示范效应，期货业将商品期货交易的原理应用于金融市场，金融期货便应运而生。1972 年，芝加哥商业交易所（Chicago Mercantile Exchange，CME）设立了国际货币市场分部，首次推出包括英镑、加拿大元、德国马克、意大利里拉、法国法郎、日元和瑞士法郎等在内的外汇期货合约。1975 年，芝加哥期货交易所推出第一张利率期货合约——政府国民抵押协会（Government National Mortgage Association，GNMA）抵押凭证期货合约，1977 年美国长期国债期货合约在芝加哥期货交易所上市。继外汇和利率期货推出之后，1982 年堪萨斯期货交易所（Kansas City Board of Trade，KCBT）开发出价值线综合指数期货合约，使股票价格指数也成为期货交易品种。1995 年，中国香港开始股票期货交易。金融期货种类如表 1-2 所示。

表 1-2   金 融 期 货 种 类

外汇期货	澳大利亚/美元、英镑/美元、加拿大元/美元、欧元/美元、日元/美元等
利率期货	3 个月期欧洲美元期货，3 个月期欧洲银行间欧元利率（Euribor）期货，5 年期、10 年期和长期国债期货
股指期货	标准普尔 500 指数期货、英国金融时报 100 指数期货、日经 225 指数期货、香港恒生指数期货
股票期货	

（三）其他期货品种

随着商品期货和金融期货交易的不断发展，人们对期货市场机制和功能的认识不断深化。期货作为一种成熟、规范的风险管理工具，作为一种高效的信息汇集、加工和反应机制，其应用范围可以扩展到经济社会的其他领域。因而，国际期货市场推出了天气期货、房地产指数期货、消费者物价指数期货、碳排放期货等期货品种。以天气期货为例，天气的变化（雨雪冰冻、强降水和台风等）给能源、农业、保险、旅游等行业带来的影响，往往并不反映在价格上，而是反映在对相关行业产品的需求上。例如，暖冬减少了对采暖所用电力的需求，这不但会造成电力企业部分产能闲置，发电成本提高，而且会抑制对石油、天然气和煤炭等能源的需求，导致对上游企业产品的需求减少。为了规避此类风险，芝加哥商业交易所率先推出了天气期货，包括温度期货、降雪期货、降雨期货、霜冻期货和飓风期货等。

三、信息时代的期货市场

20 世纪 80 年代，传统占主导地位的农产品期货市场的绝对规模还在增长，但其市场占有率却在迅速下降，而金融期货则迅速崛起。随着以电子计算机技术和现代通信技术为标志的信息技术的迅速发展和普及，人类社会在 90 年代进入了信息时代，期货市场亦借助现代信息技术迅速进入了一个新的发展时期。其标志是 GLOBEX（全球交易执行系统）的建立。

GLOBEX 是期货、期权全球交易系统，由路透社、美国芝加哥期货交易所、美国芝加哥商业交易所经过 5 年共同研究开发，于 1992 年推出的。主要交易品种包括日元、德国马克、瑞士法郎、英镑、澳元、加拿大元、法国法郎、欧洲美元、短期国库券的期货与期权等。其他期货品种也会相继进入 GLOBEX。GLOBEX 的主要功能：使全世界各地的交易者可以通过这个系统的终端进行全天 24 小时的期货交易。这使期货市场的价格发现功能、风险回避功能能在更大范围内更有效地发挥作用。

与此同时，传统商品期货市场与金融期货市场一样出现了两个发展趋势。一是合并趋势，二是电子化交易、网上交易趋势。世界范围内，经济全球化的迅速展开与技术的迅猛发展相得益彰，为适应这种趋势，期货交易所之间、期货交易所与证券交易所之间在全球范围内出现了方兴未艾的合并潮流。同时，现代电子计算机技术和现代通信技术也被迅速而广泛地应用在期货交易上，传统的交易池手工成交方式正在迅速被电脑自动成交方式所取代，各国也正在大力提倡网上交易方式。这两个方面的发展趋势将使期货市场的运作方式发生翻天覆地的变化，交易成本将会大幅下降，交易效率将会大幅提高，而期货市场的功能将更加强大。

第二节 期货交易的特征

与现货交易相对应的期货交易，已经成为一种现代交易方式。系统地认识期货交易的特征是深刻理解期货市场的有效途径和关键所在。

一、期货交易的基本特征

期货交易的基本特征可归纳为以下 6 个方面。

（一）合约标准化

期货合约（Futures Contract）是由交易所统一制定的标准化远期合约。在合约中，标的物的数量、规格、交割时间和地点等都是既定的。这种标准化合约给期货交易带来极大的便利，交易双方不需要事先对交易的具体条款进行协商，从而节约了交易成本、提高了交易效率和市场流动性。

（二）场内集中交易

期货交易实行场内交易，所有买卖指令必须在交易所内进行集中竞价成交。只有交易所的会员方能进场交易，其他交易者只能委托交易所会员，由其代理进行期货交易。

（三）保证金交易

期货交易实行保证金制度。交易者在买卖期货合约时按合约价值的一定比率缴纳保证金（一般为 5%～15%）作为履约保证，即可进行数倍于保证金的交易。这种以小博大的保证金交易也被称为"杠杆交易"。期货交易的这一特征使期货交易具有高收益和高风险的特点。保证金比率越低，杠杆效应就越大，高收益和高风险的特点就越明显。

（四）双向交易

期货交易采用双向交易方式。交易者既可以买入建仓（或称开仓），即通过买入期货合约开始交易，也可以卖出建仓，即通过卖出期货合约开始交易。前者也称为"买空"，后者也称为"卖空"。双向交易给予投资者双向的投资机会，也就是在期货价格上升时，可通过低买高卖来获利；在期货价格下降时，可通过高卖低买来获利。

（五）对冲了结

交易者在期货市场建仓后，大多并不是通过交割（即交收现货）来结束交易，而是通过对冲了结。买入建仓后，可以通过卖出同一期货合约来解除履约责任；卖出建仓后，可以通过买入同一期货合约来解除履约责任。对冲了结使投资者不必通过交割来结束期货交易，从而提高了期货市场的流动性。

（六）当日无负债结算

期货交易实行当日无负债结算，也称为逐日盯市（Marking-to-Market）。结算部门在每日交易结束后，按当日结算价对交易者结算所有合约的盈亏、交易保证金及手续费、税金等费用，对应收应付的款项实行净额一次划转，并相应增加或减少保证金。如果交易者的保证金余额低于规定的标准，则须追加保证金，从而做到"当日无负债"。当日无负债可以有效防范风险，保障期货市场的正常运转。

二、期货市场的主要特征

期货市场提供了一种新的交易方式，有其独特市场制度，或者说有其内在规律性。这种内在规律性使期货市场区别于其他市场。下面简单地介绍期货市场的主要特征。

（一）交易对象的特征

1. 期货市场交易的商品是标准化的远期合约、不是现货商品

期货合约本身不是现实的资产。期货合约不能用于抵押担保、不能用作储备资产。这一点使期货市场不同于现货市场。现货市场交易的商品一般是现实的资产，可用做抵

押资产或储备资产。例如，现货市场交易的大豆就是现实的资产，大豆可用于抵押担保。但期货市场上交易的大豆期货合约则不是现实的资产，大豆期货合约不能用做抵押担保的抵押物。

2. 期货合约不同于现货合同

期货合约是一种标准化的公开的约定，每张合约除价格外，其他交易要素，如商品规格、品质、数量、交货时间、交货地点、付款方式等，均是既定的。在期货市场上，只有关于价格的竞买竞卖。而现货合同中，所有交易要素均是通过买卖双方个别协商约定的，任意一张合同的内容与另一张合同的内容都可以不一样甚至完全不同。

（二）合约商品的特征

期货合约本身不是现实的资产（以下称作"现实商品"），但期货合约通常是关于某一现实商品的期货合约。除法律规定不能买卖的现实商品外，任何现实商品均可通过买卖双方个别协商交易条件，进行交易。但并不是所有现实商品都能采用期货合约的交易方式进行交易的。一般而言，能在期货市场上采用期货合约方式进行交易的现实商品必须具有以下特征。

1. 这种商品的市场价格波动频繁、波动幅度大

如果某种商品的市场价格没有波动，买卖双方就不会有回避价格风险的要求，供需双方也就不会参与期货交易。同时，由于价格没有波动，投机者也就无从套期获利，当然也就不会参与期货交易。在这种情况下，期货市场也就失去了存在的理由，也就不会有期货市场。

2. 商品的数量、质量容易标准化

由于期货合约是标准化的合同，每张合约的数量和质量都必须有公认的标准才能使买卖双方在交易过程中只关心商品的价格，而无须关心商品短斤少两、以次充好等问题。现实中并不是所有的商品都有公认的数量标准和质量标准的，也不是所有的商品都可以容易地进行数量和质量的标准化的。例如钻石，质量不能标准化自不待言，数量也不能标准化——5个1克拉的钻石与1个5克拉的钻石是不能简单等同起来的。只有那些数量和质量易于标准化的商品或已有公认的标准的商品才能采用期货合约的交易方式。需要说明的是，过去许多不能采用期货合约方式进行交易的商品，随着其生产加工过程的标准化，随着运输和储藏手段的现代化，这些商品也采用了期货合约的交易方式。典型的例子是猪肉、活牛的期货合约。

3. 商品方便运输和储藏

在期货市场，期货合约从开仓到履约历时少则数月，多则一年，从而使人们能在一个较长的时间范围内考虑商品的供求关系。一般认为，如果商品不方便仓储，人们就很难通过仓储方式从时间上来调节商品的供求关系，也就很难借助标准化的期货合约来回避因仓储而导致的价格风险。例如，绿叶菜是不方便储藏的商品。同样，期货市场覆盖的地域通常非常广阔，一般认为，如果商品不方便运输，人们就很难通过运输方式从空间上来调节商品的供求关系，也就很难借助标准化的期货合约来回避因运输而导致的价格风险。例如，一些鲜活海洋鱼类是不方便运输的商品。

4. 供需双方无任何一方处于垄断地位

没有人会认为在一个垄断的市场上非垄断的一方能有效地回避价格风险。解决垄断市场

问题只有通过法律和行政手段。西湖龙井茶叶、茅台酒是供方处于垄断地位的例子。

5. 交易量较大

只有大宗商品才值得采用期货合约的交易方式。首先，少量小额商品因价格波动带来的风险本身就较小；其次，期货交易有较固定的交易成本，当交易额较小时，交易成本相对就很高。

（三）市场层次的特征

债券市场、股票市场都由发行市场和交易市场两个层次构成，但期货市场只有交易市场，而无发行市场。

由于期货市场采用的是卖空机制，因而期货市场与债券市场、股票市场不同，市场并不需要先发行证券让人们手中有了证券后再交易。在期货市场上，人们手中无须持有现实商品，人们可通过预交保证金来卖空。也正是由于期货市场采用卖空机制、做空者无需持有现实商品即可卖出商品，所以，只要市场上有足够多的买卖者、两方所出价格又相匹配，市场交易量即可无限制地扩大（当然，任一市场参与者在同一合约上的持仓量均不能超过期货交易所人为设定的持仓上限）。在债券和股票市场上，卖者不能卖空（可以借入证券卖），而任意一只股票或债券其市场流通量都是有限的，因而在一个交易结算周期内（如在结算制度为T+1的市场上，一天就是一个交易结算周期），交易量不可能超过相应股票或债券的流通总量。例如，某公司总股本为1亿股，交易结算周期内的交易量就不可能大于1亿股。

（四）交易者交易目的的特征

绝大多数交易者买卖期货合约的直接目的不是为了获得商品的使用价值或出售商品的使用价值（直接取得商品或直接提供商品），而是为了回避现货市场上价格变动的风险或是为了投机获利。这一点与现货市场的交易者完全不同。在现货市场上，卖者提供商品，买者取得商品——尽管他未必真的消费该商品，几乎百分之百的交易是以现实商品的转移结束的。在期货市场上，大约98%的交易是通过交易者的反向交易（平仓）而结束的，这些交易并不涉及现货商品的转移。

（五）价格产生方式的特征

期货合约的成交价格是通过公开市场的竞价产生的，而现货市场每张合同的成交价格同每张合同的其他要素一样是通过买卖双方就每张合同个别协商约定的。

三、期货交易与现货交易

现货交易可以分为即期现货交易和远期现货交易，两者均以买入卖出实物商品或金融产品为目的。即期现货交易在成交后立即交割，是一种表现为"一手交钱，一手交货"的交易方式。远期现货交易是即期现货交易在时间上的延伸，买卖双方签约后在未来某一时间进行实物商品或金融产品的交收。期货交易是在现货交易的基础上发展起来的。市场交易方式经历了"由即期现货交易到远期现货交易，再到期货交易"的发展过程。现货交易的对象是实物商品或金融产品，期货交易的对象是标准化合约。可见，在期货交易中买卖的是关于某种标的物的标准化合约，而非标的物本身，而且并非所有的实物商品和金融产品都能成为期货合约的标的物。期货合约的标的物是有限的特定种类的实物商品和金融产品，一般具有便于贮藏运输、品质可界定、交易量大、价格频繁波动等特性。

现货交易的目的是获得或让渡实物商品或金融产品。期货交易的主要目的，或者是为了规避现货市场价格波动的风险，或者是利用期货市场价格波动获得收益。

四、期货交易与远期现货交易

期货交易直接由远期现货交易演变发展而来。远期现货交易与期货交易存在着许多相似的外在表现形式，目前的远期现货交易往往也采用集中交易、公开竞价、电子化交易等形式。因此，在现实当中容易把远期现货交易与期货交易相混淆。

期货交易与远期现货交易同属于远期交易，但是两者交易的远期合约存在着标准化与非标准化的差别。前者是由交易所统一制定的标准化远期合约；后者是非标准化的，合同中标的物的数量、规格、交割时间和地点等条款由交易双方协商达成。

期货交易可以通过对冲或到期交割来了结，其中绝大多数期货合约都是通过对冲平仓的方式了结。远期现货交易的履约主要采用实物交收方式，虽然远期合同也可转让，但最终的履约方式是实物交收。

期货交易以保证金制度为基础，实行每日无负债结算制度，每日进行结算且由结算机构担保履约，所以信用风险较小。远期现货交易从交易达成到最终完成实物交收，有相当长的一段时间，此间时常会发生各种变化，违约行为因此有可能发生。例如，买方资金不足，不能如期付款；卖方生产不足，不能保证供应；市场价格趋涨，卖方不愿按原定价格交货；市场价格趋跌，买方不愿按原定价格购入等。这些都会使远期交易面临着较大的风险和不确定性，加之非标准化的远期现货合同不易转让，所以远期现货交易的信用风险较大。

五、期货交易与证券交易

证券是各类财产所有权或债权凭证的通称，是用来证明所有人有权依票面所载内容取得相关权益的凭证，如股票和债券。在本质上，证券也是一种交易的合同或契约，该合同赋予持有人对标的物采取相应行为并获得相应收益的权利。因此，就合同或契约的买卖这一点而言，期货交易与证券交易有相同之处。不仅如此，期货交易和证券交易都具有促进资源有效配置的作用。

证券与期货合约的区别不仅在于两者在金融产品结构中的层次不同，即前者属于基础金融产品，而后者属于金融衍生产品，而且两者在是否具有"内在价值"和可否长期持有上存在明显的差异。证券有其内在价值，证券持有人有权据此凭证获得一定的货币收入，因而可以长期持有，可以用来抵押、担保和作为资产储备。期货合约则不具有内在价值，不具备抵押、担保和储备的职能，而且不能长期持有，在合约到期日之前必须进行交割。

证券交易与期货交易的目的不尽相同。证券交易的目的是让渡或获得有价证券这一金融产品，获取投资收益。在期货交易中，部分投资者的目的是通过买卖期货合约获取投资收益。同时，期货交易还有另外一种目的，即规避现货市场的价格波动风险。从历史起源可以发现，证券市场和期货市场的产生都不是以获取风险收益为目的，而人为地设计出一个投资或投机的场所。证券市场是为了满足融资的需要而建立，期货市场是为了满足规避现货价格风险的需要而形成。买卖证券和期货从而进行风险投资，是证券市场和期货市场运行不可或缺的必要条件，保证了证券市场和期货市场的流动性。应当认识到，获取投资收益并非期货市场的本质属性。

期货交易与证券交易在制度规则上不尽相同。期货交易实行保证金制度，是一种以小博大的杠杆交易，而在证券交易中一般不引入这种杠杆机制。期货交易实行双向交易，既可以买空也可以卖空；而在证券交易中一般没有做空机制，仅实行先买后卖的单向交易。此外，证券市场在市场结构上有一级市场和二级市场之分，而期货市场则不存在这种区分。

 阅读材料

衍　生　品　交　易

所谓衍生品（Derivatives），是从一般商品和基础金融产品（如股票、债券、外汇）等基础资产衍生而来的新型金融产品。具有代表性的金融衍生品包括远期（Forwards）、期货（Futures）、期权（Options）和互换（Swaps）。按照是否在交易所内进行交易划分，衍生品交易分为场内交易和场外交易，场外交易又称为柜台交易、店头交易。在衍生品交易中，场外交易的规模远大于场内交易。期货交易是在交易所内集中进行的，期货合约是标准化的；其他衍生品主要是在场外交易，交易的合约是非标准化的，保证金和结算等履约保障机制由双方商定。

根据国际清算银行的数据，2010~2014 年衍生品交易总量呈稳定上升趋势，但是衍生品的各品种发展却出现了分化。总体而言，场外交易增速加快、交易活跃，期货交易表现稍逊一筹。但是，受到国际金融危机的影响，金融衍生品的发展态势出现波动，商品期货表现不俗，特别是农产品期货、贵金属期货和能源期货等。

与其他衍生品相比，期货交易有着自身的优势：其一，期货市场的价格发现功能强、效率高，因而期货价格更具有权威性；其二，期货市场的交易成本低，信用风险小，市场流动性水平高，因而能够更有效地转移风险。因此，期货交易在衍生品交易中发挥着基础性作用。其他衍生品的定价往往参照期货价格。其他衍生品市场在转移风险时，往往要与期货交易相配合。

第三节　期货市场的功能与作用

期货市场自产生以来，之所以不断发展壮大并成为现代市场体系中不可或缺的重要组成部分，就是因为期货市场具有难以替代的功能和作用。正确认识期货市场的功能和作用，可以进一步加深对期货市场的理解。

一、期货市场的功能

规避风险和价格发现是期货市场的两大基本功能。

（一）规避风险功能及其机理

规避风险功能是指期货市场能够规避现货价格波动的风险。这是期货市场的参与者通过套期保值交易实现的。从事套期保值交易的期货市场参与者包括生产商、加工商和贸易商等。以大豆期货交易为例，期货市场中的套期保值者包括种植大豆的农户、以大豆为原料的加工商和大豆经销商。

例如，3 个月后大豆种植户将收获大豆并上市销售，大豆压榨企业需要在 3 个月后购进大豆原料，大豆经销商已与对方签订了的 3 个月后交货的销售合同。此时，这些生产经营者在现货市场上都面临着价格波动的风险。具体来说，3 个月后如果大豆价格下跌，大豆种植户将蒙受损失；如果大豆价格上涨，大豆压榨企业和大豆经销商将加大采购成本，利润减少甚至出现亏损。

　　为了规避大豆价格波动的风险，这些生产经营者这时可以通过期货市场进行套期保值。具体来说，大豆种植户卖出3个月后到期的大豆期货合约，如果3个月后大豆价格果真下跌了，那么大豆种植户在大豆现货交易中就损失了一笔，但同时他买入大豆期货合约，把手中的卖出合约平仓，结果发现期货市场上的交易使他赚了一笔，而且可能正好抵补了他在大豆现货市场上的损失。再说大豆压榨企业和大豆经销商，他们买入3个月后到期的大豆期货合约，如果3个月后大豆价格果真上涨了，那么他们在大豆现货交易中就损失了一笔，但同时他们卖出大豆期货合约，把手中的买入合约平仓，结果他们发现期货市场上的交易使他们赚了一笔，而且可能正好抵补了它们在大豆现货市场上的损失。上述交易过程就是套期保值。套期保值之所以能够规避现货价格风险，是因为期货市场价格与现货市场价格同方向变动而且最终趋同。为什么两个市场的价格呈现出这样的特征呢？这是因为期货市场价格与现货市场价格受到相同的供求因素影响。

　　应当指出的是，规避价格风险并不意味着期货交易本身无价格风险。实际上，期货价格的上涨或下跌既可以使期货交易盈利，也可以使期货交易亏损。在期货市场进行套期保值交易的主要目的，并不在于追求期货市场上的盈利，而是要实现以一个市场上的盈利抵补另一个市场上的亏损。这正是规避风险这一期货市场基本功能的要义所在。

　　还应当指出的是，期货在本质上是一种风险管理工具，并不能消灭风险，现货市场价格波动的风险是一种客观存在。那么，经由期货市场规避的风险，也就是套期保值者转移出去的风险，到哪里去了呢？是由套期保值者的交易对手承担了。在这些交易对手当中，一部分是其他套期保值者，但主要是期货市场中的投机者。正如上述例子中所揭示的，大豆种植户卖出期货合约，而大豆压榨企业和大豆经销商买入期货合约，因此他们可以成为交易对手，承担一部分风险，但大部分风险主要是由期货市场中大量存在的投机者来承担，因为投机者对期货价格是升是降各有各的判断，并不一致，所以有人做多有人做空。这样，投机者就会与套期保值者成为交易对手。为什么投机者愿意承担风险呢？因为在竞争性市场中风险与收益呈正相关关系，正是对风险收益的追逐让大量投机者参与期货交易。

　　（二）价格发现功能及其机理

　　价格发现功能是指期货市场能够预期未来现货价格的变动，发现未来的现货价格。期货价格可以作为未来某一时期现货价格变动趋势的"晴雨表"。价格发现不是期货市场所特有的，但期货市场比其他市场具有更高的价格发现效率。这是基于期货市场的特有属性实现的。

　　现代经济学表明，信息不完全和不对称导致价格扭曲和市场失灵，而期货市场是一种接近于完全竞争市场的高度组织化和规范化的市场，拥有大量的买者和卖者，采用集中的公开竞价交易方式，各类信息高度聚集并迅速传播。因此，期货市场的价格形成机制较为成熟和完善，能够形成真实有效地反映供求关系的期货价格。这种机制下形成的价格具有公开性、连续性、预测性和权威性的特点。

　　（1）公开性。期货价格及时向公众披露，从而能够迅速地传递到现货市场。

　　（2）连续性。期货合约是标准化合约，转手极为便利，因此能不断地生成期货价格，进而连续不断地反映供求变化。

　　（3）预测性。期货价格是众多的交易者对未来供求状况的预期的反映，这些交易者是生产商、加工商、贸易商或者投机者。由大量这样的交易者集中在场内公开竞价形成的期货价格，就较为客观地反映出了未来的供求关系和价格变动趋势。

（4）权威性。基于以上三个特点，期货价格被视为一种权威价格。期货价格不仅能够指导实际生产和经营活动，还被作为现货交易的定价基准。例如，大宗商品的国际贸易采取"期货价格＋升贴水"的定价方式，就体现了期货价格的权威性。

现实的市场经济发展已充分证明，期货市场发现价格的基本功能在很大程度上弥补了现货市场的缺陷，推动了价格体系的完善，促进了市场经济的发展。

二、期货市场的作用

（一）期货市场的发展有助于现货市场的完善

现货市场和期货市场是现代市场体系的两个重要组成部分，在市场经济条件下它们共同调节资源的合理配置。从历史上看，期货市场由现货市场衍生而来，是现货市场发展到一定阶段的产物。期货市场的产生反过来又促进了现货市场的发展。

（1）期货市场具有价格发现功能，期货价格具有示范效果，从而有助于形成合理的现货市场价格。

（2）期货市场能够规避现货价格波动的风险，从而有助于现货市场交易规模的扩大。

（3）期货市场的交易对象是标准化合约，合约中规定了标的物的品质标准，在交割时不同品级的现货会有升水或贴水出现，体现优质优价原则。这有助于现货市场中商品品质标准的确立，促进企业提高产品质量。

（二）期货市场的发展有利于企业的生产经营

从微观的角度来看，期货市场的发展对企业生产经营活动的开展发挥了积极作用。

（1）作为信号的期货价格，可以有效克服市场中的信息不完全和不对称，在市场经济条件下有助于生产经营者作出科学合理的决策，避免盲目性。

（2）通过期货市场进行套期保值，可以帮助生产经营者规避现货市场的价格风险，达到锁定生产成本、实现预期利润的目的，使生产经营活动免受价格波动的干扰。例如，黑龙江等大豆主产区在确定播种面积时，一般都要参考大连商品交易所的大豆期货价格；我国农垦企业、有色金属生产企业和大宗物资流通企业多年来在期货市场开展套期保值，取得了良好的效果。

（三）期货市场的发展有利于国民经济的稳定，有助于政府的宏观决策

大宗商品（以主要农产品、能源产品为代表）和金融产品价格的剧烈波动，必然引起宏观经济的不稳定甚至是大起大落。大宗商品和金融产品期货交易，不仅可以通过其风险避险功能发挥稳定生产和流通的作用，而且可以通过其价格发现功能调节市场供求。可见，期货市场的发展有助于稳定国民经济。例如，以芝加哥期货交易所为代表的农产品期货市场促进了美国农业生产结构的调整，保证了农产品价格的基本稳定；美国芝加哥商业交易所集团和芝加哥期权交易所为国债和股市投资者提供了避险的工具，促进了债市和股市的平稳运行。

现货市场的价格机制对经济的调节有滞后性的缺陷，而期货市场价格反映了未来一定时期价格的变化趋势，具有信号功能和超前预测的特点。因此，以期货价格为参考依据，有助于科学合理地制定和调整宏观经济政策。例如，2003年针对天然橡胶期货价格的快速上涨，政府相关部门数次抛售库存天然橡胶，年末又宣布2004年取消进口配额管理，同时将国内两大垦区8.8%的天然胶农林特产税改征5%的农业税。这些措施使天然橡胶的供给增加，平抑了天然橡胶价格。

（四）期货市场的发展有助于增强在国际价格形成中的主导权

在经济全球化背景下，国与国之间的经济联系日益紧密，国际贸易的快速发展使国内市场演变成为世界市场，国内价格随之演变成为国际价格。期货价格在国际价格形成中发挥了基准价格的作用，发达的期货市场因其交易规模大、规范化和国际化而成为世界市场的定价中心。20 世纪 80 年代以来，美、英等发达国家的期货交易所集中了全球绝大多数的农产品、石油和金属的期货交易，由此形成的期货价格已成为世界市场的基准价格。美、英等发达国家在国际价格的形成中掌握着话语权和主导权，在国际贸易中处于主动和有利地位。

第四节　中外期货市场概况

系统地了解中外期货市场的发展状况，有助于增强对期货市场的感性认识，并进一步深化对期货市场的理性认识。

一、国际期货市场

（一）总体运行态势

从目前全球各区域期货和期权交易量来看，以欧美为代表的西方国家和地区的交易量出现明显下滑，以巴西、俄罗斯、印度和中国"金砖四国"为代表的新兴市场国家的交易量上升势头显著。北美期货和期权市场的交易量占全球交易量的比重下降，2009 年下降到 35.09%；亚洲期货和期权市场的交易量所占比重上升，2009 年上升到 35.06%，与北美市场旗鼓相当。2007～2009 年全球各地区期货和期权交易量的变动如表 1-3 所示。

表 1-3	全球各地区期货和期权变量占比			单位：%
年份	北美	欧洲	亚洲	拉美
2007	40.41	22.09	27.57	9.93
2008	39.63	23.61	28.18	8.58
2009	35.09	21.48	35.06	8.37

资料来源：美国期货业协会（FIA）。

从目前全球各主要交易所的交易量来看（见表 1-4），2009 年在全球期货和期权成交量排名中，韩国交易所因为 KOSPI200 股指期权成交继续保持活跃，荣登榜首，成交量为 31.03 亿张合约。欧洲期货交易所跃居第二，成交量为 26.47 亿张合约。芝加哥交易所集团排名则下滑至第三位，成交量为 25.90 亿张合约。

表 1-4	世界衍生品市场交易量 20 位交易所			
排名	交易所	2008 年（张）	2009 年（张）	成交量增长（%）
1	韩国交易所	2 865 482 319	3 102 891 777	8.3
2	欧洲交易所	3 172 704 773	2 647 406 849	−16.6
3	CME 集团	3 277 630 030	2 589 551 487	−21.0
4	NYSE EURONEX	1 675 791 242	1 729 965 293	3.2
5	芝加哥期权交易所	1 194 516 467	1 135 920 178	−4.9

排名	交易所	2008 年（张）	2009 年（张）	成交量增长（%）
6	BM&F Bovespa 交易所	741 889 113	920 377 678	24.1
7	印度国家证券交易所	601 599 920	918 507 122	52.7
8	Nasdaq OMX 集团	722 107 905	814 639 771	12.8
9	俄罗斯交易系统证券交易所	238 220 708	474 440 043	99.2
10	上海期货交易所	140 263 185	434 864 068	210.0
11	大连商品交易所	319 159 693	416 782 261	30.6
12	印度多品种商品交易所	103 049 912	384 730 330	273.3
13	美国洲际交易所	234 414 538	257 118 644	9.7
14	郑州商品交易所	222 557 134	227 112 521	2.0
15	南非约翰内斯堡证券交易所	513 584 004	166 592 373	−67.6
16	大阪证券交易所	163 689 348	166 085 409	1.5
17	波士顿期权交易所	178 650 541	137 784 626	−22.6
18	（中国）台湾期货交易所	136 719 777	135 125 695	−1.2
19	伦敦金属交易所	113 215 299	111 930 828	−1.1
20	（中国）香港交易所	105 006 736	98 538 258	−6.2

资料来源：美国期货业协会（FIA）。

（二）美国期货市场

目前，美国期货市场的交易品种最多、市场规模最大，位居世界前列的期货交易所主要有以下几个。

（1）芝加哥期货交易所。该交易所成立于 1848 年，是历史最长的期货交易所，也是最早上市交易农产品和利率期货的交易所。其交易品种主要有玉米、小麦、大豆及大豆产品、美国政府的中长期国债、股票指数、黄金和白银等期货，以及农产品、金融、金属的期权。

（2）芝加哥商业交易所。该交易所的前身是农产品交易所，由一批农产品经销商于 1874 年创建，1919 年改组为目前的芝加哥商业交易所，是世界最主要的畜产品期货交易中心。1972 年，国际货币市场分部组建并最先上市交易外汇期货，成为世界最早开展期货交易的交易所；1982 年组建指数和期权市场分部，著名的标准普尔 500 种股票指数（S&P500）期货和期权在该市场交易。芝加哥商业交易所的交易品种主要有活牛、木材、化工产品、外汇、股票指数等。

（3）纽约商业交易所。该交易所成立于 1872 年，主要交易品种有原油、汽油、取暖油、天然气、铂、黄金、铜等，是世界最主要的能源和黄金期货交易所之一。

（4）堪萨斯期货交易所。该交易所成立于 1856 年，是世界最主要的硬红冬小麦（面包主要原料）交易所之一，也是率先上市交易股票指数期货的交易所。

（三）英国期货市场

英国的有色金属期货交易在世界期货发展史上占有举足轻重的地位。英国的期货交易所主要集中在伦敦。伦敦金属交易所、伦敦国际金融交易所（the London International Financial

Futures and Options Exchange，LIFFE）和伦敦国际石油交易所（the International Petroleum Exchange，IPE）共同确立了伦敦国际期货交易中心的地位。

（1）伦敦金属交易所。该交易所成立于 1876 年，1987 年进行了公司制改组。就金属期货而言，是开展历史最早、品种最多、制度和配套设施最完善的交易所。该交易所的国际化程度高，外国公司、与外国公司合资的公司在会员中占有很大比重。其交易品种主要有铜、铝、铅、锌、镍、银的期货和期权，以及 LMEX 指数的期货和期权等。

（2）伦敦国际金融交易所。该交易所成立于 1982 年，是欧洲最早建立的金融期货交易所，也是世界最大的金融期货交易所之一。开始时交易限于 7 个金融期货品种，1985 年引入期权交易，1992 年与伦敦期权交易所合并，1996 年合并伦敦商品交易所，引入农林产品期货交易，1999 年改制为公众持股公司，2002 年与欧洲联合交易所（EURONEXT）合并，成为欧洲联合交易所集团的下属公司。其交易品种主要有欧元利率、英镑利率、欧洲美元利率，英镑、瑞士法郎、日元，金融时报股票价格指数及 70 种股票期权等期货和期权合约，其中欧元利率期货的成交量最大。

（3）伦敦国际石油交易所。该交易所成立于 1980 年，是英国期货市场的后起之秀，其主要交易品种为石油和天然气的期货和期权，2001 年 3 月开始上市交易电力期货合约，2001 年 7 月成为洲际交易所（Intercontinental Exchange，ICE）的全资子公司。目前，伦敦国际石油交易所已发展成为欧洲最大的能源期货市场。

（四）欧元区期货市场

20 世纪 90 年代后期，交易所间联网、合并的浪潮席卷全球，欧洲各国的交易所经过战略整合，形成了两家跨国界的以证券现货和期货、期权为主要交易品种的交易所联盟——欧洲期货交易所（EUREX）和欧洲联合交易所（EURONEXT）。

1998 年 9 月，德国法兰克福期货交易所（Deutsche Boerse，DTB）与瑞士期权和金融期货交易所（Swiss Options and Financial Futures Exchange，SOFFEX）合并为欧洲交易所。与此同时，法国、荷兰、比利时 3 国也分别完成了本国证券与期货交易所的合并，并于 2000 年 9 月最终合并为欧洲联合交易所这一综合性交易所。欧洲交易所和欧洲联合交易所都是世界主要的衍生品交易所。欧洲交易所的 3 个月美元期货、欧洲联合交易所的股票期权和股票指数期权的交易都取得了极大的成功。

（五）亚洲国家期货市场

日本是世界上建立期货市场较早的国家。20 世纪 90 年代以来，通过一系列整合，日本的期货交易所从 10 多家减少到 7 家，其中国际影响较大的是东京工业品交易所（the Tokyo Commodity Exchange，TOCOM）和东京谷物交易所（the Tokyo Grain Exchange，TGE）。日本的期货交易所只接纳公司会员，这与美国不同。东京工业品交易所成立于 1951 年，是日本唯一的综合商品交易所。该交易所以贵金属交易为中心，上市品种有黄金、白金、银、钯、棉纱、毛线等。20 世纪 90 年代后期上市交易石油期货，巩固了其日本第一大商品交易所的地位。东京谷物交易所成立于 1952 年，1985 年以前一直是日本第一大商品交易所，上市品种有大豆、小豆、白豆、马铃薯粉等。

韩国股票交易所（Kores Stock Exchange，KSE）在 1996 年 5 月推出 KOSPI 股票指数期货，1997 年 10 月推出该指数的期权。此后，成交量大幅度增加，特别是 KOSPI200 指数期权合约的成交量和成交额目前位居世界第一。KOSPI200 指数期货和期权成功的关键是合约设计合理，合约金额较小，期权合约金额较之期货更小。另外，韩国互联网的普及和网上交易的低成本，推动了个人投资者的积极参与，在 KOSPI200 指数期权成交量中个人投资者占60%。借助于 KOSPI200 指数期货和期权，韩国交易所（KRX）——由韩国股票交易所、韩国期货交易所（Korea Futures Exchange，KOFEX）和韩国创业板市场（Korean Securities Dealers Automated Quotations，KOSDAQ）合并而成，目前是全球成交量最大的衍生品交易所。

新加坡国际金融期货交易所（Singapore International Monetary Exchange，SIMEX）的期货品种具有典型的离岸金融衍生品的特征，例如日经 225 指数期货、MSCI 台湾指数期货、3个月欧洲美元期货等。1984 年，新加坡国际金融期货交易所与芝加哥商业交易所通过联网建立起相互对冲机制，扩大了交易品种。1999 年，新加坡国际金融期货交易所与新加坡证券交易所（the Stock Exchange of Singapore，SES）合并为新加坡交易所有限公司（SGX），成交量不断扩大。发展离岸金融衍生品和走联合之路，有力地巩固了新加坡国际金融中心的地位。

二、国内期货市场

改革开放以来，国内期货市场作为新生事物历经了 30 多年的发展，从无到有，从小到大，从无序逐步走向有序。随着中国成为国际贸易组织（World Trade Organization，WTO）成员，国内期货市场也在逐渐融入世界期货市场。国内期货市场的发展过程可以划分为三个阶段：起步探索阶段（1990～1993 年）、治理整顿阶段（1993～2000 年）和规范发展阶段（2000 年至今）。

（一）建立期货市场的背景

1978 年，中国经济体制改革的大幕徐徐拉开。随着家庭联产承包责任制在全国农村的推广，农业生产力很快恢复并得到很大发展。同时，价格改革从农产品开始起步，国家逐步放开对农产品流通和农产品价格实行多年的管制，实行价格双轨制，除计划订购之外，可以议购议销，市场调节的范围不断扩大。随着改革的深化，农产品价格出现较大的波动，农产品价格的大升大降使农业生产出现大起大落，价格上涨与卖粮难问题此消彼长，政府用于农产品补贴的财政负担日益加重。

如何既推进改革，又保持经济的平稳运行？能否通过运用市场机制，既可以提供指导未来生产经营活动的有效价格信号，又可以防范价格频繁波动带来的风险？面对上述一系列现实状况和问题，一批学者开始思考并提出建立农产品期货市场的设想。1988 年年初，国务院发展研究中心、国家体改委、商业部等部门根据中央领导的指示，组织力量开始进行期货市场研究，并成立了期货市场研究小组，考察期货市场的历史和现状，积累有关期货市场的理论知识。在 1988 年到 1990 年的近 3 年时间里，为中国建立期货市场作了先期的理论准备和可行性研究。

（二）起步探索阶段（1990～1993 年）

1990 年 10 月，郑州粮食批发市场正式成立。它以现货交易为基础，同时引入期货交易机制，标志着新中国商品期货市场的诞生。郑州粮食批发市场的积极作用和示范效应很快反映出来，全国各地纷纷仿效，积极创办期货交易所。例如，1991 年 6 月深圳有色金属交易所成立，1992 年 5 月上海金属交易所成立，1992 年 10 月天津钢铁炉料交易市场成立。各地的期货交易所如雨后春笋般建立起来，至 1993 年年底，国内各类期货交易所达 50 多家，而此时国际上的期货交易所还不到 100 家。同时，期货经纪公司也相继创办。例如，1992 年 9 月广东万通期货经纪公司成立，同年年底中国国际期货经纪公司开业。至 1993 年年底，国内的期货经纪机构已近千家。

　　在各方利益的驱动下，中国期货市场出现了盲目无序发展的局面。一方面，重复建设造成期货交易所数量过多，这必然使上市品种重复设置，造成交易分散，期货市场发现价格的功能难以发挥；另一方面，过度投机、操纵市场、交易欺诈等行为扰乱了市场秩序，恶性事件频发，期货市场不仅难以发挥规避风险的功能，而且多次酿成了系统风险。究其原因，问题主要在于：其一，人们缺乏相关实际经验且对期货市场缺乏深入研究，从而对期货市场的认识存在偏差；其二，缺乏统一监管从而导致监管不力，相关法规政策不完善而且滞后，致使市场规则不健全甚至缺失。这样的局面无疑违背了建立期货市场的初衷。针对这一情况，从 1993 年开始，政府有关部门对期货市场进行全面的治理整顿。

　　（三）治理整顿阶段（1993～2000 年）

　　1993 年 11 月，国务院发布《关于制止期货市场盲目发展的通知》，提出了"规范起步、加强立法、一切经过试验和从严控制"的原则。这标志着第一轮治理整顿的开始。在治理整顿中，首当其冲的是对期货交易所的清理，15 家交易所作为试点被保留下来。1998 年 8 月，国务院发布《关于进一步整顿和规范期货市场的通知》，开始了第二轮治理整顿。1999 年，期货交易所数量再次精简合并为 3 家，分别是郑州商品交易所、大连商品交易所和上海期货交易所（见表 1-5）。与缩减期货交易所同时进行的是，钢材、煤炭、食糖、粳米、菜籽油、国债、红小豆等期货品种先后被停止交易。1999 年年底，期货品种由 35 个降至 12 个（详见表 1-5），到 2000 年真正上市交易的品种只有 6 个。同时，期货代理机构也得到了清理整顿。1995 年年底，330 家期货经纪公司经重新审核获发《期货经纪业务许可证》，期货代理机构的数量大大减少。1999 年，期货经纪公司的准入门槛提高，最低注册资本金不得低于 3 000 万元人民币。

表 1-5　　　　　　　　　　　　　　1999 年在中国境内期货市场状况

3 家交易所	上海期货交易所
	大连商品交易所
	郑州商品交易所
12 个期货品种	钢、铝、胶合板、天然橡胶、籼米
	大豆、豆粕、啤酒大麦
	小麦、绿豆、红小豆、花生仁

　　为了规范期货市场行为，国务院及有关政府部门先后颁布了一系列法规，不断加强对期货市场的监管力度。1999 年 6 月，国务院颁布《期货交易暂行条例》，与之配套的《期货交易所管理办法》《期货经纪公司管理办法》《期货经纪公司高级管理人员任职资格管理办法》和《期货从业人员资格管理办法》相继发布实施。这标志着中国期货市场进入了新的发展阶段。2000 年 12 月，中国期货业协会成立，标志着中国期货行业自律组织的诞生，从而将新的自律机制引入监管体系。经过两轮清理整顿，中国期货市场盲目无序的混乱局面得以扭转，逐步走向规范有序。至此，中国期货市场开始步入平稳较快发展的轨道。

　　（四）稳步发展阶段（2000 年至今）

　　进入 21 世纪，"稳步发展"成为中国期货市场的主旋律和鲜明主题。在这一新的发展阶段，期货市场的规范化程度继续提高，新的期货品种循序推出，期货交易量实现恢复性增长后连创新高，积累了服务产业及国民经济发展的初步经验，具备了在更高层次服务国民经济发展的能力。

中国期货市场走向法制化和规范化，构建了期货市场法规制度框架和风险防范化解机制，监管体制和法规体系不断完善。由中国证监会的行政监督管理、期货业协会的行业自律管理和期货交易所的自律管理构成的三级监管体制，对于形成和维护良好的期货市场秩序起到了积极作用。一系列相继出台的法律法规，夯实了中国期货市场的制度基础，为期货市场的健康发展提供了制度保障。

2003 年 5 月，《最高人民法院关于审理期货纠纷案件若干问题的规定》通过，自 2003 年 7 月 1 日起施行。

2004 年 3 月，中国证监会发布《期货经纪公司治理准则》。

2007 年 2 月，国务院修订了《期货交易管理条例》，自 2007 年 4 月 15 日起施行。

2007 年 3 月，中国证监会重新修订和发布《期货交易所管理办法》和《期货公司管理办法》，自 2007 年 4 月 15 日起施行。

2007 年 4 月，《期货投资者保障基金管理暂行办法》公布，自 2007 年 8 月 1 日起施行。

2007 年 7 月 4 日，中国证监会公布并施行《期货公司董事、监事和高级管理人员任职资格管理办法》和重新修订的《期货从业人员管理办法》。

2008 年 3 月，中国证监会公布《期货公司首席风险官管理规定（试行）》，自 2008 年 5 月 1 日起施行。

2008 年 4 月，中国期货业协会公布并施行《期货从业人员执业行为准则（修订）》。

在该阶段，中国期货保证金监控中心于 2006 年 5 月成立；中国金融期货交易所于 2006 年 9 月在上海挂牌成立，并于 2010 年 4 月适时推出了沪深 300 指数期货。作为期货保证金安全存管机构，中国期货保证金监控中心为有效降低保证金被挪用的风险、保证期货交易资金安全，以及维护投资者利益发挥了重要作用。中国金融期货交易所的成立和股票指数期货的推出，对于丰富金融产品、为投资者开辟更多的投资渠道、完善资本市场体系、发展资本市场功能，以及深化金融体制改革具有重要意义，同时也标志着中国期货市场进入了商品期货与金融期货共同发展的新阶段。

目前，国内期货交易所共有 4 家，分别是上海期货交易所、郑州商品交易所、大连商品交易所和中国金融期货交易所。截至 2010 年 12 月 31 日，上市交易的期货品种有 24 个（见表 1-6）。已上市的商品期货品种覆盖农产品、金属、能源和化工等诸多产业领域，形成了较为完备的商品期货品种体系。中国部分期货品种在国际市场上已经具有一定的影响力，其中在全球各类商品期货交易量排名中靠前的有螺纹钢、锌、铜、铝（金属期货），燃料油（能源化工期货），白糖、天然橡胶、豆粕、豆油、棕榈油、棉花、大豆、玉米（农产品期货）等。

表 1-6　　　　　　　　　　　　　中国期货交易所和期货品种

交　易　所	期　货　品　种
上海期货交易所	铜、铝、锌、黄金、燃料油、天然橡胶、螺纹钢、线材
郑州商品交易所	强麦、硬麦、棉花、白糖、精对苯二甲酸、菜籽油和早籼稻
大连商品交易所	黄大豆 1 号、黄大豆 2 号、玉米、豆粕、豆油、棕榈油、线型低密度聚乙烯、聚氯乙烯
中国金融期货交所	沪深 300 指数

事实证明，伴随着现代市场经济体系的逐步完善和资本市场改革发展的不断深入，经过20 年探索发展，中国期货市场逐步进入了稳定健康发展、经济功能日益显现的良性轨道，实现了平稳较快发展，在服务国民经济和实体产业过程中发挥了日益重要的作用。市场成交量迅速增长，交易规模日益扩大，2009 年中国期货市场成为世界最大的商品期货市场。上海期货交易所成交期货合约 4.34 亿张，居全球第 10 位；大连商品交易所成交期货合约 4.16 亿张，居全球第 11 位；郑州商品交易所成交期货合约 2.27 亿张，居全球第 14 位；台湾地区期货交易所成交期货和期权合约 1.35 亿张，居全球第 18 位；香港交易所成交期货和期权合约 0.98 亿张，居全球第 20 位。

在市场成交量迅速增长、交易规模日益扩大的背后，中国期货市场还存在诸多问题。其一，期货市场发展力量不均衡、投资主体结构不尽合理、市场投机较盛。过度投机会扭曲期货价格，影响期货市场规避风险和价格发现功能。此外，对机构投资者的准入限制依然存在。其二，期货市场监管有待加强，法律体系有待进一步完善，特别是现有法律需要根据市场发展状况适时修订。其三，期货品种不够丰富、品种结构不够合理。期货品种虽有增加，但还不能满足不同现货市场的避险需求。例如，原油期货欠缺，不能满足实体经济发展的客观要求；期权这一衍生金融产品尚未推出，基础金融产品的风险不能通过期货市场规避。其四，中国期货市场的国际化程度低，对其他国家和地区期货市场的影响力小，大部分商品期货的交易价格对国际商品定价的影响力小，在国际定价中难以形成与经济实力相匹配的话语权。总之，与国民经济发展提出的更高要求相比，中国期货市场仍然存在差距。中国期货市场正处于"从量的扩张向质的提升转变"的关键时期，发展中的问题要在中国期货市场继续稳步发展中解决。

从中国期货市场的发展历程中可以发现：建立和发展期货市场是中国市场经济发展的客观要求；充分发挥期货市场规避风险和价格发现功能，对完善市场经济体制、改善金融市场结构、优化资源配置、服务国民经济发展、引导产业结构调整、稳定企业经营管理具有难以替代的重要作用。回顾历史，中国期货市场的发展坎坷曲折；审视当今，中国期货市场正逐步走向成熟；展望未来，中国期货市场必将成为与欧美期货市场并驾齐驱的又一个国际性期货交易中心。

第五节 期 货 合 约

一、期货合约的定义

简单地说，期货合约就是标准化的远期合同。期货合约是指由期货交易所统一制定的、规定在将来某一特定的时间和地点交割一定数量和质量标的物的标准化合约。期货合约是期货交易的对象，期货交易参与者正是通过在期货交易所买卖期货合约，转移价格风险，获取风险收益。期货合约的标准化便利了期货合约的连续买卖，使之具有很强的市场流动性，极大地简化了交易过程，降低了交易成本，提高了交易效率。

前面已经介绍了期货合约如何从远期合同发展而来，也介绍过期货合约的若干特点。这里，我们再简单作一总结。

（1）期货合约是在远期合同的基础上通过标准化和引进交易保证金制度发展而来的。

（2）期货合约是在集中交易市场通过公开竞价进行交易。这也是为什么合约一定要标准化的原因——如果不是在集中市场公开竞价交易，就无须标准化。

（3）现代意义上的期货合约最早是 1865 年由美国芝加哥期货交易所推出的。

二、期货合约标准化的内容

期货合约是标准化的远期合同。那么，它对远期合同的哪些方面进行了标准化呢？换句话说，标准化的内容是什么呢？大致说来，标准化的内容包括以下 3 个方面。

（一）商品方面的标准化

这主要指商品数量（重量、体积等）计量单位、质量指标等方面的标准化，以及合约单位的数量（每张合约的数量）的标准化。例如，大豆要采用期货合约的交易方式进行交易，就必须规定重量和质量的计量单位、质量标准、每张合约的数量等。重量单位可以用吨，也可以用公斤、磅等计量指标，必须确定究竟采用什么单位。质量计量单位更复杂，就大豆而言，有杂质含量、水分含量、各有效成分的含量、颜色等级等；而质量标准又有国家标准、国际标准甚至地方港口标准等。还有每张合约的数量也必须事先确定好，是 10 吨？还是 1 000 磅？

在期货合约的规定中，合约单位（Trading unit 或 Contract size）通常单独列出，从中也间接规定了数量计量单位。例如，规定大豆 1 张合约的数量是 10 吨大豆，也就间接规定了合约的数量计量单位是吨。

质量标准通常由交割等级（Deliverable Grade）来规定。例如，规定大豆的交割等级是 2 号黄（No.2 Yellow），至于 2 号黄的质量内涵是什么则必须引用国家或国际标准化组织公布的大豆质量标准。

（二）交易方面的标准化

交易方面的标准化主要包括以下内容。

（1）报价方式（Price Quote）：主要是规定期货市场上报出的价位的经济含义。例如，期货市场上报出的价位是 4 140，投资者必须清楚这 4 140 是指每吨大豆 4 140 元人民币，还是每 1 000 磅 4 140 元人民币，或是其他的含义。

（2）最小变动价位（Tick Size）：价格变动的最小幅度。例如，规定大豆期货合约的报价方式采用每吨多少元，最小变动价位是 1 元，那么，如果现在市场的成交价格是 4 000 元，则无论买方或卖方，他们报出的价格只能是元的整数，如 4 001 元、3 997 元等，而不能出现元的小数位，如 4 001.25 元就是无效的报价。

（3）每日波幅限制（Daily Price Limit 或 Maximum Fluctuation）：价格在前一营业日结算价格的基础上当日可上升或下降的最大幅度（本书将在后面介绍结算价格的含义）。例如，某一大豆期货合约前一营业日结算价格为 4 000 元，如果规定每日波幅限制是 5%，那么，当日该期货合约的市场价格最多只能升到 4 200 元（4 000＋4 000×5%），相应的，当日该期货合约的市场价格最多只能降到 3 800 元（4 000－4 000×5%）。4 200 元以上的买卖报价和 3 800 元以下的买卖报价均是无效报价。

（4）交易时间（Trading Time 或 Trading Hours）：营业日期货交易所撮合成交的时间范围。在交易由电脑撮合的情况下，交易时间通常不包括期货交易所每日接收参与集合竞价的报盘及通过集合竞价产生开盘价的时间，如期货交易所规定交易时间是上午 9:00～11:30，但实际上期货交易所很可能在上午 8:55～8:59 就在接收参与集合竞价的买卖委托盘，8:59 产生开盘价，当日首次成交价，9:00 开始接收参与连续竞价的买卖委托盘并进行连续竞价。

（5）最后交易日（Last Trading Day）：规定一种合约的最后交易日期。在最后交易日的营业时间内，交易者还可以交易该合约；在此之后，交易者就不可买卖该合约，该合约即不复存在，在此之前未平仓的所有合约不能再平仓，持有合约者必须履行交割义务。

（6）最低保证金额（Minimum Margin）：交多少保证金才能买、卖或持有 1 张合约。最低保证金要求可用具体金额表示，也可用合约金额的百分比表示。例如，买卖 1 张合约必须交 30 000 元港币的保证金，这是用具体金额表示；而维持保证金最低须合约金额的 6%，这是用合约金额的百分比表示。

（7）持仓限额（Position Limit）：单一交易者在任一时刻、任一种指定合约上所能持有的最高的合约张数。

另外，还有交易代码、每周交易时间等关于交易方面的规定。

（三）交割方面的标准化

交割方面的标准化主要包括以下内容。

（1）交割月份（Delivery Months/Contracts Months）：通常有两层意义。例如，某大豆期货合约规定交割月份分别是：Mar.，Jun.，Sept.，Dec.。那么，交割月份的第一层意思是，该大豆期货起码有 4 个合约，分别是：3 月份交割的合约、6 月份交割的合约、9 月份交割的合约、12 月份交割的合约。如果现在是 2 月份，那么现在正在交易的大豆期货起码有 4 个品种，分别是：今年 3 月份交割的合约、今年 6 月份交割的合约、今年 9 月份交割的合约、今年 12 月份交割的合约。如果现在是今年 8 月份，那么现在正在交易的大豆期货起码有以下 4 个品种：今年 9 月份交割的合约、今年 12 月份交割的合约、明年 3 月份交割的合约、明年 6 月份交割的合约。交割月份的第二层意思是，一个合约将在哪一个月份终止交易、退出市场。例如，交割月份为 Mar.，表示该合约将在 3 月份终止交易、退出市场，如果现在是 4 月份，那么现在市场上交易的期货合约品种中就没有今年 3 月份交割的品种（但可能有后年 3 月份交割的品种——这要由交易所规定），取而代之的是明年 3 月份交割的品种，且该品种交易到明年 3 月份终止。如果现在是 2 月份，那么现在市场上交易的期货合约品种中就没有去年 3 月份交割的品种，而是今年 3 月份交割的品种，且该品种交易到今年 3 月份终止（当今年 3 月份交割的期货合约终止交易时，明年 3 月份交割的合约通常会立即开始交易——也许在此之前已开始交易，所以市场上总是起码有 4 个期货合约在交易）。

至于在交割月，从哪一天起当月交割的合约不再交易则由最后交易日规定。

（2）最后交割日（Last Delivery Day）：在此日营业时间结束之前还未按要求履行交割义务的未平仓合约的持有者将受到规定的处罚。例如，6 月份交割的合约，如果其最后交割日是 6 月 27 日，那么，当日营业时间结束前，未平仓合约持有者必须办理完规定的交割手续，否则，将受到处罚，包括没收已交的保证金。

（3）现金交割或实物交割：通常在规定交割等级的同时，规定了该合约是采用现金交割还是采用实物交割。

交割方面的标准化内容还包括交割手续、交割程序、付款方式等许多内容，因大多数期货市场参与者不会进入交割程序，且交割手续方面的规定较为个别化、手续也较为复杂，因而期货交易所多数疏于宣传介绍。其实，这一部分的内容也很重要，有一些还是有普遍意义的规定。例如，期货交易所通常规定实物商品的卖出方可在期货交易所指定的众多仓库中任选一个仓库作为交割地点，而实物商品的买入方则不能选择交割地点，实物商品的买入方只能到期货交易所指定的仓库去提货（当然，期货交易所有义务采用数学规划方法安排交割，使买卖双方的运输费用之和尽可能地少）。

三、期货合约举例

芝加哥期货交易所关于大豆期货合约的规定如表 1-7 所示。

表 1-7　　　　　　　　　　　　芝加哥期货交易所大豆期货合约

合约单位（Trading unit）	5 000 蒲式耳（5 000bu）
交割等级（Delivery level）	标准的 2 号黄，或由期货交易所指定的替代品
报价方式（Price Quote）	美分或 1/4 美分/蒲式耳
最小变动价位（Tick Size）	每蒲式耳 1/4 美分（每张合约 12.50 美元）
每日波幅限制（Daily Price Limit）	每蒲式耳在前一交易日结算价格的基础上最大上升或下降 30 美分（相当于每张合约 1 500 美元）。该标准可以放大到 45 美分。当月交割的合约每日波幅无限制（交割月份之前的两个营业日，波幅限制即已取消）
交割月份（Contracts Months）	9、11、1、3、5、7、8
最后交易日（Last Trading Day）	交割月份最后一个营业日之前的第 7 个营业日
最后交割日（Last Delivery Day）	交割月份最后一个营业日
交易时间（Trading Hours）	上午 9:30 至下午 13:15，每周一至周五。到期合约最后交易日只交易到中午 12 点
报价器代码（Ticker Symbol）	S

我国各期货交易所的标准合约如表 1-8～表 1-31 所示。

表 1-8　　　　　　　　　　　　绿　豆　标　准　合　约

交易品种	绿豆
交易代码	GN
交易单位	10 吨/手
报价单位	元/吨
交割月份	1、3、5、7、9、11
最小变动价位	2 元/吨
每日价格最大波动限制	每吨不高于或低于上一交易日结算价格 120 元
最后交易日	交割月倒数第 7 个营业日
交易时间	每周一至周五上午 9:00～11:30，下午 13:30～15:00
交易手续费	6 元/手（含风险准备金）
交易保证金（占合约价值的比例）	10%
交割日期	合约交割月份的第一交易日至最后交易日
标准交割品级	国标二等杂绿豆，符合 GB 10462—89
替代交割品级	国标一等、二等杂绿豆；国标一等、二等、三等明绿豆
交割地点	交易所指定交割仓库
交割方式	实物交割
上市交易所	郑州商品交易所

表1-9　　　　　　　　　　　　　　铜 标 准 合 约

交易品种	阴极铜
交易单位	5 吨/手
报价单位	元（人民币）/吨
最小变动价位	10 元/吨
每日价格最大波动限制	不超过上一交易日结算价±3%
合约交割月份	1～12 月
交易时间	上午 9:00～11:30，下午 13:30～15:00
最后交易日	合约交割月份的 15 日（遇法定假日顺延）
交割日期	最后交易日后连续 5 个工作日
交割品级	标准品：标准阴极铜，符合国标 GB/T 467—1997 标准阴极铜规定，其中主成分铜加银含量不小于 99.95%。替代品：高纯阴极铜，符合国标 GB/T 467—1997 高纯阴极铜规定，或符合 BS EN 1978:1998 高纯阴极铜规定
交割地点	交易所指定交割仓库
最低交易保证金	合约价值的 5%
交易手续费	不高于成交金额的万分之二（含风险准备金）
交割方式	实物交割
交易代码	CU
上市交易所	上海期货交易所

表1-10　　　　　　　　　　　　　　铝 标 准 合 约

交易品种	铝
交易单位	5 吨/手
报价单位	元（人民币）/吨
最小变动价位	5 元/吨
每日价格最大波动限制	不超过上一交易日结算价±3%
合约交割月份	1～12 月
交易时间	上午 9:00～11:30，下午 13:30～15:00
最后交易日	合约交割月份的 15 日（遇法定假日顺延）
交割日期	合约交割月份的 16～20 日（遇法定假日顺延）
交割等级	标准品：铝锭，符合国标 GB/T 1196—2002 标准中 AL99.70 规定，其中铝含量不低于 99.70%。替代品：LME 注册铝锭，符合 P1020A 标准
交割地点	交易所指定交割仓库
交易保证金	合约价值的 5%
交易手续费	不高于成交金额的万分之二（含风险准备金）
交割方式	实物交割
交易代码	AL
上市交易所	上海期货交易所

表 1-11　　　　　　　　　　锌 标 准 合 约

交易品种	锌
交易单位	5 吨/手
报价单位	元（人民币）/吨
最小变动价位	5 元/吨
每日价格最大波动限制	不超过上一交易日结算价±4%
合约交割月份	1～12 月
交易时间	上午 9:00～11:30，下午 13:30～15:00
最后交易日	合约交割月份的 15 日（遇法定假日顺延）
交割日期	最后交易日后连续 5 个工作日
交割品级	标准品：锌锭，符合国标 GB/T 470—2008 ZN99.995 规定，其中锌含量不小于 99.995%。替代品：锌锭，符合 BS EN 1179: 2003 Z1 规定，其中锌含量不小于 99.995%
交割地点	交易所指定交割仓库
最低交易保证金	合约价值的 5%
交易手续费	不高于成交金额的万分之二（含风险准备金）
最小交割单位	25 吨
交割方式	实物交割
交易代码	ZN
上市交易所	上海期货交易所

表 1-12　　　　　　　　　黄 金 期 货 标 准 合 约

交易品种	黄金
交易单位	1 000 克/手
报价单位	元（人民币）/克
最小变动价位	0.01 元/克
每日价格最大波动限制	不超过上一交易日结算价±5%
合约交割月份	1～12 月
交易时间	上午 9:00～11:30，下午 13:30～15:00
最后交易日	合约交割月份的 15 日（遇法定假日顺延）
交割日期	最后交易日后连续 5 个工作日
交割品级	金含量不小于 99.95%的国产金锭及经交易所认可的伦敦金银市场协会（LBMA）认定的合格供货商或精炼厂生产的标准金锭（具体质量规定见附件）
交割地点	交易所指定交割金库
最低交易保证金	合约价值的 7%
交易手续费	不高于成交金额的万分之二（含风险准备金）
交割方式	实物交割
交易代码	AU
上市交易所	上海期货交易所

表 1-13　　　　　　　　　　**螺纹钢期货标准合约**

交易品种	螺纹钢
交易单位	10 吨/手
报价单位	元（人民币）/吨
最小变动价位	1 元/吨
每日价格最大波动限制	不超过上一交易日结算价±5%
合约交割月份	1～12 月
交易时间	上午 9:00～11:30，下午 13:30～15:00
最后交易日	合约交割月份的 15 日（遇法定假日顺延）
交割日期	最后交易日后连续 5 个工作日
交割品级	标准品：符合国标 GB 1499.2—2007《钢筋混凝土用钢　第 2 部分：热轧带肋钢筋》HRB400 或 HRBF400 牌号的 ϕ16mm、ϕ18mm、ϕ20mm、ϕ22mm、ϕ25mm 螺纹钢。替代品：符合国标 GB 1499.2—2007《钢筋混凝土用钢　第 2 部分：热轧带肋钢筋》HRB335 或 HRBF335 牌号的 ϕ16mm、ϕ18mm、ϕ20mm、ϕ22mm、ϕ25mm 螺纹钢
交割地点	交易所指定交割仓库
最低交易保证金	合约价值的 7%
交易手续费	不高于成交金额的万分之二（含风险准备金）
最小交割单位	300 吨
交割方式	实物交割
交易代码	RB
上市交易所	上海期货交易所

表 1-14　　　　　　　　　　**线 材 期 货 标 准 合 约**

交易品种	线材
交易单位	10 吨/手
报价单位	元（人民币）/吨
最小变动价位	1 元/吨
每日价格最大波动限制	上一交易日结算价的±5%
合约月份	1～12 月
交易时间	上午 9:00～11:30，下午 13:30～15:00
最后交易日	合约交割月份的 15 日（遇法定假日顺延）
最后交割日	最后交易日后连续 5 个工作日
交割等级	符合国标 GB 1499.1—2008《钢筋混凝土用钢　第 1 部分：热轧光圆钢筋》HPB235 牌号的 ϕ8mm 线材
交割地点	交易所指定交割仓库
最低交易保证金	合约价值的 7%
交割方式	实物交割
交易代码	WR
上市交易所	上海期货交易所

表 1-15 燃料油标准合约

交易品种	燃料油
交易单位	10 吨/手
报价单位	元（人民币）/吨
最小变动价位	1 元/吨
每日价格最大波动限制	上一交易日结算价±5%
合约交割月份	1~12 月（春节月份除外）
交易时间	上午 9:00~11:30，下午 13:30~15:00
最后交易日	合约交割月份前一月份的最后一个交易日
交割日期	最后交易日后连续 5 个工作日
交割品级	180CST 燃料油（具体质量规定见附件）或质量优于该标准的其他燃料油
交割地点	交易所指定交割地点
最低交易保证金	合约价值的 8%
交易手续费	不高于成交金额的万分之二（含风险准备金）
交割方式	实物交割
交易代码	FU
上市交易所	上海期货交易所

表 1-16 天然橡胶标准合约

交易品种	天然橡胶
交易单位	10 吨/手
报价单位	元（人民币）/吨
最小变动价位	5 元/吨
每日价格最大波动限制	不超过上一交易日结算价±3%
合约交割月份	1、3、4、5、6、7、8、9、10、11 月
交易时间	上午 9:00~11:30，下午 13:30~15:00
最后交易日	合约交割月份的 15 日（遇法定假日顺延）
交割日期	最后交易日后连续 5 个工作日
交割品级	标准品：①国产天然橡胶（SCR WF），质量符合国标 GB/T 8081—2008；②进口 3 号烟胶片（RSS3），质量符合《天然橡胶等级的品质与包装国际标准（绿皮书）》（1979 年版）
交割地点	交易所指定交割仓库
最低交易保证金	合约价值的 5%
交易手续费	成交金额的万分之一
交割方式	实物交割
交易代码	RU
上市交易所	上海期货交易所

表 1-17 小 麦 期 货 合 约

交易品种	硬白小麦
交易单位	10 吨/手
报价单位	元（人民币）/吨
最小变动价位	1 元/吨
涨跌停板幅度	不超过上一交易日结算价±3%
合约月份	1、3、5、7、9、11 月
交易时间	上午 9:00～11:30，下午 13:30～15:00
最后交易日	合约交割月份的倒数第 7 个交易日
最后交割日	合约交割月份的第一交易日至最后交易日
交割等级	基准交割品：三等硬白小麦符合 GB 1351—2008《小麦》。替代品及升贴水见《郑州商品交易所期货交割细则》
交割地点	交易所指定交割仓库
最低交易保证金	合约价值的 5%
交易手续费	2 元/手（含风险准备金）
交割方式	实物交割
交易代码	WT
上市交易所	郑州商品交易所

表 1-18 优质强筋小麦期货合约

交易单位	10 吨/手
报价单位	元（人民币）/吨
最小变动价位	1 元/吨
每日价格最大波动限制	不超过上一交易日结算价±3%
合约交割月份	1、3、5、7、9、11 月
交易时间	上午 9:00～11:30，下午 13:30～15:00
最后交易日	合约交割月份的倒数第 7 个交易日
交割日期	合约交割月份的第一个交易日至最后交易日
交割品级	标准交割品：符合郑州商品交易所期货交易用优质强筋小麦标准（Q/ZSJ 001—2003）二等优质强筋小麦。替代品及升贴水见《郑州商品交易所交割细则》
交割地点	交易所指定交割仓库
交易保证金	合约价值的 5%
交割方式	实物交割
交易代码	WS
上市交易所	郑州商品交易所

表 1-19　　　　　　　　　　　　　菜 籽 油 期 货 合 约

交易品种	菜籽油
交易单位	5 吨/手
报价单位	元（人民币）/吨
最小变动价位	2 元/吨
每日价格最大波动限制	不超过上一交易日结算价±4%
合约交割月份	1、3、5、7、9、11 月
交易时间	周一至周五（北京时间，法定节假日除外） 上午 9:00～11:30，下午 13:30～15:00
最后交易日	合约交割月份第 10 个交易日
最后交割日	合约交割月份第 12 个交易日
交割品级	基准交割品：符合《郑州商品交易所期货交易用菜籽油》（Q/ZSJ 003—2007）四级质量指标及《郑州商品交易所菜籽油交割细则》规定的菜籽油。替代品及升贴水见《郑州商品交易所菜籽油交割细则》
交割地点	交易所指定交割仓库
最低交易保证金	合约价值的 5%
最高交易手续费	4 元/手（含风险准备金）
交割方式	实物交割
交易代码	RO
上市交易所	郑州商品交易所

表 1-20　　　　　　　　　　　　　一 号 棉 花 期 货 合 约

交易单位	5 吨/手（公定重量）
报价单位	元（人民币）/吨
最小变动价位	5 元/吨
每日价格最大波动限制	不超过上一交易日结算价±3%
合约交割月份	1、3、5、7、9、11 月
交易时间	周一至周五（法定节假日除外）： 上午 9:00～11:30，下午 13:30～15:00
最后交易日	合约交割月份的第 10 个交易日
最后交割日	合约交割月份的第 12 个交易日
交割品级	基准交割品：328B 级国产锯齿细绒白棉（符合 GB 1103—2007）。替代品及其升贴水详见交易所交割细则
交割地点	交易所指定棉花交割仓库
最低交易保证金	合约价值的 5%
交易手续费	8 元/手（含风险准备金）
交割方式	实物交割
交易代码	CF
上市交易所	郑州商品交易所

表 1-21　　　　　　　　　　　　精对苯二甲酸期货合约

交易品种	精对苯二甲酸（PTA）
交易单位	5 吨/手
报价单位	元（人民币）/吨
最小变动价位	2 元/吨
每日价格最大波动限制	不超过上一交易日结算价±4%
合约交割月份	1、2、3、4、5、6、7、8、9、10、11、12 月
交易时间	周一至周五：上午 9:00～11:30（法定节假日除外），下午 13:30～15:00
最后交易日	交割月第 10 个交易日
最后交割日	交割月第 12 个交易日
交割品级	符合工业用精对苯二甲酸 SH/T 1612.1—2005 质量标准的优等品 PTA，详见《郑州商品交易所精对苯二甲酸交割细则》
交割地点	交易所指定仓库
最低交易保证金	合约价值的 6%
交易手续费	不高于 4 元/手（含风险准备金）
交割方式	实物交割
交易代码	TA
上市交易所	郑州商品交易所

表 1-22　　　　　　　　　　　　早 籼 稻 期 货 合 约

交易品种	早籼稻
交易单位	10 吨/手
报价单位	元（人民币）/吨
最小变动价位	1 元/吨
每日价格波动限制	上一交易日结算价±3%及《郑州商品交易所期货交易风险控制管理办法》相关规定
合约交割月份	1、3、5、7、9、11 月
交易时间	周一至周五（北京时间，法定节假日除外）：上午 9:00～11:30，下午 13:30～15:00
最后交易日	合约交割月份的倒数第 7 个交易日
交割日期	合约交割月份的第 1 个交易日至倒数第 5 个交易日
交割品级	基准交割品：符合国家标准《稻谷》（GB 1350—1999）三等及以上等级质量指标及《郑州商品交易所期货交割细则》规定的早籼稻。替代品及升贴水见《郑州商品交易所期货交割细则》
交割地点	交易所指定交割仓库
最低交易保证金	合约价值的 5%
最高交易手续费	2 元/手（含风险准备金）
交割方式	实物交割
交易代码	ER
上市交易所	郑州商品交易所

表 1-23 白砂糖期货合约

交易品种	白砂糖
交易单位	10 吨/手
报价单位	元（人民币）/吨
最小变动价位	1 元/吨
每日价格最大波动限制	不超过上一个交易日结算价±4%
合约交割月份	1、3、5、7、9、11 月
交易时间	周一至周五：上午 9:00～11:30，下午 13:30～15:00
最后交易日	合约交割月份的第 10 个交易日
最后交割日	合约交割月份的第 12 个交易日
交割品级	标准品：一级白糖（符合《郑州商品交易所白砂糖期货交割质量标准》（Q/ZSJ 002—2005））。替代品及升贴水见《郑州商品交易所白糖交割细则》
交割地点	交易所指定仓库
最低交易保证金	上市初期合约价值的 7%
交易手续费	4 元/手（含风险准备金）
交割方式	实物交割
交易代码	SR
上市交易所	郑州商品交易所

表 1-24 黄玉米期货合约

交易品种	玉米
交易单位	10 吨/手
报价单位	元（人民币）/吨
最小变动价位	1 元/吨
涨跌停板幅度	上一交易日结算价的 4%
合约月份	1、3、5、7、9、11 月
交易时间	周一至周五：上午 9:00～11:30，下午 13:30～15:00
最后交易日	合约月份第 10 个交易日
最后交割日	最后交易日后第 2 个交易日
交割等级	大连商品交易所玉米交割质量标准
交割地点	大连商品交易所玉米指定交割仓库
交易保证金	合约价值的 5%
交易手续费	不超过 3 元/手
交割方式	实物交割
交易代码	C
上市交易所	大连商品交易所

表 1-25 黄大豆 1 号期货合约

交易品种	黄大豆 1 号
交易单位	10 吨/手
报价单位	人民币
最小变动价位	1 元/吨
涨跌停板幅度	上一交易日结算价的 3%
合约交割月份	1、3、5、7、9、11 月
交易时间	周一至周五：上午 9:00～11:30，下午 13:30～15:00
最后交易日	合约月份第 10 个交易日
最后交割日	最后交易日后 7 日（遇法定节假日顺延）
交割等级	具体内容见附表
交割地点	大连商品交易所指定交割仓库
交易保证金	合约价值的 5%
交易手续费	4 元/手
交割方式	集中交割
交易代码	A
上市交易所	大连商品交易所

表 1-26 黄大豆 2 号期货合约

交易品种	黄大豆 2 号
交易单位	10 吨/手
报价单位	元（人民币）/吨
最小变动价位	1 元/吨
涨跌停板幅度	上一交易日结算价的 4%
合约月份	1、3、5、8、9、11 月
交易时间	周一至周五：上午 9:00～11:30，下午 13:30～15:00
最后交易日	合约月份第 10 个交易日
最后交割日	最后交易日后第 3 个交易日
交割等级	《大连商品交易所黄大豆 2 号交割质量标准（FB/DCE D001—2004）》
交割地点	大连商品交易所指定交割仓库
最低交易保证金	合约价值的 5%
交易手续费	4 元/手
交割方式	实物交割
交易代码	B
上市交易所	大连商品交易所

表 1-27 豆粕期货合约

交易品种	豆粕
交易单位	10 吨/手
报价单位	元（人民币）/吨
最小变动价位	1 元/吨
涨跌停板幅度	上一交易日结算价的 4%
合约月份	1、3、5、7、8、9、11、12 月
交易时间	周一至周五：上午 9:00～11:30，下午 13:30～15:00
最后交易日	合约月份第 10 个交易日
最后交割日	最后交易日后第 4 个交易日
交割等级	大连商品交易所豆粕交割质量标准
交割地点	大连商品交易所指定交割仓库
最低交易保证金	合约价值的 5%（当前暂为 6%）
交易手续费	不超过 3 元/手（当前暂为 2 元/手）
交割方式	实物交割
交易代码	M
上市交易所	大连商品交易所

表 1-28 豆油期货合约

交易品种	大豆原油
交易单位	10 吨/手
报价单位	元（人民币）/吨
最小变动价位	2 元/吨
涨跌停板幅度	上一交易日结算价的 4%
合约月份	1、3、5、7、8、9、11、12 月
交易时间	周一至周五：上午 9:00～11:30，下午 13:30～15:00
最后交易日	合约月份第 10 个交易日
最后交割日	最后交易日后第 3 个交易日
交割等级	大连商品交易所豆油交割质量标准
交割地点	大连商品交易所指定交割仓库
最低交易保证金	合约价值的 5%
交易手续费	不超过 6 元/手（当前暂为 2.5 元/手）
交割方式	实物交割
交易代码	Y
上市交易所	大连商品交易所

表 1-29 棕榈油期货合约

交易品种	棕榈油
交易单位	10 吨/手
报价单位	元（人民币）/吨
最小变动价位	2 元/吨
涨跌停板幅度	上一交易日结算价的 4%
合约月份	1、2、3、4、5、6、7、8、9、10、11、12 月
交易时间	周一至周五：上午 9:00～11:30，下午 13:30～15:00
最后交易日	合约月份第 10 个交易日
最后交割日	最后交易日后第 2 个交易日
交割等级	大连商品交易所棕榈油交割质量标准
交割地点	大连商品交易所棕榈油指定交割仓库
最低交易保证金	合约价值的 5%
交易手续费	不超过 6 元/手
交割方式	实物交割
交易代码	P
上市交易所	大连商品交易所

表 1-30 线型低密度聚乙烯期货合约

交易品种	线型低密度聚乙烯（LLDPE）
交易单位	5 吨/手
报价单位	元（人民币）/吨
最小变动价位	5 元/吨
涨跌停板幅度	上一交易日结算价的 4%
合约月份	1、2、3、4、5、6、7、8、9、10、11、12 月
交易时间	周一至周五：上午 9:00～11:30，下午 13:30～15:00
最后交易日	合约月份第 10 个交易日
最后交割日	最后交易日后第 2 个交易日
交割等级	大连商品交易所线型低密度聚乙烯交割质量标准
交割地点	大连商品交易所线型低密度聚乙烯指定交割仓库
最低交易保证金	合约价值的 5%（当前暂为 6%）
交易手续费	不超过 8 元/手（当前暂为 3.5 元/手）
交割方式	实物交割
交易代码	L
上市交易所	大连商品交易所

表 1-31　　　　　　　　　　聚 氯 乙 烯 期 货 合 约

交易品种	聚氯乙烯
交易单位	5 吨/手
报价单位	元（人民币）/吨
最小变动价位	5 元/吨
涨跌停板幅度	上一交易日结算价的 4%（当前暂为 5%）
合约月份	1、2、3、4、5、6、7、8、9、10、11、12 月
交易时间	周一至周五：上午 9:00～11:30，下午 13:30～15:00
最后交易日	合约月份第 10 个交易日
最后交割日	最后交易日后第 2 个交易日
交割等级	质量标准符合《悬浮法通用型聚氯乙烯树脂（GB/T 5761—2006）》规定的 SG5 型一等品和优等品
交割地点	大连商品交易所指定交割仓库
最低交易保证金	合约价值的 5%（当前暂为 7%）
交易手续费	不超过 6 元/手（当前暂为 4 元/手）
交割方式	实物交割
交易代码	V
上市交易所	大连商品交易所

第二章　期货市场的构成

【本章要点】 本章介绍了期货市场的组织结构，详细介绍了期货交易所、期货结算所、期货公司的组织形式、结构、功能，对不同性质的期货交易者进行了介绍。

第一节　期货交易所

期货市场是与期货交易有关的所有要素构成的整体。其主要的构成要素是期货交易所、期货结算所、期货公司和期货交易者。

一、期货交易所的性质与职能

期货交易所是为期货交易提供场所、设施、相关服务和交易规则的机构。它自身并不参与期货交易。在现代市场经济条件下，期货交易所已成为具有高度系统性和严密性、高度组织化和规范化的交易服务组织。期货交易所致力于创造安全、有序、高效的市场机制，以营造公开、公平、公正和诚信透明的市场环境与维护投资者的合法权益为基本宗旨。期货交易所的职能都围绕着上述宗旨展开。

期货交易所通常具有以下5项重要职能。

（一）提供交易的场所、设施和服务

期货交易实行场内交易，即所有买卖指令必须在交易所内进行集中竞价成交。因此，期货交易所必须为期货交易提供交易场所、必要的设施、先进的通信设备、现代化的信息传递和显示设备等一整套硬件设施，再辅之以完备、周到的配套服务，以保证集中公开的期货交易能够有序运行。

（二）设计合约，安排合约上市

制定标准化合约、及时安排合约上市是期货交易所的主要职能之一。期货交易所应结合市场需求开发期货品种，精心设计并选择合适的时间安排新的期货合约上市，增强期货市场服务国民经济的功能，同时科学合理地设计合约的具体条款，满足交易者的投资需求，并安排合约的市场推广。

（三）制定并实施期货市场制度与交易规则

期货交易所通过制定保证金制度、涨跌停板制度、持仓限额制度、大户持仓报告制度、强行平仓制度、当日无负债结算制度、风险准备金制度等一系列制度，从市场的各个环节控制市场风险，保障期货市场的平稳、有序运行。

在上述制度的基础上，交易所进一步强化和细化管理，建立健全、统一的期货交易规则，包括交易、风险控制、结算、交割、违约情况管理、信息管理等管理细则，以保证买卖双方交易行为的规范化，使得期货交易顺畅运行。

（四）组织并监督期货交易，监控市场风险

在制定相关期货市场制度与交易规则的基础上，期货交易所组织并监督期货交易，通过实时监控、违规处理、市场异常情况处理等措施，保障相关期货市场制度和交易规则的有效执行，动态监控市场的风险状况并及时化解与防范市场风险。

（五）发布市场信息

期货交易所需及时把本交易所内形成的期货价格和相关信息向会员、投资者及公众公布，以保证信息的公开透明。

二、期货交易所的组织结构

期货交易所的组织形式一般分为会员制和公司制两种。

（一）会员制期货交易所

会员制期货交易所是由全体会员共同出资组建，缴纳一定的会员资格费作为注册资本，以其全部财产承担有限责任的非营利性法人。

1. 会员资格

在会员制期货交易所，只有取得会员资格才能进入期货交易所场内交易。会员制期货交易所的出资者也是期货交易所的会员，享有直接进场进行期货交易的权利。会员制期货交易所会员资格的获取方式有多种，主要是以交易所创办发起人的身份加入、接受发起人的资格转让加入、接受期货交易所其他会员的资格转让加入和依据期货交易所的规则加入。

2. 会员构成

世界各地期货交易所的会员构成分类不尽相同，有自然人会员与法人会员、全权会员与专业会员、结算会员与非结算会员之分。

3. 会员的基本权利和义务

期货交易所会员的基本权利包括：①参加会员大会，行使表决权、申诉权；②在期货交易所内进行期货交易，使用交易所提供的交易设施、获得期货交易的信息和服务；③按规定转让会员资格，联名提议召开临时会员大会等。

会员应当履行的主要义务包括：①遵守国家有关法律、法规、规章和政策；②遵守期货交易所的章程、业务规则及有关决定；③按规定缴纳各种费用；④执行会员大会、理事会的决议；⑤接受期货交易所业务监管等。

4. 组织架构

会员制期货交易所一般设有会员大会、理事会、专业委员会和业务管理部门。其中，会员大会由会员制期货交易所的全体会员组成，它是会员制期货交易所的最高权力机构。理事会是会员大会的常设机构，对会员大会负责，执行会员大会决议。按照国际惯例，理事会由交易所全体会员通过会员大会选举产生。

理事会下设若干专业委员会，一般由理事长提议，经理事会同意设立。专业委员会一般包括：

（1）会员资格审查委员会。负责审查入会申请，并调查其真实性及申请人的财务状况、个人品质和商业信誉。

（2）交易规则委员会。负责起草交易规则，并按理事会提出的意见进行修改。

（3）交易行为管理委员会。负责监督会员的市场交易行为，使会员的交易行为不仅要符合国家的有关法规，而且还要符合交易所内部有关交易规则和纪律要求，以保证期货交易正常进行。

（4）合约规范委员会。负责审查现有合约并向理事会提出有关合约修改的意见。

（5）新品种委员会。负责对本交易所有发展前途的新品种期货合约及其可行性进行研究。负责准备和起草拟发展的新品种期货合约的论证报告及其他必要文件，以便报上级主管单位批准。

（6）业务委员会。负责监督所有与交易活动有关的问题，调查、审查和解决交易期间，以及以后发现的有关问题。

（7）仲裁委员会。负责通过仲裁程序解决会员之间、非会员与会员之间以及交易所内部纠纷及申诉。

总经理是负责期货交易所日常经营管理工作的高级管理人员。

交易所根据工作职能需要设置相关业务部门，一般包括交易、交割、研究发展、市场开发、财务等部门。

（二）公司制期货交易所

公司制期货交易所通常是由若干股东共同出资组建、股份可以按照有关规定转让、以营利为目的企业法人。公司制期货交易所的盈利来自通过交易所进行期货交易而收取的各种费用。

1. 会员资格

与会员制期货交易所类似，在公司制期货交易所内进行期货交易，使用期货交易所提供的交易设施，必须获得会员资格。

2. 组织架构

公司制期货交易所一般下设股东大会、董事会、监事会、总经理等，他们各负其责，相互制约。

其中，股东大会由全体股东共同组成，是公司制期货交易所的最高权力机构。股东大会就公司的重大事项作出决议。

董事会是公司制期货交易所的常设机构，行使股东大会授予的权力，对股东大会负责，执行股东大会决议。

监事会对股东大会负责，对公司财务，以及公司董事、总经理等高级管理人员履行职责的合法性进行监督，维护公司及股东的合法权益。履行上述监督职能的机构设置，大陆法系和欧美法系存在一定的差异。在大陆法系中一般设立监事会，不设独立董事；在欧美法系中一般设立独立董事，而并不设立监事会。

总经理是负责期货交易所日常经营管理工作的高级管理人员。他对董事会负责，由董事会聘任或解聘。

公司制期货交易所还设有一些专业委员会和业务部门，由于和会员制期货交易所基本相同，本书不再赘述。

（三）二者的主要区别

会员制期货交易所和公司制期货交易所的区别一般表现为以下 3 个方面。

（1）是否以营利为目标。会员制期货交易所通常不以营利为目标；公司制期货交易所通常是以营利为目标，追求交易所利润最大化。

（2）适用法律不同。会员制期货交易所一般适用民法的有关规定；公司制期货交易所首先适用公司法的规定，只有在公司法未作规定的情况下，才适用民法的一般规定。

（3）决策机构不同。会员制期货交易所的最高权力机构是会员大会，公司制期货交易所的最高权力机构是股东大会。会员制期货交易所最高权力机构的常设机构是理事会，公司制期货交易所最高权力机构的常设机构是董事会。

尽管会员制期货交易所和公司制期货交易所存在上述差异，但它们在职能上基本相同，都是为期货合约集中竞价交易提供场所、设施、服务、交易规则的交易服务组织，而且进入交易所场内交易，都必须获得会员资格，即只有会员有权在交易所进行交易。会员制期货交易所和公司制期货交易所都要接受期货监督管理机构的管理和监督。

三、我国境内的期货交易所

我国境内现有上海期货交易所、郑州商品交易所、大连商品交易所和中国金融期货交易所4家期货交易所。

（一）境内期货交易所的组织形式

按照《期货交易管理条例》的规定，期货交易所可以采取会员制或公司制的组织形式。会员制期货交易所的注册资本划分为均等份额，由会员出资认缴。公司制期货交易所采用股份有限公司的组织形式。我国4家期货交易所采取不同的组织结构。其中，上海期货交易所、郑州商品交易所和大连商品交易所是会员制期货交易所，中国金融期货交易所是公司制期货交易所。《期货交易管理条例》规定，期货交易所不以营利为目的，按照其章程的规定实行自律管理。期货交易所以其全部财产承担民事责任。

在境内4家期货交易所中，总经理均是期货交易所的法定代表人。总经理、副总经理由中国证监会任免。

（二）境内期货交易所的会员管理

期货交易所会员应当是在中华人民共和国境内登记注册的企业法人或者其他经济组织。取得期货交易所会员资格，应当经期货交易所批准。

会员制期货交易所会员享有的权利包括：①参加会员大会，行使选举权、被选举权和表决权；②在期货交易所从事规定的交易、结算和交割等业务；③使用期货交易所提供的交易设施，获得有关期货交易的信息和服务；④按规定转让会员资格；⑤联名提议召开临时会员大会；⑥按照期货交易所章程和交易规则行使申诉权；⑦期货交易所章程规定的其他权利。会员制期货交易所会员应当履行的义务包括：①遵守国家有关法律、行政法规、规章和政策；②遵守期货交易所的章程、交易规则及其实施细则及有关决定；③按规定缴纳各种费用；④执行会员大会、理事会的决议；⑤接受期货交易所监督管理。

公司制期货交易所会员享有的权利包括：①在期货交易所从事规定的交易、结算和交割等业务；②使用期货交易所提供的交易设施，获得有关期货交易的信息和服务；③按照交易规则行使申诉权；④期货交易所交易规则规定的其他权利。公司制期货交易所会员应当履行的义务包括：①遵守国家有关法律、行政法规、规章和政策；②遵守期货交易所的章程、交易规则及其实施细则和有关决定；③按规定缴纳各种费用；④接受期货交易所监督管理。

（三）境内期货交易所概况

1. 上海期货交易所

1998年8月，上海期货交易所由上海金属交易所、上海粮油商品交易所和上海商品交易所合并组建而成，于1999年12月正式营运。

上海期货交易所上市交易的主要期货品种有铜、铝、锌、螺纹钢、线材、天然橡胶、黄金、燃料油等。

上海期货交易所实行会员制。会员大会是交易所的权力机构，由全体会员组成；理事会是会员大会的常设机构，下设监察委员会、交易委员会、会员资格审查委员会、调解委员会、财务委员会、技术委员会、有色金属产品委员会、能源化工产品委员会、黄金钢材产品委员会9个专业委员会。上海期货交易所现有会员200多家，其中，期货公司会员占80%以上。

总经理为交易所的法定代表人。上海期货交易所设有办公室、发展研究中心、文化建设办公室、新闻信息部、国际合作部、有色金属部、能源化工部、黄金钢材部、会员服务和投资者教育部、交易部、结算部、监察部、法律事务部、技术中心、人力资源部、党委办公室（纪律检查办公室）、内审合规部、财务部、行政部、北京联络处等职能部门。

2. 郑州商品交易所

郑州商品交易所是在郑州粮食批发市场的基础上发展起来的，成立于1990年10月12日，最初开展即期现货交易，之后开展现货远期交易，1993年5月28日正式推出标准化期货合约，实现由现货远期到期货的转变。

郑州商品交易所上市交易的主要期货品种包括棉花、白糖、精对苯二甲酸（PTA）、菜籽油、小麦、早籼稻等。

郑州商品交易所实行会员制。会员大会是交易所的权力机构，由全体会员组成；理事会是会员大会的常设机构，下设监察委员会、交易委员会、交割委员会、财务委员会、调解委员会、会员资格审查委员会、技术委员会7个专业委员会。截至2010年，郑州商品交易所共有会员215家，其中期货公司会员173家，非期货公司会员42家。总经理为交易所的法定代表人。郑州商品交易所设有办公室、研究发展部、市场一部、市场二部、交易部、交割部、结算部、市场监察部、新闻信息部、法律事务部、技术一部、技术二部、财务部、人力资源部、审计室、行政部等职能部门。

3. 大连商品交易所

大连商品交易所成立于1993年2月28日，上市交易的主要期货品种有玉米、黄大豆、豆粕、豆油、棕榈油、线型低密度聚乙烯（LLDPE）和聚氯乙烯（PVC）。

大连商品交易所实行会员制。会员大会是交易所的权力机构，由全体会员组成；理事会是会员大会的常设机构，下设7个专业委员会，即监察委员会、交易委员会、交割委员会、财务委员会、调解委员会、会员资格审查委员会、信息技术应用委员会。截至2010年，大连商品交易所共有会员182家。

总经理为交易所的法定代表人。大连商品交易所设有总经理办公室、理事会办公室、交易部、交割部、结算部、技术运维中心、新闻信息部、品种部、产业拓展部、监察部、财务部、人力资源部和审计部等职能部门。

4. 中国金融期货交易所

中国金融期货交易所是经国务院同意，中国证监会批准，由上海期货交易所、郑州商品交易所、大连商品交易所、上海证券交易所和深圳证券交易所共同发起设立的金融期货交易所。

中国金融期货交易所于2006年9月8日在上海成立，注册资本为5亿元人民币。

中国金融期货交易所上市交易的是金融期货品种，目前主要品种是沪深300股指期货。中国金融期货交易所是公司制期货交易所。股东大会是公司的权力机构。公司设董事会，对股东大会负责，并行使股东大会授予的权力。董事会设执行委员会，作为董事会日常决策、管理、执行机构。期货交易所设监事会。监事会行使职权包括：①检查期货交易所财务；

②监督期货交易所董事、高级管理人员执行职务行为；③向股东大会会议提出提案；④期货交易所章程规定的其他职权。董事会下设交易委员会、结算委员会、薪酬委员会、风险控制委员会、监察调解委员会等专门委员会。截至 2010 年年底，中国金融期货交易所现有会员133 家。总经理为交易所的法定代表人。中国金融期货交易所设有市场部、交易部、结算部、监察部、技术部、信息部、研发部、财务部、人力资源部、总经理办公室、行政部等部门。

第二节 期 货 结 算 所

一、期货结算所的性质与职能

期货结算所是负责交易所期货交易的统一结算、保证金管理和结算风险控制的机构。其主要职能包括担保交易履约、结算交易盈亏和控制市场风险。

（一）担保交易履约

当期货交易成交之后，买卖双方缴纳一定的保证金，期货结算所就承担起保证每笔交易按期履约的责任。交易双方并不发生直接关系，只和期货结算所发生关系，期货结算所成为所有合约卖方的买方和所有合约买方的卖方。如果交易者一方违约，期货结算所将先代替其承担履约责任，由此可大大降低交易的信用风险。

也正是由于期货结算所替代了原始对手，结算会员及其客户才可以随时对冲合约而不必征得原始对手的同意，使得期货交易的对冲平仓方式得以实施。

（二）结算交易盈亏

结算交易盈亏是指每一交易日结束后，期货结算所对会员的盈亏进行计算。计算完成后，采用发放结算单或电子传输等方式向会员提供当日盈亏等结算数据，会员以此作为对客户结算的依据。

（三）控制市场风险

期货结算所担保履约，往往是通过对会员保证金的结算和动态监控实现的。在此过程中，尽管市场状况一直是不断变化的，但期货结算所要求会员保证金一直处于规定的水平之上。当市场价格不利变动导致亏损使会员保证金不能达到规定水平时，期货结算所会向会员发出追加保证金的通知。会员收到通知后必须在下一交易日规定时间内将保证金缴齐，否则期货结算所有权对其持仓进行强行平仓。期货结算所通过对会员保证金的管理、控制而有效控制市场风险，以保证期货市场平稳运行。

二、期货结算所的主要结算制度

（一）结算保证金制度

每个结算会员均须按持仓数量和期货结算所的规定在期货结算所存放足额的结算保证金，以保证结算会员账户下发生亏损或结算会员违规时，获得合法利益的一方或没有违规的另一方的权益得到保证。

（二）无负债结算制度

期货交易所每日收市后，期货结算所都将根据每笔交易的开仓价格、平仓价格、每一种合约当日结算价格及前一日结算价格计算每一笔成交产生的盈亏，包括所有当日未平仓合约产生的盈亏，并在此基础上计算每一结算会员当日盈亏总额，用结算会员当日结算前结算账户余额加当日盈利总额或减当日亏损总额得到当日结算账户余额。此余额若大于期货结算所规定的保证金水平，多余部分结算所会员可自由支配；此余额若小于期货结算所规定的保证金水平，结算会员必须立即（在规定的时间内）补充资金，使结算账户余额达到规定的水平。否则，期货结算所将按违规处理程序处罚该结算会员，包括强制平仓。

（三）风险处理制度

当期货结算所会员不能即时足额缴纳结算保证金或不能履行交割义务时，期货结算所通常按如下风险处理程序处理问题。首先，将该会员合约账户上的所有未平仓合约按一定的顺序依次平仓，直到平仓所释放的保证金数额达到规定的水平为止；如果平掉全部合约还不能解决问题，则表明该会员的结算账户出现了负数，此时，期货结算所将动用该会员名下的结算准备金来弥补亏损（每一会员在申请成为期货结算所会员时都交纳了一份结算准备金）；如果还不够，期货结算所将动用其他期货结算所会员的结算准备金；如果还不够，期货结算所就只能动用期货结算所的风险基金。期货结算所设立的风险基金是期货结算所的最后保证，当该笔基金全部用完还不能解决问题时，期货结算所原则上就破产了。

（四）最高持仓量制度

期货结算所（或期货交易所）通常限制每一个结算会员（或交易会员）在每一种期货合约上的最大持仓量，并逐日进行审查。这就是最高持仓量制度。如果结算会员所持合约数量超过了最高持仓量，期货结算所将用提高其所持合约的保证金金额或强制平仓等措施进行制裁。

三、结算所的设立、组织与管理

（一）结算所的设立

期货结算所可独立设立为法人，也可设立为期货交易所的一个内部机构。在西方发达国家，期货交易所对应的期货结算所通常为独立的法人。在这种情况下，期货结算所通常为多个期货交易所（及证券交易所）提供结算服务。其好处是节约了结算会员的结算保证金及结算准备金。同时，结算效率也更高一些。当然，也有一些期货交易所对应的期货结算所是期货交易所的内部部门。在我国，期货交易所对应的期货结算所都是期货交易所的内部部门。需要指出的是，如果期货结算所设立为独立的法人，那么设立期货结算所依据的法律一般不是公司法，而是专门金融类法律。

（二）期货结算所的组织与管理

以独立法人形式设立的期货结算所通常采用公司制形式。但无论是独立法人形式的期货结算所还是作为期货交易所下属部门的期货结算所，在内部管理上都是采用会员制形式。相对而言，申请成为期货结算所会员应具备的基本条件较之申请成为期货交易所会员应具备的条件要高，会员名额也不一定固定。在我国，期货交易所的会员一般自动成为期货结算所的会员。由于结算业务相当专业化，期货结算所即使是作为期货交易所的一个部门，其日常管理工作也相对独立。期货结算所的业务规则、运作流程通常也须在期货结算所会员大会上通过才可实施。

四、期货结算所的会员

期货结算所的会员通常按其结算业务范围分为以下3类。

（1）通用会员。通用会员可以为自营期货交易直接与期货结算所结算，可以为通用会员自己代理的交易与期货结算所结算，还可以代理期货交易所其他会员对其他会员的交易（包括自营和代理的交易）与期货结算所进行结算——期货交易所的有些会员不具有期货结算所会员的资格。

（2）普通会员。普通会员可以为自己的自营交易与期货结算所进行结算，还可以为自己代理的交易与期货结算所进行结算，但不可代理期货交易所其他会员对其他会员的交易（包括自营和代理的交易）与期货交易所进行结算。

（3）本户会员。本户会员只能给自己的自营交易与期货结算所办理结算。

通用会员的条件一般很高，通常是资信好、资本雄厚、财务状况健康的大财团、大公司。普通会员多为期货经纪公司。而本户会员多为个人或主营业务较突出的工商企业。

五、我国境内期货结算概况

我国境内4家期货交易所的结算机构均是交易所的内部机构，因此期货交易所既提供交易服务，也提供结算服务。这意味着我国境内期货交易所除了具有组织和监督期货交易的职能外，还具有下述职能：组织并监督结算和交割，保证合约履行；监督会员的交易行为；监管指定交割仓库。

我国境内期货结算制度分为两种类型：一种是3家商品期货交易所采取的全员结算制度；另一种是中国金融期货交易所采取的会员分级结算制度。

（一）全员结算制度

上海期货交易所、郑州商品交易所和大连商品交易所实行全员结算制度，即期货交易所会员均具有与期货交易所进行结算的资格。全员结算制度的期货交易所对会员结算，会员对其受托的客户结算。交易所会员不作结算会员和非结算会员的区分；交易所的会员既是交易会员，也是结算会员。

实行全员结算制度的期货交易所会员由期货公司会员和非期货公司会员组成。期货公司会员按照中国证监会批准的业务范围开展相关业务，可以代理客户进行期货交易；非期货公司会员不得从事《期货交易管理条例》规定的期货公司业务。

（二）会员分级结算制度

中国金融期货交易所采取会员分级结算制度，即期货交易所会员由结算会员和非结算会员组成。结算会员可以从事结算业务，具有与交易所进行结算的资格；非结算会员不具有与期货交易所进行结算的资格。期货交易所对结算会员结算，结算会员对非结算会员结算，非结算会员对其受托的客户结算。由此可见，中国金融期货交易所的会员分级结算制度与国际上普遍采用的结算制度较为接近。

结算会员按照业务范围分为交易结算会员、全面结算会员和特别结算会员。交易结算会员只能为其受托客户办理结算、交割业务。全面结算会员既可以为其受托客户也可以为与其签订结算协议的交易会员办理结算、交割业务。特别结算会员只能为与其签订结算协议的交易会员办理结算、交割业务。结算会员权限不同，交易所对其资本金、盈利状况、经营合法性等方面的要求不同。结算权限越大，相应的资信要求就越高。

除了结算会员，中国金融期货交易所还有非结算会员，即交易会员。交易会员可以从事经纪或者自营业务，不具有与交易所进行结算的资格。

实行会员分级结算制度的期货交易所应当配套建立结算担保金制度。结算会员通过缴纳结算担保金实行风险共担。结算担保金是指由结算会员依期货交易所规定缴存的，用于应对结算会员违约风险的共同担保资金。结算担保金由结算会员以自有资金向期货交易所缴纳，属于结算会员所有，用于应对结算会员违约风险。当市场出现重大风险时，所有结算会员都有义务共同承担市场风险，确保市场能够正常运行。结算担保金包括基础结算担保金和变动结算担保金。基础结算担保金是指结算会员参与交易所结算交割业务必须缴纳的最低结算担保金数额。变动结算担保金是指结算会员结算担保金中超出基础结算担保金的部分，随结算会员业务量的变化而调整。结算担保金应当以现金形式缴纳。

第三节 期 货 公 司

期货公司是指依法设立的、接受客户委托、按照客户的指令、以自己的名义为客户进行期货交易并收取交易手续费的中介组织，其交易结果由客户承担。期货公司是交易者与期货交易所之间的桥梁。在国外，期货公司也称期货经纪行、期货佣金商等。期货市场上大部分交易是由期货公司代理的。

需要指出的是，期货交易所会员、期货结算所会员并不一定是期货公司，而期货公司也不一定是期货结算所的会员或期货交易所的会员。

一、期货公司与期货经纪人

（一）期货公司的类型

以期货公司作为法人的主营业务范围为标准，期货公司可分为以下3类。

（1）专业期货公司。公司以期货经纪业务为主营业务，通常不再经营其他业务。此类公司规模较大，拥有众多期货交易所的会员资格。

（2）证券商兼营期货经纪业务。这类公司以证券业务为主，兼营期货经纪业务，是期货经纪业中数目最多的一种经纪公司。

（3）供货厂商兼营期货经纪业务。这些厂商的主营业务是加工、仓储、贸易等，但它们兼营期货经纪业务。

（二）期货经纪人的类型

经纪人是一个广泛应用而又非常含糊不清的概念，有必要作些说明。通常，期货经纪人可指经纪机构，也可指个人。国际上常见的有期货佣金商（FCM）、介绍经纪人（IB）、商品交易顾问（CTA）、商品合资基金经理（CPO）、经纪商代理人（AP）、场内经纪人（FB）等，它们之间存在交叉关系。

（1）期货佣金商。不管名称、规模大小及经营范围如何，其基本职能都是代表非交易所会员的利益，代理客户下达交易指令，征缴并管理客户履约保证金，管理客户头寸，提供详细的交易记录和会计记录，传递市场信息，提供市场研究报告，充当客户的交易顾问和对客户进行期货和期权交易及制订交易策略的培训，还可以代理客户进行实物交割。可以雇用一些商品交易顾问、商品合资基金经理、介绍经纪人和场内经纪人为其工作。

（2）商品交易顾问。通过直接或间接形式为他人提供是否进行期货交易、如何进行交易和管理资金等方面的建议。间接性建议包括对客户的账户实行交易监管或通过书面刊物或其他报刊发表建议。

（3）商品合资基金经理。管理用集资方式集中起来的资金，用这些基金进行期货交易，以获得盈利。他们亲自分析市场，制定交易策略并直接下指令。

（4）介绍经纪人。为期货佣金商或商品合资基金经理等寻求或接受客户交易指令，进行商品期货或期权的买卖。只收取介绍费，不收取客户保证金和佣金。

（5）经纪商代理人。代表期货佣金商、介绍经纪人、商品交易顾问或商品合资基金经理寻求订单、客户或客户资金，可以是任何销售人员。

（6）场内经纪人。场内经纪人即出市代表，代理任何其他人在商品交易所内执行任何类型的商品期货合约或期权合约指令。

二、期货公司的组织机构

（一）期货公司的设立程序和条件

1. 设立程序

期货公司的设立，必须根据有关法律法规，向政府主管部门申请登记注册，经批准领取营业执照后方可正式成立，并开始从事期货经纪业务。

2. 设立条件

根据国务院有关规定，我国对期货公司实行许可证制度，凡从事期货代理的机构必须经中国证监会严格审核并领取《期货经纪业务许可证》。申请设立期货公司，应当符合《中华人民共和国公司法》的规定，并具备下列条件：①注册资本最低额为人民币 3 000 万元；②董事、监事、高级管理人员具备任职资格，从业人员具有期货从业资格；③有符合法律、行政法规规定的公司章程；④主要股东以及实际控制人具有持续盈利能力，信誉良好，最近 3 年无重大违法违规记录；⑤有合格的经营场所和业务设施；⑥有健全的风险管理和内部控制制度；⑦国务院期货监管机构规定的其他条件。

（二）期货公司的机构设置

期货公司一般设置如下业务部门：交易部门、结算部门、交割部门、财务部门、客户服务部门、研发部门、风险管理及合规部门、网络工程部门（或 IT 技术部）、行政部门等。各部门的主要职责如下。

（1）客户服务部：负责客户开户，向客户揭示期货交易风险，向客户介绍期货市场交易规则和流程，为客户办理开户手续，签订期货经纪合同，审验有关证明，并为客户分配交易编码；负责客户资料档案管理，并将有关客户资料通知相关业务部门；进行市场调研及客户回访工作，了解客户需求，反馈市场信息；负责客户接待，公平、公正、及时稳妥地处理客户纠纷等客户服务性质的工作。

（2）交易部：负责代理客户交易，即将客户指令下达到期货交易所内，将成交状况及时传达给客户。

（3）结算部：承担着期货公司对全体客户的结算职能，每个交易日根据交易结果和期货交易所的有关规定对客户的交易保证金、盈亏、手续费和其他有关款项进行计算、划拨，结算结果以账单或电子传输方式送达客户。

（4）交割部：负责到期未平仓期货合约的标的商品交收和货款的交接，处理有关交收文件和货物往来。

（5）财务部：负责制订、实施、监督、检查各项财务管理制度，保证公司财务管理的规范化；正确进行会计核算，对公司的各项财务收支和经济活动进行反映和监督；定期编制各项财务报表和监管报表；合理调度资金；为客户出入金等提供相关服务；着眼于企业未来的经营活动，有效地履行预测、考核等职能，对企业现在和未来的财务状况及获利能力作出评价。按照规定，每个客户的保证金账户须单独设立，封闭运行。

（6）研发部：负责收集、分析、研究期货市场的信息，进行市场分析与预测，研究期货市场及本公司的发展规划等。

（7）风险管理及合规部门：对期货经纪公司的业务风险进行监控，并对其经营管理行为的合法合规性进行审查、稽核。

（8）网络工程部（或 IT 技术部）：负责公司网络、计算机系统的规划，交易系统、行情信息系统的安全运行及客户数据信息的备份，并注意做好相应的技术维护工作。

（9）行政部门：负责公司人力资源、行政管理、后勤保障等工作。

三、期货公司控制风险的管理

（一）对客户的管理

对客户的管理包括：①审查客户资格条件、资金来源和资信状况，评估资金来源与交易风险的互动关系；②对客户加强风险意识的教育和遵纪守法的教育；③严格执行客户保证金管理制度；④提高客户的期货知识和交易技能水平；⑤不同的客户、不同的资金来源实行区别对待、分类管理；⑥建立纠纷处理预案。

（二）对雇员的管理

期货公司对其雇员的管理包括：①提高雇员的期货知识水平和执业技能；②加强内部监督，加强员工的职业道德教育；③培养高品质的客户经理。

（三）风险制度的管理

期货公司必须按交易所和证监会的规定建立和完善内部结算与风险管理制度；严格按照交易所规定的比例收取客户保证金，保持适度持仓；避免过度交易，严格控制好客户的风险。

（四）自我监督和检查

期货公司不仅要接受中国证监会和期货交易所的监督与检查，还应设置内部稽核人员，形成严密的内部控制体系，及时发现问题，避免恶性重大风险事故的发生。

四、其他期货中介与服务机构

（一）居间人

在目前我国期货公司的运作中，使用期货居间人进行客户开发是一条重要的渠道。期货居间人是指独立于期货公司和客户，接受期货公司委托进行居间介绍，独立承担基于居间法律关系所产生的民事责任的自然人或组织。其主要职责是介绍客户，即凭借手中的客户资源和信息渠道优势为期货公司和投资者"牵线搭桥"。居间人因从事居间活动付出劳务，有按合同约定向公司获取酬金的权利。

居间人从事居间介绍业务时，应当客观、准确地宣传期货市场，不得向客户夸大收益、不进行风险告知、以期货居间人的名义从事期货居间以外的经纪活动等。居间人无权代理签订期货经纪合同，无权代签交易账单，无权代理客户委托下达交易指令，无权代理客户委托调拨资金，不能从事投资咨询和代理交易等期货交易活动。

需要注意的是，居间人与期货公司没有隶属关系，不是期货公司订立期货经纪合同的当事人。期货公司的在职人员不得成为本公司和其他期货公司的居间人。

（二）期货信息资讯机构

期货信息资讯机构主要提供期货行情软件、交易系统及相关信息资讯服务，是投资者进行期货交易时不可或缺的环节，也是网上交易的重要工具，其系统的稳定性、价格传输的速度对于投资者获取投资收益发挥重要的作用。现在，期货信息资讯机构正通过差异化信息服务和稳定、快捷的交易系统达到吸引客户的目的。

（三）期货保证金存管银行

期货保证金存管银行（简称"存管银行"）属于期货服务机构，是由期货交易所指定，协助期货交易所办理期货交易结算业务的银行。经期货交易所同意成为存管银行后，存管银行须与期货交易所签订相应协议，明确双方的权利和义务，以规范相关业务行为。期货交易所有权对存管银行的期货结算业务进行监督。

期货保证金存管银行的设立是国内期货市场保证金封闭运行的必要环节，也是保障投资者资金安全的重要组织机构。我国4家期货交易所存在全员结算制度和会员分级结算制度两种类型，因此期货保证金存管银行享有的权利和应当履行的义务在全员结算制度和会员分级结算制度下略有差异。

1. 期货保证金存管银行享有的权利

全员结算制度下期货保证金存管银行享有的权利包括：①开设交易所专用结算账户、会员专用资金账户及其他与结算有关的账户；②吸收交易所和会员的存款；③了解会员在交易所的资信情况。

会员分级结算制度下期货保证金存管银行享有的权利包括：①开设交易所专用结算账户和会员期货保证金账户；②存放用于期货交易的保证金等相关款项；③了解会员在交易所的资信情况；④法律、行政法规、规章和交易所规定的其他权利。

2. 期货保证金存管银行应当履行的义务

全员结算制度下期货保证金存管银行应当履行的义务包括：①向期货交易所提供会员专用资金账户的资金情况，根据期货交易所要求对会员保证金实施必要的监管措施；②根据期货交易所提供的票据优先划转会员的资金；③协助期货交易所核查会员资金的来源和去向；④向期货交易所及时通报会员标准仓单的质押情况；⑤向期货交易所及时通报会员在资金结算方面的不良行为和风险；⑥期货交易所出现重大风险时，必须协助交易所化解风险；⑦保守期货交易所和会员的商业秘密；⑧接受期货交易所对其期货业务的监督。

会员分级结算制度下期货保证金存管银行应当履行的义务包括：①根据期货交易所提供的票据或者指令优先划转结算会员的资金；②及时向期货交易所通报会员在资金结算方面的不良行为和风险；③保守期货交易所、会员和客户的商业秘密；④在期货交易所出现重大风险时，协助期货交易所化解风险；⑤向期货交易所提供会员期货保证金账户的资金情况；⑥根据期货交易所的要求，协助期货交易所核查会员资金的来源和去向；⑦根据中国证监会或者期货交易所的要求，对会员期货保证金账户中的资金采取必要的监管措施；⑧法律、行政法规、规章和期货交易所规定的其他义务。

（四）交割仓库

交割仓库是期货品种进入实物交割环节提供交割服务和生成标准仓单必经的期货服务机构。

在我国，交割仓库也称为指定交割仓库，是指由期货交易所指定的、为期货合约履行实物交割的交割地点。期货交易的交割，由期货交易所统一组织进行。期货交易所不得限制实物交割总量，并应当与交割仓库签订协议，明确双方的权利和义务。

为保障交割环节的有序运行，成为期货交易所的指定交割仓库，需要进行申请和审批。根据《上海期货交易所指定交割仓库管理办法》，申请交割仓库必须具备的条件包括：①具有工商行政管理部门颁发的营业执照；②固定资产和注册资本必须达到交易所规定的数额；③财务状况良好，具有较强的抗风险能力；④具有良好的商业信誉，完善的仓储管理规章制度；⑤近 3 年内无严重违法行为记录和被取消指定交割仓库资格的记录；⑥承认期货交易所的交易规则、交割细则等；⑦仓库主要管理人员必须有 5 年以上的仓储管理经验及有一支训练有素的专业管理队伍；⑧有严格、完善的商品出入库制度、库存商品管理制度等；⑨堆场、库房有一定规模，有储存交易所上市商品的条件、设备完好、齐全、计量符合规定要求及良好的交通运输条件；⑩交易所要求的其他条件。郑州商品交易所、大连商品交易所和上海期货交易所制定交割仓库的申请条件大致相同。

交割仓库享有一定的权利，并需承担相应的义务。其权利包括：①按期货交易所规定签发标准仓单；②按期货交易所审定的收费项目、标准和方法收取有关费用；③对期货交易所制定的有关实物交割的规定享有建议权；④期货交易所交割细则和指定交割仓库协议书规定的其他权利。其承担的义务包括：①遵守期货交易所的交割细则和其他有关规定，接受期货交易所的监管，及时向期货交易所提供有关情况；②根据期货合约规定的标准，对用于期货交割的商品进行验收入库；③按规定保管好库内的商品，确保商品安全；④按标准仓单要求提供商品，积极协助货主安排交割商品的运输；⑤保守与期货交易有关的商业秘密；⑥参加期货交易所组织的年审；⑦缴纳风险抵押金；⑧变更法定代表人、注册资本、股东或股本结构、仓储场地等事项，应及时向期货交易所报告；⑨每年初向期货交易所提交经审计的上年年度财务报告；⑩出现法律纠纷时，在 3 个工作日内应向交易所报告；⑪对外出具有关货物所有权证明函件时，应在证明函件落款日期的前 3 个工作日内向交易所报告；⑫交易所交割细则和指定交割仓库协议书规定的其他义务。

指定交割仓库的日常业务分为 3 个阶段：商品入库、商品保管和商品出库。指定交割仓库应保证期货交割商品优先办理入库、出库。

交割仓库不得有下列行为：①出具虚假仓单；②违反期货交易所业务规则，限制交割商品的入库、出库；③泄露与期货交易有关的商业秘密；④违反国家有关规定参与期货交易；⑤国务院期货监督管理机构规定的其他行为。除了上述期货中介与服务机构外，会计师事务所、律师事务所、资产评估机构等服务机构向期货交易所和期货公司等市场相关参与者提供相关服务时，应当遵守期货法律、行政法规及国家有关规定，并按照国务院期货监督管理机构的要求提供相关资料。

第四节　期货交易者

期货交易者是期货市场的主体。买卖期货合约的人就是期货交易者。

一、期货交易者的分类

按期货交易者买卖期货合约的目的，期货交易者可分为两大类：套期保值者和投机者。

（一）套期保值者

为回避现货市场价格波动的风险而买卖期货合约的人或机构是套期保值者。

例如，农场主认为现时现货市场的价格是不错的，如果未来他的小麦能以这样的价格销售，他就能获得满意的收益。可惜他的小麦还未到收获季节。他害怕等到他的小麦收割时，小麦的市场价格下降。为了回避这种风险，他可以现在就在小麦期货市场上卖出小麦期货合约，等到小麦收获时，他将期货市场上的合约平仓（买回小麦期货合约）退出期货市场，同时，他将小麦按当时现货市场上小麦的价格卖出。这种做法，在一般情况下，无论小麦收割时现货市场价格是升还是跌，农场主都能实现令他满意的现时现货市场的价格。例如，小麦收割时，现货市场上的价格较之现时现货市场上的价格下降了，一般情况下期货市场的价格也会下降，即他在期货市场上小麦的开仓价格（卖出价格）就高于他在期货市场上的平仓价格（买入价格），期货市场上的交易就给他带来了盈利，这种盈利可全部或部分弥补他在现货市场上因价格下降而减少的收入。

（二）期货投机者

试图正确预测期货合约价格走势并根据自己的判断买卖期货合约、力争高价卖低价买或低价买高价卖而获取价差收益的机构或个人就是期货投机者。例如，当预期期货合约价格要下跌时，就先在期货市场上做空（卖出期货合约），如果预测正确，价格真的下降了，就平仓（买入期货合约），这样一来就获得了买卖价差的收益。

二、投机者的积极作用

在中国，投机者曾与"投机倒把分子""不务正业者""骗子"长期画等号，人们对其积极作用了解较少，所以有必要对投机者的积极作用做些说明。

期货市场的主要功能简而言之是回避风险和价格发现，下面就从这两个方面来看一看投机者的积极作用。

（一）投机者是风险承担者

期货市场是为向风险回避者提供回避价格风险的工具而发展起来的。可是，如果期货市场只有风险回避者而没有投机者，就可能出现这样一种现象：套期保值者为套期保值而买卖期货合约时，找不到交易对手——期货合约的卖出者可能不得不一再降低卖出价格以创造交易对手，因为很少有人买；而期货合约的买入者可能不得不一再提高买入价格以创造交易对手，因为很少有人卖。如此，不但提高了交易成本，而且有可能使套期保值交易根本不能进行。大批投机者的存在，提供了一大批交易对手，使交易更容易达成、交易成本更低。所以，人们说投机者创造了市场。没有适度投机的期货市场不是成熟的期货市场。

（二）期货投机者使期货市场的价格发现功能更能发挥作用

期货投机者的获利情况完全取决于他们对价格走势的判断的正确性。为增加其对价格走势判断的正确性，期货投机者往往会深入地研究合约相关商品的供求状况，大批投机者的存在使对商品供求状况的研究力量大大增强，商品供求状况得到了较之仅有套期保值者和一些现货厂商研究时更为广泛和更为深入的研究。期货投机者会将他们的研究成果反映到商品的期货价格中，这样，期货市场的成交价格就更能反映商品的实际供求关系、反映商品的价值，这种价格对人类经济活动（包括宏观的和微观的）就有了更强的指导作用。

第三章　期货交易制度与交易流程

【本章要点】　本章介绍了期货市场正常运行的保证金制度、每日无负债结算制度、涨跌停板制度、强行平仓制度及信息披露制度等；完整介绍了期货交易流程及交易结果的计算。

第一节　期货交易制度

为了维护期货交易的"公开、公平、公正"原则与期货市场的高效运行，对期货市场实施有效的风险管理，期货市场制定了相关制度与规则，主要包括保证金制度、当日无负债结算制度、涨跌停板制度、持仓限额制度、大户报告制度、强行平仓制度、风险警示制度、信息披露制度等。

一、保证金制度

（一）保证金制度的含义及特点

期货交易实行保证金制度。在期货交易中，期货买方和卖方必须按照其所买卖期货合约价值的一定比率（通常为5%～15%）缴纳资金，用于结算和保证履约。保证金制度是期货市场风险管理的重要手段。

在国际期货市场上，保证金制度的实施一般有以下特点。

（1）对交易者的保证金要求与其面临的风险相对应。一般来说，交易者面临的风险越大，对其要求的保证金也越多。例如，在美国期货市场，对投机者要求的保证金要大于对套期保值者和套利者要求的保证金。

（2）期货交易所根据合约特点设定最低保证金标准，并可根据市场风险状况等调节保证金水平。例如，价格波动越大的合约，其投资者交易面临的风险也越大，设定的最低保证金标准也越高；当投机过度时，期货交易所可提高保证金，增大交易者入市成本，抑制投机行为，控制市场风险。

（3）保证金的收取是分级进行的。一般而言，期货交易所或结算机构只向其会员收取保证金，作为会员的期货公司则向其客户收取保证金，两者分别称为会员保证金和客户保证金。保证金的分级收取与管理，对于期货市场的风险分层次分担与管理具有重要意义。

（二）我国期货交易保证金制度的特点

我国期货交易的保证金制度除了采用国际通行的一些做法外，在施行中，还形成了自身的特点。我国期货交易所对商品期货交易保证金比率的规定呈现以下特点。

（1）对期货合约上市运行的不同阶段规定不同的交易保证金比率。一般来说，距交割月份越近，交易者面临到期交割的可能性就越大，为了防止实物交割中可能出现的违约风险，促使不愿进行实物交割的交易者尽快平仓了结，交易保证金比率随着交割临近而提高。

（2）随着合约持仓量的增大，期货交易所将逐步提高该合约交易保证金比例。一般来说，随着合约持仓量增加，尤其是持仓合约所代表的期货商品的数量远远超过相关商品现货数量时，往往表明期货市场投机交易过多，蕴涵较大的风险。因此，随着合约持仓量的增大，期货交易所将逐步提高该合约的交易保证金比例，以控制市场风险。

（3）当某期货合约出现连续涨（跌）停板的情况时，交易保证金比率相应提高。

（4）当某品种某月份合约按结算价计算的价格变化，连续若干个交易日的累积涨跌幅达到一定程度时，期货交易所有权根据市场情况，对部分或全部会员的单边或双边、同比例或不同比例提高交易保证金，限制部分会员或全部会员出金，暂停部分会员或全部会员开新仓，调整涨跌停板幅度，限期平仓，强行平仓等一种或多种措施，以控制风险。

（5）当某期货合约交易出现异常情况时，期货交易所可按规定的程序调整交易保证金的比例。

二、当日无负债结算制度

当日无负债结算制度是指在每个交易日结束后，由期货结算机构对期货交易保证金账户当天的盈亏状况进行结算，并根据结算结果进行资金划转。当交易发生亏损，进而导致保证金账户资金不足时，则要求必须在结算机构规定的时间内向账户中追加保证金，以做到"当日无负债"。当日无负债结算制度的实施为及时调整账户资金、控制风险提供了依据，对于控制期货市场风险，维护期货市场的正常运行具有重要作用。当日无负债制度的实施呈现以下特点。

（1）对所有账户的交易及头寸按不同品种、不同月份的合约分别进行结算，在此基础上汇总，使每一交易账户的盈亏都能得到及时的、具体的、真实的反映。

（2）在对交易盈亏进行结算时，不仅对平仓头寸的盈亏进行结算，而且对未平仓合约产生的浮动盈亏也进行结算。

（3）对交易头寸所占用的保证金进行逐日结算。

（4）当日无负债结算制度是通过期货交易分级结算体系实施的。由期货交易所（期货结算所）对会员进行结算，期货公司根据期货交易所（结算所）的结算结果对客户进行结算。期货交易所会员（客户）的保证金不足时，会被要求及时追加保证金或者自行平仓；否则，其合约将会被强行平仓。

三、涨跌停板制度

（一）涨跌停板制度的含义

涨跌停板制度又称每日价格最大波动限制制度，即指期货合约在一个交易日中的交易价格波动不得高于或者低于规定的涨跌幅度，超过该涨跌幅度的报价将被视为无效报价，不能成交。

涨跌停板制度的实施，能够有效地减缓、抑制一些突发性事件和过度投机行为冲击期货价格造成的狂涨暴跌，减小交易当日的价格波动幅度，会员和客户的当日损失也被控制在相对较小的范围内。涨跌停板制度能够锁定会员和客户每一交易日所持有合约的最大盈亏，为保证金制度和当日结算无负债制度的实施创造了有利条件，因为向会员和客户收取的保证金数额只要大于在涨跌幅度内可能发生的亏损金额，就能够保证当日期货价格波动达到涨停板或跌停板时也不会出现透支情况。

（二）我国期货涨跌停板制度的特点

在我国期货市场，每日价格最大波动限制设定为合约上一交易日结算价的一定百分比。一般而言，对期货价格波动幅度较大的品种及合约，设定的涨跌停板幅度也相应大些。

期货交易所可以根据市场风险状况进行调整。对涨跌停板的调整，一般具有以下特点。

（1）新上市的品种和新上市的期货合约，其涨（跌）停板幅度一般为合约规定涨（跌）停板幅度的 2 倍或 3 倍。如合约有成交则于下一交易日恢复到合约规定的涨（跌）停板幅度；如合约无成交，则下一交易日继续执行前一交易日涨（跌）停板幅度。

（2）在某一期货合约的交易过程中，当合约价格同方向连续涨跌停板、遇国家法定长假，或期货交易所认为市场风险明显变化时，期货交易所可以根据市场风险调整其涨跌停板幅度。

（3）对同时适用期货交易所规定的两种或两种以上涨（跌）停板情形的，其涨（跌）停板按照规定涨（跌）停板中的最高值确定。

在出现涨（跌）停板情形时，交易所一般将采取以下措施控制风险。

（1）当某期货合约以涨（跌）停板价格成交时，成交撮合实行平仓优先和时间优先的原则，但平当日新开仓位不适用平仓优先的原则。

（2）在某合约连续出现涨（跌）停板单边无连续报价时，实行强制减仓。当合约出现连续涨（跌）停板的情形时，空头（多头）交易者会因为无法平仓而出现大规模、大面积亏损，并可能因此引发整个市场的风险，实行强制减仓正是为了避免此类现象的发生。实行强制减仓时，交易所将当日以涨（跌）停板价格申报的未成交平仓报单，以当日涨（跌）停板价格与该合约净持仓盈利客户按照持仓比例自动撮合成交。其目的在于迅速、有效化解市场风险，防止会员大量违约。

四、持仓限额制度及大户报告制度

（一）持仓限额制度及大户报告制度的含义及特点

持仓限额制度（Position Limits）是指期货交易所规定会员或客户可以持有的、按单边计算的某一合约投机头寸的最大数额。大户报告制度是指当期货交易所会员或客户某品种某合约持仓达到交易所规定的持仓报告标准时，会员或客户应向期货交易所报告。

通过实施持仓限额及大户报告制度，可以使期货交易所对持仓量较大的会员或客户进行重点监控，了解其持仓动向、意图，有效防范操纵市场价格的行为；同时，也可以防范期货市场风险过度集中于少数投资者。

在国际期货市场，持仓限额及大户报告制度的实施呈现以下特点。

（1）交易所可以根据不同期货品种及合约的具体情况和市场风险状况制定和调整持仓限额和持仓报告标准。

（2）通常来说，一般月份合约的持仓限额及持仓报告标准高；临近交割时，持仓限额及持仓报告标准低。

（3）持仓限额通常只针对一般投机头寸，套期保值头寸、风险管理头寸及套利头寸可以向期货交易所申请豁免。

（二）我国期货持仓限额制度及大户报告制度的特点

我国大连商品交易所、郑州商品交易所和上海期货交易所，对持仓限额及大户报告标准的设定一般有以下规定。

（1）期货交易所可以根据不同期货品种的具体情况，分别确定每一品种每一月份的限仓数额及大户报告标准。

（2）当会员或客户某品种持仓合约的投机头寸达到期货交易所对其规定的投机头寸持仓限量 80%以上（含本数）时，会员或客户应向期货交易所报告其资金情况、头寸情况等，客户须通过期货公司会员报告。

（3）市场总持仓量不同，适用的持仓限额及持仓报告标准不同。当某合约市场总持仓量大时，持仓限额及持仓报告标准设置得高一些；反之，当某合约市场总持仓量小时，持仓限额及持仓报告标准也低一些。

（4）一般按照各合约在交易全过程中所处的不同时期，分别确定不同的限仓数额。例如，一般月份合约的持仓限额及持仓报告标准设置得高；临近交割时，持仓限额及持仓报告标准设置得低。

（5）期货公司会员、非期货公司会员、一般客户分别适用不同的持仓限额及持仓报告标准。

在具体实施中，我国还有以下规定：采用限制会员持仓和限制客户持仓相结合的办法，控制市场风险；各期货交易所对套期保值交易头寸实行审批制，其持仓不受限制，而在中国金融期货交易所，套期保值和套利交易的持仓均不受限制；同一客户在不同期货公司会员处开仓交易，其在某一合约的持仓合计不得超出该客户的持仓限额；会员、客户持仓达到或者超过持仓限额的，不得同方向开仓交易。

五、强行平仓制度

（一）强行平仓制度的含义

强行平仓是指按照有关规定对会员或客户的持仓实行平仓的一种强制措施，其目的是控制期货交易风险。强行平仓分为两种情况：一是期货交易所对会员持仓实行的强行平仓；二是期货公司对其客户持仓实行的强行平仓。

强行平仓制度适用的情形一般包括以下几种。

（1）因账户交易保证金不足而实行强行平仓。这是最常见的情形。当价格发生不利变动，当日结算后出现保证金账户资金不足以维持现有头寸的情况，而会员（客户）又未能按照期货交易所（期货公司）通知及时追加保证金或者主动减仓，且市场行情仍朝其持仓不利的方向发展时，期货交易所（期货公司）强行平掉会员（客户）部分或者全部头寸，将所得资金填补保证金缺口。强行平仓制度的实施，有利于避免账户损失扩大。通过控制个别账户的风险有力地防止风险扩散是一种行之有效的风险控制措施。

（2）因会员（客户）违反持仓限额制度而实行强行平仓，即超过了规定的持仓限额，并且未在期货交易所（期货公司）规定的期限自行减仓，其超出持仓限额的部分头寸将会被强制平仓。强行平仓成为持仓限额制度的有力补充。

（二）我国期货强行平仓制度的规定

我国期货交易所规定，当会员、客户出现下列情形之一时，交易所有权对其持仓进行强行平仓：①会员结算准备金余额小于零，并未能在规定时限内补足的；②客户、从事自营业务的交易会员持仓量超出其限仓规定；③因违规受到期货交易所强行平仓处罚的；④根据期货交易所的紧急措施应予强行平仓的；⑤其他应予强行平仓的。

强行平仓的执行过程如下：

（1）通知。期货交易所以"强行平仓通知书"（以下简称"通知书"）的形式向有关会员下达强行平仓要求。

（2）执行及确认。首先，开市后，有关会员必须首先自行平仓，直至达到平仓要求，执行结果由期货交易所审核。其次，超过会员自行强行平仓时限而未执行完毕的，剩余部分由期货交易所直接执行强行平仓。再次，强行平仓执行完毕后，由期货交易所记录执行结果并存档。最后，强行平仓结果发送。

在我国，期货公司有专门的风险控制人员实时监督客户的持仓风险，当客户除保证金外的可用资金为负值时，期货公司会通知客户追加保证金或自行平仓，如果客户没有自己处理，而价格又朝不利于持仓的方向继续变化，各个期货公司会根据具体的强行平仓标准，对客户进行强行平仓。

六、风险准备金制度

风险准备金制度是指期货交易所从自己收取的会员交易手续费中提取一定比例的资金，作为确保期货交易所担保履约的备付金的制度。期货交易所风险准备金的设立，是为维护期货市场正常运转而提供财务担保和弥补因不可预见的风险带来的亏损。

我国《期货交易管理条例》关于风险准备金制度有以下规定。

（1）期货交易所按向会员收取的手续费收入（含向会员优惠减收部分）20%的比例，从管理费用中提取。当风险准备金达到交易所注册资本10倍时，可不再提取。

（2）风险准备金必须单独核算，专户存储，除用于弥补风险损失外，不得挪作他用。风险准备金的动用必须经交易所理事会批准，报中国证监会备案后按规定的用途和程序进行。

七、信息披露制度

信息披露制度是指期货交易所按有关规定公布期货交易有关信息的制度。

我国《期货交易管理条例》规定，期货交易所应当及时公布上市品种合约的成交量、成交价、持仓量、最高价与最低价、开盘价与收盘价和其他应当公布的即时行情，并保证即时行情的真实、准确。期货交易所不得发布价格预测信息。未经期货交易所许可，任何单位和个人不得发布期货交易即时行情。

《期货交易所管理办法》规定，期货交易所应当以适当方式发布下列信息：①即时行情；②持仓量、成交量排名情况；③期货交易所交易规则及其实施细则规定的其他信息。期货交易涉及商品实物交割的，期货交易所还应当发布标准仓单数量和可用库容情况。期货交易所应当编制交易情况周报表、月报表和年报表，并及时公布。期货交易所对期货交易、结算、交割资料的保存期限应当不少于20年。

第二节　期货交易流程

一般而言，客户进行期货交易涉及开户、下单、竞价、结算、交割等环节。在期货交易的实际操作中，大多数期货交易都是通过对冲平仓的方式了结履约责任，进入交割环节的比重非常小，所以交割环节并不是交易流程中的必经环节。

一、开户

能够直接进入期货交易所进行交易的只能是期货交易所的会员，所以普通投资者在进入期货市场交易之前，应首先选择具备合法代理资格、信誉好、资金安全、运作规范和收费比较合理的期货公司。在我国，由中国期货保证金监控中心有限责任公司（以下简称"监控中心"）负责客户开户管理的具体实施工作。

一般来说，各期货公司会员为客户开设账户的程序及所需的文件细节虽不尽相同，但其基本程序是相同的。

（一）申请开户

投资者在经过对比、判断，选定期货公司之后，即可向该期货公司提出委托申请，开立账户，成为该公司的客户。开立账户实质上是确立投资者（委托人）与期货公司（代理人）之间的一种法律关系。

客户可以分为自然人客户和法人客户。自然人客户应当本人亲自办理开户手续，签署开户资料，不得委托代理人代为办理开户手续。法人客户应当出具单位的授权委托书、代理人的身份证和其他开户证件。期货公司应当对客户开户资料进行审核，确保开户资料的合规、真实、准确和完整。

（二）阅读期货交易风险说明书并签字确认

期货公司在接受客户开户申请时，必须向客户提供期货交易风险说明书，自然人客户应在仔细阅读并理解后，在该期货交易风险说明书上签字；法人客户应在仔细阅读并理解之后，由单位法定代表人或授权他人在该期货交易风险说明书上签字并加盖单位公章。

（三）签署期货经纪合同书

期货公司在接受客户开户申请时，双方必须签署期货经纪合同。自然人客户应在该合同上签字，法人客户应由法人代表或授权他人在该合同上签字并加盖公章。

自然人开户应提供本人身份证，留存印鉴或签名样卡。法人开户应提供企业法人营业执照影印件，并提供法定代表人及本单位期货交易业务执行人的姓名、联系电话、单位及其法定代表人或单位负责人印鉴等内容的书面材料，以及法定代表人授权期货交易业务执行人的书面授权书。

（四）申请交易编码并确认资金账号

期货公司为客户申请各期货交易所交易编码，应当统一通过监控中心办理。监控中心应当建立和维护期货市场客户统一开户系统，对期货公司提交的客户资料进行复核，并将通过复核的客户资料转发给相关期货交易所。期货交易所收到监控中心转发的客户交易编码申请资料后，根据期货交易所业务规则对客户交易编码进行分配、发放和管理，并将各类申请的处理结果通过监控中心反馈给期货公司。监控中心应当为每一个客户设立统一的开户编码，并建立统一开户编码与客户在各期货交易所交易编码的对应关系。当日分配的客户交易编码，期货交易所应当于下一交易日允许客户使用。

二、下单

客户在按规定足额缴纳开户保证金后，即可开始委托下单，进行期货交易。下单是指客户在进行每笔交易前向期货公司业务人员下达交易指令，说明拟买卖合约的种类、数量、价格等的行为。

交易指令的内容一般包括期货交易的品种及合约月份、交易方向、数量、价格、开平仓等。通常，客户应先熟悉和掌握有关的交易指令，然后选择不同的期货合约进行具体交易。

（一）常用交易指令

国际上期货交易的指令有很多种。

（1）市价指令。市价指令是期货交易中常用的指令之一。它是指按当时市场价格即刻成交的指令。客户在下达这种指令时无须指明具体的价位，而是要求期货公司出市代表以当时市场上可执行的最好价格达成交易。这种指令的特点是成交速度快，一旦指令下达后不可更改或撤销。

（2）限价指令。限价指令是指执行时必须按限定价格或更好的价格成交的指令。下达限价指令时，客户必须指明具体的价位。它的特点是可以按客户的预期价格成交，但成交速度相对较慢，有时甚至无法成交。

（3）止损指令。止损指令是指当市场价格达到客户预先设定的触发价格时，即变为市价指令予以执行的一种指令。客户利用止损指令，既可以有效地锁定利润，又可以将可能的损失降至最低限度，还可以相对较小的风险建立新的头寸。

（4）停止限价指令。停止限价指令是指当市场价格达到客户预先设定的触发价格时，即变为限价指令予以执行的一种指令。它的特点是可以将损失或利润锁定在预期的范围，但成交速度较止损指令慢，有时甚至无法成交。

（5）触价指令。触价指令是指在市场价格达到指定价位时，以市价指令予以执行的一种指令。触价指令与止损指令的区别在于：其预先设定的价位不同，例如，就卖出指令而言，卖出止损指令的止损价低于当前市场价格，而卖出触价指令的触发价格高于当前市场价格；买进指令则与此相反。此外，止损指令通常用于平仓，而触价指令一般用于开新仓。

（6）限时指令。限时指令是指要求在某一时间段内执行的指令。如果在该时间段内指令未被执行，则自动取消。

（7）长效指令。长效指令是指除非成交或由委托人取消，否则持续有效的交易指令。

（8）套利指令。套利指令是指同时买入和卖出两种或两种以上期货合约的指令。

（9）取消指令。取消指令又称为撤单，是要求将某一指定指令取消的指令。通过执行该指令，客户以前下达的指令完全取消，并且没有新的指令取代原指令。

目前，我国各期货交易所普遍采用了市价指令、限价指令和取消指令。此外，郑州商品交易所还采用了套利指令，大连商品交易所不仅采用了套利指令，还采用了止损指令和停止限价指令。我国各交易所的指令均为当日有效。在指令成交前，投资者可以提出变更和撤销。

（二）指令下达方式

客户在正式交易前，应制订详细周密的交易计划。在此之后，客户即可按计划下达交易指令（即下单交易）。目前，我国客户的下单方式有书面下单、电话下单和网上下单3种，其中网上下单是最主要的方式。

（1）书面下单。客户亲自填写交易单，填好后签字交期货公司，再由期货公司将指令发至交易所参与交易。

（2）电话下单。客户通过电话直接将指令下达到期货公司，再由期货公司将指令发至交易所参与交易。期货公司须将客户的指令同步录音，以备查证。

（3）网上下单。客户通过因特网或局域网，使用期货公司配置的网上下单系统进行网上下单。进入下单系统后，客户需输入自己的客户号与密码，经确认后即可输入指令。指令通过因特网或局域网传到期货公司后，通过专线传到交易所主机进行撮合成交。客户可以在期货公司的下单系统获得成交回报。

三、竞价

（一）竞价方式

竞价方式主要有公开喊价方式和计算机撮合成交两种方式。其中，公开喊价属于传统的竞价方式。21世纪以来，随着信息技术的发展，越来越多的交易所采用了计算机撮合成交方式，而原来采用公开喊价方式的交易所也逐步引入了电子交易系统。

1. 公开喊价方式

公开喊价方式又可分为两种形式：连续竞价制和一节一价制。

（1）连续竞价制是指在交易所交易池内由交易者面对面地公开喊价，表达各自买进或卖出合约的要求。按照规则，交易者在报价时既要发出声音，又要作出手势，以保证报价的准确性。这种公开喊价有利于活跃场内气氛，维护公开、公平、公正的定价原则。这种公开喊价方式曾经在欧美期货市场较为流行。

（2）一节一价制是指把每个交易日分为若干节，每节交易由主持人最先叫价，所有场内经纪人根据其叫价申报买卖数量，直至在某一价格上买卖双方的交易数量相等时为止。每一节交易中一种合约一个价格，没有连续不断的竞价。这种叫价方式曾经在日本较为普遍。

2. 计算机撮合成交方式

计算机撮合成交是根据公开喊价的原理设计而成的一种计算机自动化交易方式，是指期货交易所的计算机交易系统对交易双方的交易指令进行配对的过程。这种交易方式相对公开喊价方式来说，具有准确、连续等特点，但有时会出现交易系统故障等因素造成的风险。

国内期货交易所均采用计算机撮合成交方式。计算机交易系统一般将买卖申报单以价格优先、时间优先的原则进行排序。当买入价大于、等于卖出价则自动撮合成交，撮合成交价等于买入价（bp）、卖出价（sp）和前一成交价（cp）三者中居中的一个价格，即

当 $bp \geq sp \geq cp$，则最新成交价 $= sp$；

当 $bp \geq cp \geq sp$，则最新成交价 $= cp$；

当 $cp \geq bp \geq sp$，则最新成交价 $= bp$。

开盘价由集合竞价产生。

开盘价集合竞价在某品种某月份合约每一交易日开市前 5 分钟内进行。其中，前 4 分钟为期货合约买、卖价格指令申报时间，后 1 分钟为集合竞价撮合时间，开市时产生开盘价。

交易系统自动控制集合竞价申报的开始和结束，并在计算机终端上显示。

集合竞价采用最大成交量原则，即以此价格成交能够得到最大成交量。高于集合竞价产生的价格的买入申报全部成交；低于集合竞价产生的价格的卖出申报全部成交；等于集合竞价产生的价格的买入或卖出申报，根据买入申报量和卖出申报量的多少，按少的一方的申报量成交。

集合竞价产生价格的方法如下。

（1）交易系统分别对所有有效的买入申报按申报价由高到低的顺序排列，申报价相同的按照进入系统的时间先后排列；所有有效的卖出申报按申报价由低到高的顺序排列，申报价相同的按照进入系统的时间先后排列。

（2）交易系统逐步将排在前面的买入申报和卖出申报配对成交，直到不能成交为止。如最后一笔成交是全部成交的，取最后一笔成交的买入申报价和卖出申报价的算术平均价为集合竞价产生的价格，该价格按各期货合约的最小变动价位取整；如最后一笔成交是部分成交的，则以部分成交的申报价为集合竞价产生的价格。

开盘集合竞价中的未成交申报单自动参与开市后竞价交易。

（二）成交回报及确认

当计算机显示指令成交后，客户可以立即在期货公司的下单系统获得成交回报。对于书面下单和电话下单的客户，期货公司应按约定方式即时予以回报。

客户对交易结算单记载事项有异议的，应当在下一交易日开市前向期货公司提出书面异议；客户对交易结算单记载事项无异议的，应当在交易结算单上签字确认或者按照期货经纪合同约定的方式确认。客户既未对交易结算单记载事项确认，也未提出异议的，视为对交易结算单的确认。对于客户有异议的，期货公司应当根据原始指令记录和交易记录予以核实。

四、结算

（一）结算的概念与结算的程序

结算是指根据期货交易所公布的结算价格对交易账户的交易盈亏状况进行的资金清算和划转。

目前，大连商品交易所、郑州商品交易所和上海期货交易所实行全员结算制度，交易所对所有会员的账户进行结算，收取和追收保证金。中国金融期货交易所实行会员分级结算制度，其会员由结算会员和非结算会员组成，期货交易所只对结算会员结算，向结算会员收取和追收保证金；由结算会员对非结算会员进行结算、收取和追收保证金。

期货交易的结算，由期货交易所统一组织进行。但期货交易所并不直接对客户的账户结算、收取和追收客户保证金，而由期货公司承担该工作。期货交易所应当在当日及时将结算结果通知会员。期货公司根据期货交易所的结算结果对客户进行结算，并应当将结算结果按照与客户约定的方式及时通知客户。

在我国，会员（客户）的保证金可以分为结算准备金和交易保证金。结算准备金是交易所会员（客户）为了交易结算，在交易所（期货公司）专用结算账户预先准备的资金，是未被合约占用的保证金；交易保证金是会员（客户）在交易所（期货公司）专用结算账户中确保合约履行的资金，是已被合约占用的保证金。在实际中，客户保证金可能有不同的说法，如结算准备金被称为可用资金，交易保证金被称为保证金占用。

下面以郑州商品交易所、大连商品交易所和上海期货交易所的结算制度为例，对具体的结算程序进行介绍。

1. 交易所对会员的结算

（1）每一交易日交易结束后，交易所对每一会员的盈亏、交易手续费、交易保证金等款项进行结算。结算完成后，交易所采用发放结算单据或电子传输等方式向会员提供当日结算数据，包括会员当日平仓盈亏表、会员当日成交合约表、会员当日持仓表和会员资金结算表，期货公司会员以此作为对客户结算的依据。

（2）会员每天应及时获取期货交易所提供的结算数据，做好核对工作，并将之妥善保存。该数据应至少保存两年，但对有关期货交易有争议的，应当保存至该争议消除时为止。

（3）会员如对结算结果有异议，应在下一交易日开市前30分钟以书面形式通知期货交易所。遇特殊情况，会员可在下一交易日开市后两小时内以书面形式通知期货交易所。如在规定时间内会员没有对结算数据提出异议，则视作会员已认可结算数据的准确性。

（4）期货交易所在交易结算完成后，将会员资金的划转数据传递给有关结算银行。结算银行应及时将划账结果反馈给交易所。

（5）会员资金按当日盈亏进行划转，当日盈利划入会员结算准备金，当日亏损从会员结算准备金中扣划。当日结算时的交易保证金超过昨日结算时的交易保证金部分从会员结算准备金中扣划。当日结算时的交易保证金低于昨日结算时的交易保证金部分划入会员结算准备金。手续费、税金等各项费用从会员的结算准备金中直接扣划。

（6）每日结算完毕后，会员的结算准备金低于最低余额时，该结算结果即视为期货交易所向会员发出的追加保证金通知。会员必须在下一交易日开市前补足至交易所规定的结算准备金最低余额。

2. 期货公司对客户的结算

（1）期货公司对客户的结算与期货交易所的方法一样，即每一交易日交易结束后对每一客户的盈亏、交易手续费、交易保证金等款项进行结算。其中，期货公司会员向客户收取的交易保证金不得低于期货交易所向会员收取的交易保证金。

（2）期货公司在每日结算后向客户发出交易结算单。交易结算单一般载明下列事项：账号及户名、成交日期、成交品种、合约月份、成交数量及价格、买入或者卖出、开仓或者平仓、当日结算价、保证金占用额和保证金余额、交易手续费及其他费用。

（3）当每日结算后客户保证金低于期货公司规定的交易保证金水平时，期货公司按照期货经纪合同约定的方式通知客户追加保证金。

（二）结算公式与应用

1. 结算相关术语

（1）结算价（Settlement Price）。结算价是当天交易结束后，对未平仓合约进行当日交易保证金及当日盈亏结算的基准价。郑州商品交易所、大连商品交易所和上海期货交易所规定，当日结算价取某一期货合约当日成交价格按照成交量的加权平均价；当日无成交价格的，以上一交易日的结算价作为当日结算价。中国金融期货交易所规定，当日结算价是指某一期货合约最后一小时成交价格按照成交量的加权平均价。

（2）开仓、持仓、平仓。开仓也称为建仓，是指期货交易者新建期货头寸的行为，包括买入开仓和卖出开仓。交易者开仓之后手中就持有头寸，即持仓，若交易者买入开仓，则构成了买入（多头）持仓；反之，则形成了卖出（空头）持仓。平仓（Offset，Close Out）是指交易者了结持仓的交易行为，了结的方式是针对持仓方向作相反的对冲买卖。持仓合约也称为未平仓合约。

2. 交易所对会员的结算公式及应用

（1）结算公式。

1）结算准备金余额的计算公式为

当日结算准备金余额＝上一交易日结算准备金余额＋上一交易日交易保证金
　　　　　　　　　　－当日交易保证金＋当日盈亏＋入金－出金－手续费

2）当日盈亏的计算公式。

①商品期货当日盈亏的计算公式为

当日盈亏＝Σ［（卖出成交价－当日结算价）×卖出量］＋Σ［（当日结算价
　　　　　－买入成交价）×买入量］＋Σ［（上一交易日结算价－当日结算价）
　　　　　×（上一交易日卖出持仓量－上一交易日买入持仓量）］

②股票指数期货交易当日盈亏的计算公式为

当日盈亏＝Σ［（卖出成交价－当日结算价）×卖出量×合约乘数］
　　　　　＋Σ［（当日结算价－买入成交价）×买入量×合约乘数］
　　　　　＋Σ［（上一交易日结算价－当日结算价）×（上一交易日卖出持仓量
　　　　　－上一交易日买入持仓量）×合约乘数］

③当日交易保证金计算公式为

当日交易保证金=Σ[当日结算价×当日交易结束后的持仓总量×交易保证金比例]

（2）应用。

【例3-1】 某会员在4月1日开仓买入大豆期货合约40手（每手10吨），成交价为4 000元/吨，同一天该会员平仓卖出20手大豆合约，成交价为4 030元/吨，当日结算价为4 040元/吨，交易保证金比例为5%。该会员上一交易日结算准备金余额为1 100 000元，且未持有任何期货合约。则客户的当日盈亏（不含手续费、税金等费用）情况为

当日盈亏=（4 030−4 040）×20×10+（4 040−4 000）×40×10=14 000（元）

当日结算准备金余额=1 100 000−4 040×20×10×5%+14 000=1 073 600（元）

【例3-2】 4月2日，该会员再买入8手大豆合约，成交价为4 030元/吨，当日结算价为4 060元/吨，则其账户情况为

当日盈亏=（4 060−4 030）×8×10+（4 040−4 060）×（20−40）×10=6 400（元）

当日结算准备金余额=1 073 600+4 040×20×10×5%−4 060×28×10×5%+6 400
　　　　　　　　　　=1 063 560（元）

【例3-3】 4月3日，该会员将28手大豆合约全部平仓，成交价为4 070元/吨，当日结算价为4 050元/吨，则其账户情况为

当日盈亏=（4 070−4 050）×28×10+（4 060−4 050）×（0−28）×10=2 800（元）

当日结算准备金余额=1 063 560+4 060×28×10×5%+2 800=1 123 200（元）

3. 期货公司对客户的结算公式

（1）平仓盈亏的计算公式为

平仓盈亏=平历史仓盈亏+平当日仓盈亏

平历史仓盈亏=Σ[（卖出平仓价−上一交易日结算价）×卖出平仓量]
　　　　　　　+Σ[（上一交易日结算价−买入平仓价）×买入平仓量]

平当日仓盈亏=Σ[（当日卖出平仓价−当日买入开仓价）×卖出平仓量]
　　　　　　　+Σ[（当日卖出开仓价−当日买入平仓价）×买入平仓量]

（2）持仓盯市盈亏和浮动盈亏的计算公式为

持仓盯市盈亏=历史持仓盈亏+当日开仓持仓盈亏

历史持仓盈亏=Σ[（当日结算价−上一交易日结算价）×买入持仓量]
　　　　　　　+Σ[（上一交易日结算价−当日结算价）×卖出持仓量]

当日开仓持仓盈亏=Σ[（卖出开仓价−当日结算价）×卖出开仓量]
　　　　　　　　　+Σ[（当日结算价−买入开仓价）×买入开仓量]

浮动盈亏=Σ[（当日结算价−成交价）×买入持仓量]+Σ[（成交价
　　　　　−当日结算价）×卖出持仓量]

持仓盯市盈亏和浮动盈亏可以在当日交易进行中计算。此时，持仓盯市盈亏和浮动盈亏的结算的基准价为“最新成交价”，即在上述公式中，以“最新成交价”代替“当日结算价”。但当日交易结束后，则应以“当日结算价”为结算基准价。

（3）保证金的计算公式为

保证金占用=Σ（当日结算价×持仓手数×交易单位×公司的保证金比例）

（4）客户权益和可用资金的计算公式为

客户权益＝上日结存±出入金±平仓盈亏±浮动盈亏－当日手续费可用资金
　　　＝客户权益－保证金占用

（5）风险度的计算公式为

$$风险度＝保证金占用/客户权益×100\%$$

当风险度大于100%时则会收到《追加保证金通知书》，保证金应追加至可用资金大于等于0。

五、交割

（一）交割的概念

交割（Delivery）是指期货合约到期时，按照期货交易所的规则和程序，交易双方通过该合约所载标的物所有权的转移，或者按照结算价进行现金差价结算，了结到期未平仓合约的过程。其中，以标的物所有权转移方式进行的交割为实物交割；按结算价进行现金差价结算的交割方式为现金交割。一般来说，商品期货以实物交割方式为主；股票指数期货、短期利率期货多采用现金交割方式。

（二）交割的作用

交割是联系期货与现货的纽带。尽管期货市场的交割量占总成交量的很小比例，但交割环节对期货市场的整体运行却起着十分重要的作用。

期货交割是促使期货价格和现货价格趋向一致的制度保证。当市场过分投机、期货价格严重偏离现货价格时，交易者就会在期货、现货两个市场间进行套利交易。当期货价格过高而现货价格过低时，交易者在期货市场上卖出期货合约，在现货市场上买进商品，这样，现货需求增多，现货价格上升，期货合约价格下降，期现价差缩小；当期货价格过低而现货价格过高时，交易者在期货市场上买进期货合约，在现货市场卖出商品，这样，期货价格上升，现货供给增多，现货价格下降，使期现价差趋于正常。通过交割，期货、现货两个市场得以实现相互联动，期货价格最终与现货价格趋于一致，使期货市场真正发挥价格晴雨表的作用。

（三）实物交割方式与交割结算价的确定

1. 实物交割方式

实物交割（Physical Delivery）是指期货合约到期时，根据期货交易所的规则和程序，交易双方通过该期货合约所载标的物所有权的转移，了结未平仓合约的过程。实物交割方式包括集中交割和滚动交割两种。

（1）集中交割。集中交割也叫一次性交割，是指所有到期合约在交割月份最后交易日过后一次性集中交割的交割方式。

（2）滚动交割。滚动交割是指在合约进入交割月以后，在交割月第一个交易日至交割月最后交易日前一交易日之间进行交割的交割方式。滚动交割使交易者在交易时间的选择上更为灵活，可减少储存时间，降低交割成本。

目前，我国上海期货交易所采用集中交割方式；郑州商品交易所采用滚动交割和集中交割相结合的方式，即在合约进入交割月后就可以申请交割，而且最后交易日过后，对未平仓合约进行一次性集中交割；大连商品交易所对黄大豆1号、黄大豆2号、豆粕、豆油、玉米合约采用滚动交割和集中交割相结合的方式，对棕榈油、线型低密度聚乙烯和聚氯乙烯合约采用集中交割方式。

2. 实物交割结算价

实物交割结算价是指在实物交割时商品交收所依据的基准价格。交割商品计价以交割结算价为基础，再加上不同等级商品质量升贴水及异地交割仓库与基准交割仓库的升贴水。

（四）实物交割的流程

采用集中交割方式时，各期货合约最后交易日的未平仓合约必须进行交割。实物交割要求以会员名义进行。客户的实物交割必须由会员代理，并以会员名义在交易所进行。实物交割必不可少的环节包括以下几个方面。

（1）交易所对交割月份持仓合约进行交割配对。

（2）买卖双方通过交易所进行标准仓单与货款交换。买方通过其会员期货公司、交易所将货款交给卖方，卖方则通过其会员期货公司、交易所将标准仓单交付给买方。

（3）增值税发票流转。交割卖方给对应的买方开具增值税发票，客户开具的增值税发票由双方会员转交、领取并协助核实，交易所负责监督。

（五）标准仓单

在实物交割的具体实施中，买卖双方并不是直接进行实物商品的交收，而是交收代表商品所有权的标准仓单，因此，标准仓单在实物交割中扮演十分重要的角色。标准仓单是指由期货交易所统一制定的，期货交易所指定交割仓库在完成入库商品验收、确认合格后签发给货主的实物提货凭证。标准仓单经期货交易所注册后生效，可用于交割、转让、提货、质押等。

标准仓单的持有形式为标准仓单持有凭证。标准仓单持有凭证是期货交易所开具的代表标准仓单所有权的有效凭证，是在期货交易所办理标准仓单交割、交易、转让、质押、注销的凭证，受法律保护。标准仓单数量因交割、交易、转让、质押、注销等业务发生变化时，交易所收回原标准仓单持有凭证，签发新的标准仓单持有凭证。

在实践中，可以有不同形式的标准仓单，其中最主要的形式是仓库标准仓单。仓库标准仓单是指依据期货交易所的规定，由指定交割仓库完成入库商品验收、确认合格后，在期货交易所标准仓单管理系统中签发给货主的，用于提取商品的凭证。除此之外，还有厂库标准仓单等形式。所谓厂库，是指某品种的现货生产企业的仓库经期货交易所批准并指定为期货履行实物交割的地点；厂库标准仓单则是指经过期货交易所批准的、指定厂库按照期货交易所规定的程序签发的、在期货交易所标准仓单管理系统生成的实物提货凭证。

在我国大连商品交易所，豆粕、豆油、棕榈油期货除了可以采用仓库标准仓单外，还可用厂库标准仓单。上海期货交易所的螺纹钢、线材期货合约也允许采用厂库标准仓单交割。郑州商品交易所的标准仓单分为通用标准仓单和非通用标准仓单。通用标准仓单是指标准仓单持有人按照期货交易所的规定和程序可以到仓单载明品种所在的期货交易所任一交割仓库选择提货的财产凭证；非通用标准仓单是指仓单持有人按照期货交易所的规定和程序只能到仓单载明的交割仓库提取所对应货物的财产凭证。

（六）现金交割

现金交割是指合约到期时，交易双方按照期货交易所的规则、程序及其公布的交割结算价进行现金差价结算，了结到期未平仓合约的过程。中国金融期货交易所的股指期货合约采用现金交割方式，规定股指期货合约最后交易日收市后，交易所以交割结算价为基准，划付持仓双方的盈亏，了结所有未平仓合约。其中，股指期货交割结算价为最后交易日标的指数最后2小时的算术平均价。

第四章　期货套期保值交易

【本章要点】　本章介绍了套期保值交易的概念、原理及操作方法，对基差交易进行了详尽的阐述。

第一节　期货套期保值的基本原理

期货市场最基本的功能是回避价格波动的风险，而期货市场上风险回避者为回避风险采用的最常用、最基本的办法就是套期保值。可以说，没有套期保值期货市场就失去了最重要的支持其存在的理由。

一、套期保值的基本概念

套期保值者通常是现货交易商。他们要进行的是现货交易，即在现货市场上买或卖现货商品，他们参与期货交易的目的是回避未来现货市场上价格波动的风险。套期保值者面临的情况通常是：现时现货市场上的价格是可以接受的交易价格，如股票基金经理认为股票市场现在的价格水平是可以买入的价格水平，股票的承销商认为按现在股票市场的价格水平，他承销的股票可以卖出去——因而可以签订承销协议书；农民认为现在小麦的价格是有利可图的。但现时因各种原因不愿意或不能进行现货交易，如股票基金经理要等两个月才能收到资金，承销商要 3 个月后才能实施股票销售行为；农民的小麦不能收割——还没有到收获季节。同时又担心未来真要进行现货交易时，现货市场上的价格可能向不利于自己的方向变化。为避免未来现货市场上价格向不利于自己的方向变化而带来损失，他们选择的做法是：现时就在期货市场上买入（或卖出）期货合约，等到他们有可能又决定买入（或卖出）现货时，他们就平掉期货合约，退出期货市场，而在现货市场上买入（或卖出）现货商品。这样做，在一定条件下他们可以实现他们可以接受的现时现货市场上的价格。

我们可以这样来定义套期保值：因各种原因不愿意或不能现在就进行现货交易的现货交易者为回避未来现货市场价格波动的风险而先期在期货市场上买入（或卖出）期货合约，等到他们有可能又决定买入（或卖出）现货时，就将期货合约平仓，退出期货市场，而在现货市场上买入（或卖出）现货商品。这样的交易行为就是期货套期保值。

二、套期保值实现的条件

套期保值的核心是"风险对冲"，也就是将期货工具的盈亏与被套期保值项目的盈亏形成一个相互冲抵的关系，从而规避因价格变动带来的风险。利用期货工具进行套期保值操作，要实现"风险对冲"，必须具备以下条件。

（1）期货品种及合约数量的确定应保证期货与现货头寸的价值变动大体相当。由于受相近的供求等关系的影响，同一品种的期货价格和现货价格之间通常具有较高的相关性，期货价格与现货价格变动趋势通常相同且变动幅度相近。这为实现套期保值提供了前提条件。

如果存在与被套期保值的商品或资产相同的期货品种，并且期货价格和现货价格满足趋势相同且变动幅度相近的要求，企业可选择与其现货数量相当的期货合约数量进行套期保值。

此时，套期保值比率（Hedge Ratio，即套期保值中期货合约所代表的数量与被套期保值的现货数量之间的比率）为 1。例如，某贸易商签订了 2 万吨的大豆进口合同，价格已确定下来。为了防止日后大豆价格下跌，影响这批大豆的销售收益，在利用大豆期货做套期保值时，就要做到卖出大豆期货合约的规模应与 2 万吨相当。若大豆期货合约的交易单位为每手 10 吨，则需要卖出的期货合约数量就是 2 000 手。

如果不存在与被套期保值的商品或资产相同的期货合约，企业可以选择其他的相关期货合约进行套期保值，选择的期货合约头寸的价值变动应与实际的、预期的现货头寸的价值变动大体上相当。这种选择与被套期保值商品或资产不相同但相关的期货合约进行的套期保值，称为交叉套期保值（Cross Hedging）。一般来说，选择作为替代物的期货品种最好是该现货商品或资产的替代品，相互替代性越强，交叉套期保值交易的效果就会越好。

（2）期货头寸应与现货头寸相反，或作为现货市场未来要进行的交易的替代物。现货头寸可以分为多头和空头两种情况。当企业持有实物商品或资产，或者已按固定价格约定在未来购买某商品或资产时，该企业处于现货的多头。例如，榨油厂持有豆油库存或券商持有的股票组合，属于现货多头的情形。还有，某建筑企业已与某钢材贸易商签订购买钢材的合同，确立了价格，但尚未实现交收的情形也属于现货的多头。当企业已按固定价格约定在未来出售某商品或资产，但尚未持有实物商品或资产时，该企业处于现货的空头。例如，某钢材贸易商与某房地产商签订合同，约定在 3 个月后按某价格提供若干吨钢材，但手头尚未有钢材现货的，该钢材贸易商就是处于现货的空头。

当企业处于现货多头时，企业在套期保值时要在期货市场建立空头头寸，即卖空。当处于现货空头情形时，企业要在期货市场建立多头头寸进行套期保值。

不过，有时企业在现货市场既不是多头，也不是空头，而是计划在未来买入或卖出某商品或资产。这种情形也可以进行套期保值，在期货市场建立的头寸是作为现货市场未来要进行的交易的替代物。此时，期货市场建立的头寸方向与未来要进行的现货交易的方向是相同的。例如，某榨油厂预计下个季度将生产豆油 6 000 吨，为了规避豆油价格下跌的风险，对于这批未来要出售的豆油进行套期保值，卖出豆油期货合约。其在期货市场建立的空头头寸是现货市场未来出售的豆油的替代物。

（3）期货头寸持有的时间段要与现货市场承担风险的时间段对应起来。当企业不再面临现货价格波动风险时，应该将套期保值的期货头寸进行平仓，或者通过到期交割的方式同时将现货头寸和期货头寸进行了结。例如，某钢材贸易商持有一批钢材现货，然后通过在期货市场卖空进行套期保值。一旦该贸易商出售了该批钢材，便不再承担该批钢材价格变动的风险，此时企业应同时将期货空头头寸平仓。该贸易商也可以持有期货合约到期进行交割，以实物交收的方式将持有的钢材在期货市场卖出，同时了结现货和期货头寸。

如果企业的现货头寸已经了结，但仍保留着期货头寸，那么其持有的期货头寸就变成了投机性头寸；如果将期货头寸提前平仓，那么企业的现货头寸将处于风险暴露状态。

具备以上 3 个条件，意味着期货市场盈亏与现货市场盈亏之间构成了冲抵关系，可以降低企业面临的价格风险，商品或资产价格波动对企业的生产经营活动的影响将会减小。例如，某粮商对于其持有的小麦库存进行套期保值，卖出与其数量相当的小麦期货合约。当小麦价格下跌时，期货头寸盈利，现货头寸亏损，两者冲抵，从而起到风险对冲作用。如果小麦价格上涨，期货头寸亏损，现货头寸盈利，两者仍构成冲抵关系，同样起到风险对冲作用。

三、套期保值者

套期保值者（Hedger）是指通过持有与其现货市场头寸相反的期货合约，或将期货合约作为其现货市场未来要进行的交易的替代物，以期对冲现货市场价格风险的机构和个人。他们可以是生产者、加工者、贸易商和消费者，也可以是银行、券商、保险公司等金融机构。

一般来说，套期保值者具有的特点包括以下几个方面。

（1）生产、经营或投资活动面临较大的价格风险，直接影响其收益或利润的稳定性。

（2）避险意识强，希望利用期货市场规避风险，而不是像投机者那样通过承担价格风险获取收益。

（3）生产、经营或投资规模通常较大，且具有一定的资金实力和操作经验，一般来说规模较大的机构和个人比较适合做套期保值。

（4）套期保值操作上，所持有的期货合约头寸方向比较稳定，且保留时间长。

四、套期保值的分类

套期保值的目的是回避价格波动风险，而价格的变化无非是下跌和上涨两种情形。与之对应，套期保值分为两种：一种是用来回避未来某种商品或资产价格下跌的风险，称为卖出套期保值；另一种是用来回避未来某种商品或资产价格上涨的风险，称为买入套期保值。套期保值者也分为买入套期保值者和卖出套期保值者。

买入套期保值者未来在现货市场是要买入现货，并认为现时现货市场上的价格是可以接受的价格，即认为未来在现货市场上的买入价格减去现时现货市场的价格后的差，将小于或等于因未持有商品而节省的持有成本。为防止现货市场上价格上升而带来损失，买入套期保值者先期在期货市场上买入期货合约，到他真正要买入现货时，他先平掉期货合约，再到现货市场买入现货。买入套期保值者的直接交易目的是固化成本（固定未来的买入价格），力图使未来现货商品实际购入后，综合支出在计算了持有成本后接近现时现货市场上的价格。

卖出套期保值者未来在现货市场是要卖出现货，并认为现时现货市场上的价格是可以接受的价格，即认为未来在现货市场上的卖出价格减去现时现货市场价格后的差，将大于或等于因持有商品而支出的持有成本。为防止现货市场上价格下降而带来损失，卖出套期保值者先期在期货市场上卖出期货合约。到他真正要卖出现货时，他先平掉期货合约，再到现货市场卖出现货。卖出套期保值者的直接交易目的是固化收入（固定未来的卖出价格），力图使未来现货商品实际卖出后，综合收入在计算了持有成本后接近现时现货市场上的价格。

第二节　套期保值的应用

在本节中，将通过具体案例进一步阐释卖出套期保值和买入套期保值的应用。需说明的是，虽然套期保值是在期货市场和现货市场建立风险对冲关系，但在实际操作中，两个市场涨跌的幅度并不完全相同，因而不一定能保证盈亏完全冲抵。为了理解套期保值的实质，对本节的案例进行了简化处理，即假设两个市场价格变动幅度完全相同。

另外，无论对于商品还是金融资产来说，套期保值基本原理都是适用的。关于金融期货的套期保值在后面章节中将作讲解，因此，在本章中均以商品期货为例。

一、卖出套期保值的应用

卖出套期保值的操作主要适用于以下情形。

（1）持有某种商品或资产（此时持有现货多头头寸），担心市场价格下跌，使其持有的商品或资产市场价值下降，或者其销售收益下降。

（2）已经按固定价格买入未来交收的商品或资产（此时持有现货多头头寸），担心市场价格下跌，使其商品或资产市场价值下降或其销售收益下降。

（3）预计在未来要销售某种商品或资产，但销售价格尚未确定，担心市场价格下跌，使其销售收益下降。

【例 4-1】 10 月初，某地玉米现货价格为 1 710 元/吨。当地某农场预计年产玉米 5 000吨。该农场对当前价格比较满意，但担心待新玉米上市后，销售价格可能会下跌，该农场决定进行套期保值交易。当日卖出 500 手（每手 10 吨）第二年 1 月份交割的玉米期货合约进行套期保值，成交价格为 1 680 元/吨。到了 11 月，随着新玉米的大量上市，以及养殖业对玉米需求疲软，玉米价格开始大幅下滑。该农场将收获的 5 000 吨玉米进行销售，平均价格为 1 450元/吨，与此同时将期货合约买入平仓，平仓价格为 1 420 元/吨。套期保值结果如表 4-1 所示。

表 4-1 卖出套期保值案例（价格下跌）

项目	现 货 市 场	期 货 市 场
10 月 5 日	市场价格 1 710 元/吨	卖出第二年 1 月份玉米期货合约，1 680 元/吨
11 月 5 日	平均售价 1 450 元/吨	买入平仓玉米期货合约，1 420 元/吨
盈亏	亏损 260 元/吨	盈利 260 元/吨

在例 4-1 中，该农场通过在期货市场建立一个替代性的头寸，即空头头寸，进行卖出套期保值操作，来规避价格下跌风险。由于现货玉米价格下跌，该农场在玉米收获时，每吨玉米少赚 260 元，可视为现货市场亏损 260 元/吨。而期货空头头寸因价格下跌获利 260 元/吨，现货市场的亏损完全被期货市场的盈利对冲。通过套期保值操作，该农场玉米的实际售价相当于是 1 710 元/吨（1 450＋260），即与 10 月初计划进行套期保值操作时的现货价格相等。套期保值使农场不再受未来价格变动不确定性的影响，保持了经营的稳定性。如果该农场不进行套期保值，价格下跌将导致收益减少 260 元/吨，也将减少农场的利润，甚至会导致亏损。

在例 4-1 中，我们还可以考虑市场朝着相反的方向变化，即价格出现上涨的情形。假设经过一个月后，现货价格涨至 1 950 元/吨，期货价格涨至 1 920 元/吨该套期保值结果如表 4-2所示。

表 4-2 卖出套期保值案例（价格上涨）

项目	现 货 市 场	期 货 市 场
10 月 5 日	市场价格 1 710 元/吨	卖出第二年 1 月份玉米期货合约，1 680 元/吨
11 月 5 日	平均售价 1 950 元/吨	买入平仓玉米期货合约，1 920 元/吨
盈亏	盈利 240 元/吨	亏损 240 元/吨

在这种情形下，因价格上涨该农场玉米现货销售收益增加 240 元/吨，但这部分现货的盈利被期货市场的亏损所对冲。通过套期保值，该农场玉米的实际售价仍为 1 710 元/吨（1950－240），与最初计划套期保值时的现货价格相等。在该例子中该农场似乎不进行套期保值操作会更好些，因为可以实现投机性的收益 240 元/吨。需要注意的是，农场参与套期保

值操作的目的是规避价格不利变化的风险，而非获取投机性收益。事实上，套期保值操作在规避风险的同时，也放弃了获取投机性收益的机会。如果农场不进行套期保值，虽然可以在价格有利变化时获取投机性收益，但也要承担价格不利变化时的风险，这将增加其经营结果的不确定性。

二、买入套期保值的应用

买入套期保值的操作，主要适用于以下情形。

（1）预计在未来要购买某种商品或资产，购买价格尚未确定时，担心市场价格上涨，使其购入成本提高。

（2）目前尚未持有某种商品或资产，但已按固定价格将该商品或资产卖出（此时处于现货空头头寸），担心市场价格上涨，影响其销售收益或者采购成本。例如，某商品的生产企业，已按固定价格将商品销售。那么待商品生产出来后，其销售收益就不能随市场价格上涨而增加。又如，某商品的经销商已按固定价格将商品销售，待其采购该商品时，价格上涨会使其采购成本提高。这都会使企业面临风险。

（3）按固定价格销售某商品的产成品及其副产品，但尚未购买该商品进行生产（此时处于现货空头头寸），担心市场价格上涨，购入成本提高。例如，某服装厂已签订销售合同，按某价格卖出一批棉质服装，但尚未开始生产。若之后棉花价格上涨，其要遭受成本上升的风险。

【例 4-2】 某铝型材厂的主要原料是铝锭，某年 3 月初铝锭的现货价格为 16 430 元/吨。该厂计划 5 月份使用 600 吨铝锭。由于目前库存已满且能满足当前生产使用，如果现在购入，要承担仓储费和资金占用成本，而如果等到 5 月份购买可能面临价格上涨风险，于是该厂决定进行铝的买入套期保值。3 月初，该厂以 17 310 元/吨的价格买入 120 手（每手 5 吨）6 月份到期的铝期货合约。到了 5 月初，现货市场铝锭价格上涨至 17 030 元/吨，期货价格涨至 17 910 元/吨。此时，该铝型材厂按照当前的现货价格购入 600 吨铝锭，同时将期货多头头寸对冲平仓，结束套期保值。该铝型材厂的套期保值结果如表 4-3 所示。

表 4-3　　　　　　　　　　　　　　买入套期保值案例（价格上涨）

项目	现 货 市 场	期 货 市 场
3 月初	市场价格 16 430 元/吨	买入 6 月份铝期货合约，17 310 元/吨
5 月初	买入价格 17 030 元/吨	卖出平仓铝期货合约，17 910 元/吨
盈亏	亏损 600 元/吨	盈利 600 元/吨

在例 4-2 中，该铝型材厂在过了两个月后以 17 030 元/吨的价格购进铝锭，与 3 月初的 16 430 元/吨的价格相比高出 600 元/吨，相当于亏损 600 元/吨。但在期货交易中盈利 600 元/吨，刚好与现货市场的亏损相对冲。通过套期保值，该铝型材厂实际购买铝锭的成本为 16 430 元/吨（17 030－600），与 3 月初现货价格水平完全一致，相当于将 5 月初要购买的铝锭价格锁定在 3 月初的水平，完全回避了铝锭价格上涨的风险。如果不进行套期保值，该企业将遭受每吨铝锭成本上涨 600 元的损失，影响其生产利润。

假如 5 月初铝锭的价格不涨反跌，现货、期货都下跌了 600 元/吨，则铝型材厂的套期保值结果如表 4-4 所示。

表4-4 买入套期保值案例（价格下跌）

项目	现 货 市 场	期 货 市 场
3月初	市场价格 16 430 元/吨	买入 6 月份铝期货合约，17 310 元/吨
5月初	买入价格 15 830 元/吨	卖出平仓铝期货合约，16 710 元/吨
盈亏	盈利 600 元/吨	亏损 600 元/吨

在这种情形下，因价格下跌该铝型材厂铝锭购入成本下降 600 元/吨，但这部分现货的盈利被期货市场的亏损所对冲。通过套期保值，该铝型材厂铝锭实际的采购价为 16 430 元/吨（15 830＋600），与 3 月初计划套期保值时的现货价格相等。

该铝型材厂似乎不进行套期保值操作会更好些，因为可以实现投机性的收益 600 元/吨。但需要注意的是，铝型材厂参与套期保值操作的目的是规避价格不利变化的风险，而非获取投机性收益。事实上，套期保值操作在规避风险的同时，也放弃了获取投机性收益的机会。如果铝型材厂不进行套期保值，虽然可以在价格有利变化时获取投机性收益，但也要承担价格不利变化时的风险，这将增加其经营结果的不确定性。

第三节　基差与基差交易

在第二节中，我们所举的卖出和买入套期保值的例子，均是假设在套期保值操作过程中期货头寸盈（亏）与现货头寸亏（盈）幅度是完全相同的，两个市场的盈亏是完全冲抵的，这种套期保值被称为完全套期保值或理想套期保值（Perfect Hedging）。

事实上，盈亏完全冲抵是一种理想化的情形，现实中套期保值操作的效果更可能是不完全套期保值或非理想套期保值（Imperfect Hedging），即两个市场盈亏只是在一定程度上相抵，而非刚好完全相抵。导致不完全套期保值的原因主要有以下几个方面。

第一，期货价格与现货价格变动幅度并不完全一致。在相同或相近的价格变动影响因素作用下，同一商品在期货市场和现货市场的价格走势整体是趋同的，但受到季节等各种因素的影响，两个市场价格变动程度可能存在不一致。例如，农产品在收获季节即将来临时，期货价格受预期供给大量增加因素影响，其价格下跌幅度往往会大于现货市场价格下跌幅度，或者其价格上涨幅度往往会小于现货市场价格上涨幅度，从而导致两个市场价格虽整体趋同，但变动程度存在差异。如果做卖出套期保值，可能出现现货市场亏损小于期货市场盈利，或者现货市场盈利大于期货市场亏损的情形，盈亏冲抵之后还存在一定的净盈利。

第二，由于期货合约标的物可能与套期保值者在现货市场上交易的商品等级存在差异，当不同等级的商品在供求关系上出现差异时，虽然两个市场价格变动趋势相近，但在变动程度上会出现差异性。

第三，期货市场建立的头寸数量与被套期保值的现货数量之间存在差异时，即使两个市场价格变动幅度完全一致，也会出现两个市场盈亏不一致的情况。这主要是由于每张期货合约代表一定数量的商品，如 5 吨或 10 吨，交易时必须是其整数倍。而现货市场涉及的头寸有可能不是期货合约交易单位的整数倍，这就导致两个市场数量上的差异，从而影响两个市场盈亏相抵的程度。

第四，因缺少对应的期货品种，一些加工企业无法直接对其所加工的产成品进行套期保值，只能利用其使用的初级产品的期货品种进行套期保值时，由于初级产品和产成品之间在价格变化上存在一定的差异性，从而导致不完全套期保值。例如，电线电缆企业若想对电线、电缆等产成品套期保值，只能利用其生产所使用的初级产品——阴极铜期货来实现。初级产品价格是其产成品价格的主要构成因素，两者之间存在一定的同方向变化的关系，套期保值操作可以起到对冲风险的作用。但是，影响产成品价格构成的还有其他因素，如人工成本、水电成本等，这会导致两者的价格在变动程度上存在一定差异性，从而影响套期保值的效果。

一、基差概述

在导致不完全套期保值的原因中，现货市场和期货市场价格变动幅度的不完全一致是最常见的情形。在此，我们将引入基差（Basis）的概念，详细分析两个市场价格变动幅度不完全一致与套期保值效果之间的关系。

1. 基差的概念

基差是某一特定地点某种商品或资产的现货价格与相同商品或资产的某一特定期货合约价格间的价差。用公式可表示为

$$基差＝现货价格－期货价格$$

例如，11 月 24 日，美湾 2 号小麦离岸价（FOB，Free on Board，即指定港船上交货价格）对美国芝加哥期货交易所（CBOT）12 月小麦期货价格的基差为"＋55 美分/蒲式耳"，这意味着品质为 2 号的小麦在美湾交货的价格要比 CBOT 12 月小麦期货价格高出 55 美分/蒲式耳。

不同的交易者，由于关注的商品品质不同，参考的期货合约月份不同，以及现货地点不同，所关注的基差也会不同。例如，某小麦交易商因为在 5 月份的 CBOT 小麦期货合约上进行了套期保值交易，所以他关心的基差就是相对于 5 月份的 CBOT 小麦期货合约的基差。

2. 影响基差的因素

基差的大小主要受到以下因素的影响。

（1）时间差价。距期货合约到期时间长短，会影响持仓费的高低，进而影响基差值的大小。持仓费（Carrying Charge）又称为持仓成本（Cost of Carry），是指为拥有或保留某种商品、资产等而支付的仓储费、保险费和利息等费用总和。持仓费高低与距期货合约到期时间长短有关，距交割时间越近，持仓费越低。理论上，当期货合约到期时，持仓费会减小到零，基差也将变为零。

（2）品质差价。由于期货价格反映的是标准品级的商品的价格，如果现货实际交易的品质与交易所规定的期货合约的品级不一致，则该基差的大小就会反映这种品质差价。

（3）地区差价。如果现货所在地与交易所指定交割地点的不一致，则该基差的大小就会反映两地间的运费差价。

3. 正向市场与反向市场

当不存在品质价差和地区价差的情况下，期货价格高于现货价格或者远期期货合约大于近期期货合约时，这种市场状态称为正向市场（Normal Market 或 Contango），此时基差为负值。当现货价格高于期货价格或者近期期货合约大于远期期货合约时，这种市场状态称为反向市场，或者逆转市场（Inverted Market）、现货溢价（Backwardation），此时基差为正值。

正向市场主要反映了持仓费。持仓费与期货价格、现货价格之间的关系可通过下面的例子来说明：假定某企业在未来 3 个月后需要某种商品，它可以有两种选择，一是立即买入 3 个月后交割的该商品的期货合约，一直持有并在合约到期时交割；二是立即买入该种商品的

现货，将其储存 3 个月后使用。买入期货合约本身除要缴纳保证金而产生资金占用成本外，不需要更多的成本。而买入现货意味着必须支付从购入商品到使用商品期间的仓储费、保险费，以及资金占用的利息成本。如果期货价格与现货价格相同，很显然企业都会选择在期货市场而不愿意在现货市场买入商品，这会造成买入期货合约的需求增加，现货市场的需求减少，从而使期货价格上升现货价格下降，直至期货合约的价格高出现货价格的部分与持仓费相同，这时企业选择在期货市场还是在现货市场买入商品是没有区别的。因此，在正向市场中，期货价格高出现货价格的部分与持仓费的高低有关，持仓费体现的是期货价格形成中的时间价值。持仓费的高低与持有商品的时间长短有关，一般来说，距离交割的期限越近，持有商品的成本就越低，期货价格高出现货价格的部分就越少。当交割月到来时，持仓费将降至零，期货价格和现货价格将趋同。

反向市场的出现主要有两个原因：一是近期对某种商品或资产需求非常迫切，远大于近期产量及库存量，使现货价格大幅度增加，高于期货价格；二是预计将来该商品的供给会大幅度增加，导致期货价格大幅度下降，低于现货价格。反向市场的价格关系并非意味着现货持有者没有持仓费的支出，只要持有现货并储存到未来某一时期，仓储费、保险费、利息成本的支出就是必不可少的。只不过在反向市场上，由于市场对现货及近期月份合约需求迫切，购买者愿意承担全部持仓费来持有现货而已。在反向市场上，随着时间的推进，现货价格与期货价格如同在正向市场上一样，会逐步趋同，到交割期趋向一致。

4. 基差的变动

由于受到相近的供求因素的影响，期货价格和现货价格表现出相同趋势，但由于供求因素对现货市场、期货市场的影响程度不同以及持仓费等因素，导致两者的变动幅度不尽相同，因而计算出来的基差也在不断的变化中，我们常用"走强"或"走弱"来评价基差的变化。

基差变大，称为"走强"（Stronger）。基差走强常见的情形有现货价格涨幅超过期货价格涨幅，以及现货价格跌幅小于期货价格跌幅。这意味着，相对于期货价格表现而言，现货价格走势相对较强。例如，1 月 10 日，小麦期货价格为 800 美分/蒲式耳，现货价格为 790 美分/蒲式耳，此时基差为－10 美分/蒲式耳。至 1 月 15 日，小麦期货价格上涨100 美分/蒲式耳至 900 美分/蒲式耳，现货价格上涨 105 美分/蒲式耳至 895 美分/蒲式耳，此时基差为－5 美分/蒲式耳。该期间基差的变化就属于走强的情形。如果基差从－2 美分/蒲式耳变为＋4 美分/蒲式耳，或者从＋5 美分/蒲式耳变为＋10 美分/蒲式耳均属于走强的情形。

基差变小，称为"走弱"（Weaker）。基差走弱常见的情形有现货价格涨幅小于期货价格涨幅，以及现货价格跌幅超过期货价格跌幅。这意味着，相对于期货价格表现而言，现货价格走势相对较弱。例如，1 月 10 日，小麦期货价格为 800 美分/蒲式耳，现货价格为 795 美分/蒲式耳，此时基差为－5 美分/蒲式耳；至 1 月 15 日，小麦期货价格下跌 100 美分/蒲式耳至 700 美分/蒲式耳，现货价格下跌 105 美分/蒲式耳至 690 美分/蒲式耳，此时基差为－10 美分/蒲式耳。该期间基差的变化就属于走弱的情形。如果基差从＋10 美分/蒲式耳变为＋5 美分/蒲式耳，或者从＋4 美分/蒲式耳变为－2 美分/蒲式耳，均属于走弱的情形。

需要注意的是，随着期货合约到期的临近，持仓费逐渐减少，基差均会趋向于零。

二、基差变化与套期保值效果

期货价格与现货价格趋同的走势并非每时每刻保持完全一致，标的物现货价格与期货价格之间的价差（即基差）也呈波动性，因此在一定程度上会使套期保值效果存在不确定性。

但与单一的现货价格波动幅度相比，基差的波动相对要小，并且基差的变动可通过对持仓费、季节等因素进行分析，易于预测。套期保值的实质是用较小的基差风险代替较大的现货价格风险。

下面我们将通过卖出套期保值和买入套期保值的案例来说明基差变动与套期保值效果之间的关系。

1. 基差变化与卖出套期保值

【例4-3】 5月初，某糖厂与饮料厂签订销售合同，约定将在8月初销售100吨白糖，价格按交易时的市价计算。目前白糖现货价格为5 500元/吨。该糖厂担心未来糖价会下跌，于是卖出10手（每手10吨）的9月份白糖期货合约，成交价格为5 800元/吨。至8月初交易时，现货价跌至每吨5 000元/吨，与此同时，期货价格跌至5 200元/吨。该糖厂按照现货价格出售100吨白糖，同时按照期货价格将9月份白糖期货合约对冲平仓。套期保值结果如表4-5所示。

表4-5　　　　　　　　　　卖出套期保值案例（基差走强情况）

项目	现 货 市 场	期 货 市 场	基　差
5月初	市场价格5 500元/吨	卖出9月份白糖期货合约，5 800元/吨	−300元/吨
8月初	卖出价格5 000元/吨	买入平仓白糖期货合约，5 200元/吨	−200元/吨
盈亏	亏损500元/吨	盈利600元/吨	走强100元/吨

在例4-3中，由于现货价格下跌幅度小于期货价格下跌幅度，基差走强100元/吨。期货市场盈利600元/吨，现货市场亏损500元/吨，两者相抵后存在净盈利100元/吨。通过套期保值，该糖厂白糖的实际售价相当于：现货市场实际销售价格＋期货市场每吨盈利＝5 000＋600＝5 600元/吨。该价格要比5月初的5 500元/吨的现货价格还要高100元/吨。而这100元/吨，正是基差走强的变化值。

这表明，进行卖出套期保值，如果基差走强，两个市场盈亏相抵后存在净盈利，它可以使套期保值者获得一个更为理想的价格。

【例4-4】 5月初，某地钢材价格为4 380元/吨。某经销商目前持有5 000吨钢材存货尚未出售。为了防范钢材价格下跌风险，该经销商卖出500手（每手10吨）11月份螺纹钢期货合约进行套期保值，成交价格为4 800元/吨。到了8月初，钢材价格出现上涨，该经销商按4 850元/吨的价格将该批现货出售，与此同时将期货合约对冲平仓，成交价格为5 330元/吨。套期保值结果如表4-6所示。

表4-6　　　　　　　　　　卖出套期保值案例（基差走弱情况）

项目	现 货 市 场	期 货 市 场	基　差
5月初	市场价格4 380元/吨	卖出11月份螺纹钢期货合约，4 800元/吨	−420元/吨
8月初	卖出价格4 850元/吨	买入平仓螺纹钢期货合约，5 330元/吨	−480元/吨
盈亏	盈利470元/吨	亏损530元/吨	走弱60元/吨

在例4-4中，由于现货价格上涨幅度小于期货价格上涨幅度，基差走弱60元/吨。期货市场亏损530元/吨，现货市场盈利470元/吨，两者相抵后存在净亏损60元/吨。通过套期保

值，该经销商的钢材的实际售价相当于是：现货市场实际销售价格－期货市场每吨亏损＝4 850－530＝4 320 元/吨。该价格要比 5 月初的 4 380 元/吨的现货价格要低 60 元/吨。而这 60 元/吨，正是基差走弱的变化值。

这表明，进行卖出套期保值，如果基差走弱，两个市场盈亏相抵后存在净亏损，它将使套期保值者承担基差变动不利的风险，其价格与其预期价格相比要略差一些。

2. 基差变化与买入套期保值

【例 4-5】 5 月初，某饲料公司预计 3 个月后需要购入 3 000 吨豆粕。为了防止豆粕价格上涨，该饲料公司买入 9 月份豆粕期货合约 300 手（每手 10 吨）。成交价格为 2 910 元/吨。当时现货市场豆粕价格为 3 160 元/吨。至 8 月份，豆现货价格上涨至 3 600 元/吨。该饲料公司按此价格采购 3 000 吨豆粕，与此同时，将豆粕期货合约对冲平仓，成交价格为 32 805 元/吨。套期保值结果如表 4-7 所示。

表 4-7　　　　　　　　买入套期保值案例（基差走强情况）

项目	现货市场	期货市场	基差
5 月初	市场价格 3 160 元/吨	买入 9 月份豆粕期货合约，2 910 元/吨	250 元/吨
8 月初	买入价格 3 600 元/吨	卖出平仓豆粕期货合约，3 280 元/吨	320 元/吨
盈亏	亏损 440 元/吨	盈利 370 元/吨	走强 70 元/吨

在例 4-5 中，由于现货价格上涨幅度大于期货价格上涨幅度，基差走强 70 元/吨。期货市场盈利 370 元/吨，现货市场亏损 440 元/吨，两者相抵后存在净亏损 70 元/吨。通过套期保值，该饲料公司的豆粕的实际购入价相当于：现货市场实际采购价格－期货市场每吨盈利＝3 600－370＝3 230 元/吨。该价格要比 5 月初的 3 160 元/吨的现货价格要高 70 元/吨。而这 70 元/吨，正是基差走强的变化值。

这表明，进行买入套期保值，如果基差走强，两个市场盈亏相抵后存在净亏损，它将使套期保值者承担基差变动不利的风险，其价格与其预期价格相比要略差一些。

【例 4-6】 3 月初，某轮胎企业为了防止天然橡胶原料价格进一步上涨，于是买入 7 月份天然橡胶期货合约 200 手（每手 5 吨），成交价格为 24 000 元/吨，对其未来生产所需要的 1 000 吨天然橡胶进行套期保值。当时现货市场天然橡胶价格为 23 000 元/吨。之后天然橡胶价格未涨反跌，至 6 月初，天然橡胶现货价格跌至 20 000 元/吨。该企业按此价格购入天然橡胶现货 1 000 吨。与此同时，将天然橡胶期货合约对冲平仓，成交价格为 21 200 元/吨。套期保值结果如表 4-8 所示。

表 4-8　　　　　　　　买入套期保值案例（基差走弱情况）

项目	现货市场	期货市场	基差
5 月初	市场价格 23 000 元/吨	买入 7 月份天然橡胶期货合约，24 000 元/吨	－1 000 元/吨
8 月初	买入价格 20 000 元/吨	卖出平仓天然橡胶期货合约，21 200 元/吨	－1 200 元/吨
盈亏	盈利 3 000 元/吨	亏损 28 00 元/吨	走弱 200 元/吨

在例 4-7 中，由于现货价格下跌幅度大于期货价格下跌幅度，基差走弱 200 元/吨。期货市场亏损 2 800 元/吨，现货市场盈利 3 000 元/吨，两者相抵后存在净盈利 200 元/吨。通过套

期保值，该轮胎企业的天然橡胶的实际购入价相当于：现货市场实际采购价格＋期货市场每吨亏损＝20 000＋2 800＝22 800 元/吨。该价格要比 3 月初的 23 000 元/吨的现货价格要低 200 元/吨。而这 200 元/吨，正是基差走弱的变化值。

这表明，进行买入套期保值，如果基差走弱，两个市场盈亏相抵后存在净盈利，它将使套期保值者获得的价格比其预期价格还要更理想。

3. 基差变化与套期保值效果关系的总结

根据以上分析，我们可以将买入套期保值和卖出套期保值在基差不同变化情形下的效果进行概括（见表 4-9）。

表 4-9　　　　　　　　　　　　　　　基差变化与套期保值效果关系

项　目	基差变化	套 期 保 值 效 果
卖出套期保值	基差不变	完全套期保值，两个市场盈亏刚好完全相抵
	基差走强	不完全套期保值，两个市场盈亏相抵后存在净盈利期保值
	基差走弱	不完全套规保值，两个市场盈亏相抵后存在净亏损
买入套期保值	基差不变	完全套期保值，两个市场盈亏刚好完全相抵
	基差走强	不完全套期保值，两个市场盈亏相抵后存在净亏
	基差走弱	不完全套期保值，两个市场盈亏相抵后存在净盈利

三、基差交易

套期保值刚好能成功的前提是基差的变化刚好反映持有成本。可是现实中谁也不能保证基差的变化刚好反映持有成本。所以，当历史数据表明与某期货合约有关的基差是变化无常的时候，人们便不能指望仅通过套期保值就能够回避未来现货市场价格变化的风险。针对基差变化无常的情况，人们发明了一种新的交易方式——基差交易。

基差交易，是指现货交易双方商定以一方当事人选定的某月份商品期货价格为计价基础，以高于或低于该期货价格若干来买卖现货。以基差为基础的保值交易策略，主要包括基差选定交易、叫价交易及期货转现货等形式。其中以叫价交易最为普遍，而叫价交易又分买方叫价交易、卖方叫价交易和双向叫价交易 3 种形式。

1. 买方叫价交易

买方叫价交易，是指由现货商品的买方决定最后成交价格的一种基差交易方式，一般与卖出套期保值交易配合使用。现货商品的卖方为防止价格下跌，事先为将要卖出的商品做卖期保值，为加强套期保值效果，进行基差交易并把决定成交价格的权利给予现货买方。

【例 4-7】某农场主将在 9 月份收获小麦，为防止价格下降，他在 6 月做了卖出套期保值，当时小麦现货价为 8.6 美元/蒲式耳，他卖出 10 月小麦期货合约 8.65 美元/蒲式耳。此时基差为 -5 美分。9 月 1 日，某面粉加工商向该农场主预定一批小麦，加工商认为小麦价格会下降，所以不想马上买进小麦。经协商双方达成协议：以基差为"低于 10 月期货价格 5 美分"成交，由买方即面粉加工商选定在 30 天内任何一天的 10 月小麦期货价格作为计价基础。10 天后，小麦价格下跌，现货价格为 6.8 美元，10 月份小麦期货价格为 6.95 美元，基差为 -15 美分。该面粉加工商决定以当天的 10 月份小麦期货价格作为基础买进现货小麦，通知农场主买进小麦现货，并结束卖出套期保值。

基差的变化导致套期保值效果受到影响，在没有进行基差交易情况下，该农场主的套期保值结果如表 4-10 所示。

表 4-10　　　　　　　　　　　　　　农场主的套期保值结果

项目	现货市场	期货市场	基差
6 月	8.6 美元/蒲式耳	卖出 10 月小麦期货合约 8.65 美元/蒲式耳	−5 美分
9 月 11 日	卖出小麦现货 6.8 美元/蒲式耳	买入 10 月小麦期货合约 6.95 美元/蒲式耳	−15 美分
盈亏	亏损 1.8 美元/蒲式耳	盈利 1.7 美元/蒲式耳	走弱 10 美分

由表 4-10 可知，由于基差变化，使该农场主仍有 0.1 美元/蒲式耳的亏损。

但是，做了基差交易后，该农场主改善了经营条件。此时，在现货市场上他不是以当时的现货价格 6.8 美元/蒲式耳来出售现货小麦，而是以"低于 10 月期货价格 5 美分"，即 6.9 美元/蒲式耳出售现货小麦，使结束套期保值时的基差恢复到−5 美分，从而达到理想的保值效果（见表 4-11）。

表 4-11　　　　　　　　　　　　　　基差交易后的结果

项目	现货市场	期货市场	基差
6 月	8.6 美元/蒲式耳	卖出 10 月小麦期货合约 8.65 美元/蒲式耳	−5 美分
9 月 11 日	以"低于 10 月期货价格 5 美分"的价格卖出小麦现货，价格为 6.9 美元/蒲式耳	由买方通知买进 10 月小麦期货合约，价格为 6.95 美元/蒲式耳	−5 美分
盈亏	亏损 1.7 美元/蒲式耳	盈利 1.7 美元/蒲式耳	不变

由于该农场主采用了基差交易，以基差交易的盈利 10 美分来弥补了因基差变动后套期保值未能补偿的那一部分价格损失，该农场主不受经济损失。当然，如果他能争取到更好的基差报价，如"低于 10 月期货价格 4 美分或 3 美分"等，那么他能获得额外利润。

至于现货小麦的买方——面粉加工商，在做了基差交易后，就只能以"低于 10 月期货价格 5 美分"的价格买进现货小麦，而不能再享受当时现货市场上更低的现货价格。但是，通过基差交易，他不仅保证了稳定的原料来源，而且还能在商定的时间内选定对自己最有利的价格来成交。并且，他还须考虑到价格有可能下跌的情况，所以，对他来讲也是有利的。

2. 卖方叫价交易

卖方叫价交易是指由现货商品的卖方决定最后成交价格的一种基差交易方式，一般与买入套期保值交易配合使用。现货商品的买方为防止价格上涨，事先为他将要买进的商品做买入套期保值，为加强保值效果，进行基差交易并把决定成交价格的权利给予现货卖方。

【例 4-8】 某加工商预计 9 月份买进一批铝锭，为回避价格风险，在 6 月份做了买入套期保值，买入 9 月铝期货合约，现货价格为 2 500 美元/吨，期货价格为 2 800 美元/吨，基差为−300 美元。7 月 5 日，该加工商向某铝储藏商订购铝锭，该铝储藏商经过分析，认为铝价会上涨，所以他不同意马上出售。最后双方决定进行基差交易，储藏商按"低于 9 月期货价格 300 美元"出售铝锭，他有权选定该月任何一天 9 月铝期货价格成交。两周后，铝价开始上涨，7 月 25 日，铝现货价格 2 700 美元，9 月期货价格为 2 900 美元，基差为−200 美元。储藏商决定以此价格成交，通知加工商以"低于 9 月期货价格 300 美元"，即每吨 2 600 美元的价格买进现货铝锭；同时，按事先的约定，以每吨 2 900 美元的价格卖出 9 月铝期货，结束买入套期保值。

在例 4-8 中，如果加工商没有进行基差交易的话，买入套期保值的效果就会不理想，因为基差走强，该加工商的经营状况如表 4-12 所示。

表 4-12　　　　　　　　　　　　加 工 商 的 经 营 状 况

项目	现 货 市 场	期 货 市 场	基　差
6 月	每吨 2 500 美元	买入 9 月期货合约每吨 2 800 美元	−300 美元
7 月 25 日	买进现货铝价格为每吨 2 700 美元	卖出 9 月期货合约每吨 2 900 美元	−200 美元
盈亏	每吨亏损 200 美元	每吨盈利 100 美元	走强 100 美元

由于基差走强，使做了买入套期保值的加工商的保值效果受到影响，每吨仍有 100 美元的亏损。

但是，由于加工商进行了基差交易，改善了基差，其实际结果如表 4-13 所示。

表 4-13　　　　　　　　　　　　基 差 交 易 后 的 结 果

项目	现 货 市 场	期 货 市 场	基　差
6 月	每吨 2 500 美元	买入 9 月期货合约每吨 2 800 美元	−300 美元
7 月 25 日	按"低于 9 月期货价格 300 美元"即按每吨 2 600 美元买进现货	卖出 9 月期货合约每吨 2 900 美元	−300 美元
盈亏	每吨亏损 100 美元	每吨盈利 100 美元	不变

由于加工商进行了基差交易，其盈亏正好相抵。这里，还需指出：如果该加工商争取到更好的基差报价，如"低于 9 月期货价格 320 美元、330 美元"等，则他将获得额外利润。

至于现货的卖方——储藏商，由于做了基差交易，就不能以市场价 2 700 美元的价格出售现货铝锭，而只能以每吨 2 600 美元的价格售出。但是，考虑到价格也可能会出现对其不利的变动，而且他还有在商定的时间内选定最有利的成交日来确定最后成交价格的权利，所以，基差交易对他来说也是有利的。

3. 双向叫价交易

双向叫价交易是指在实际经济活动中，交易者通常既是买方又是卖方，此时，他就可以综合运用买方叫价交易和卖方叫价交易的一种基差交易形式。作为卖方，他可以要他的买方客户为他买进期货合约，做买方叫价交易；作为买方，他又可以要他的卖方客户为他卖出期货合约，做卖方叫价交易。

在交易者既是买方又是卖方的情况下，作为买方，他要做买入套期保值；作为卖方，他要做卖出套期保值。但是，如果他运用了双向叫价交易的方法，就可以不用自己去做套期保值交易；只要尽量确定有利的买进时基差和卖出时基差，那么不管价格如何变动，都可以取得理想的保值效果，甚至获得盈利。

四、期现套利操作

现实中，一些企业利用自身在现货市场经营的优势，依据基差与持仓费之间的关系，寻找合适的时机进行操作，演变成期现套利的新型操作模式。具体操作可通过下面的例子来说明。

假设某企业有一批商品的存货。目前现货价格为 3 000 元/吨，2 个月后交割的期货合约价格为 3 500 元/吨。2 个月期间的持仓费和交割成本等合计为 300 元/吨。该企业通过比较发现，如果将这批货在期货市场按 3 500 元/吨的价格卖出，待到期时用其持有的现货进行交割，扣除 300 元/吨的持仓费之后，仍可以有 200 元/吨的收益。在这种情况下，企业将货物在期货市场卖出要比现在按 3 000 元/吨的价格卖出更有利，也比两个月之后卖出更有保障（因为不知道未来价格会如何变化）。此时，可将企业的操作称之为"期现套利"。

期现套利是指交易者利用期货市场与现货市场之间的不合理价差，通过在两个市场上进行反向交易，待价差趋于合理而获利的交易。一般来说，期货价格和现货价格之间的价差主要反映了持仓费。但现实中，价差并不绝对等同于持仓费。当两者出现较大的偏差时，期现套利机会就会出现。

如果价差远远高于持仓费，套利者就可以买入现货，同时卖出相关期货合约，待合约到期时，用所买入的现货进行交割。价差的收益扣除买入现货之后发生的持仓费用之后还有盈利，从而产生套利的利润。相反，如果价差远远低于持仓费，套利者就可以通过卖出现货，同时买入相关期货合约，待合约到期时，用交割获得的现货来补充之前所卖出的现货。价差的亏损小于所节约的持仓费，因而产生盈利。不过，对于商品期货来说，由于现货市场缺少做空机制，从而限制了现货市场卖出的操作，因而最常见的期现套利操作是第一种情形。

在实际操作中，也可不通过交割来完成期现套利，只要价差变化对其有利，也可通过将期货合约和现货头寸分别了结的方式来结束期现套利操作。

在商品市场进行期现套利操作，一般要求交易者对现货商品的贸易、运输和存储等比较熟悉，因此参与者多是有现货生产经营背景的企业。

五、企业开展套期保值业务的注意事项

套期保值操作虽然可以在一定程度上规避价格风险，但并非意味着企业做套期保值就是进了"保险箱"。事实上，在套期保值操作上，企业除了面临基差变动风险之外，还会面临诸如流动性风险、现金流风险、操作风险等各种风险。这需要企业针对套期保值业务设置专门的人员和组织机构，制定相应的规章和风险管理制度等。企业在套期保值业务上，需要在以下几个方面予以关注。

（1）企业在参与期货套期保值之前，需要结合自身情况进行评估，以判断是否有套期保值需求，以及是否具备实施套期保值操作的能力。企业要结合行业风险状况、市场动态风险状况和企业自身的风险偏好等，综合评价自身对套期保值的需求。一般来说，行业利润越低，相关原材料、产成品、利率、汇率等资产价格波动对企业盈利及生存能力影响越大，进行套期保值越有必要。即便是该企业处于平均利润率较高的行业，也有必要对相关资产价格波动进行实时监控，一旦风险超越企业可承受界限，则需要及时介入衍生品市场进行套期保值运作。企业对自身套期保值能力的评估也十分必要。从国内外运用衍生金融工具的调查结果看，规模大的企业运用程度要明显高于规模小的企业。这主要因为规模大的企业，通常在套期保值资金支持、专业人才储备、机构设置及制度保障等方面具有优势。企业套期保值活动服务于稳健经营的目标，只要该目标不变，企业参与套期保值活动就应纳入企业长期的生产经营活动之中，而非企业偶然性、随意性的行为。这要求企业在开展套期保值业务之前，综合评价其自身是否在资金、人才、机构设置、风险控制制度建设等方面做好了充足准备，切忌仓促上阵。

（2）企业应完善套期保值机构设置。要保证套期保值效果，规范的组织体系是科学决策、高效执行和风险控制的重要前提和基本保障。有条件的企业可以设置从事套期保值业务的最高决策机构——企业期货业务领导小组，一般由企业总经理、副总经理、财务、经营计划、法律等部门负责人和期货业务部经理组成。负责确定企业参加期货交易的范围、品种、企业套期保值方案、风险监控，以及与期货相关的其他重大问题的处理。针对企业套期保值交易，可设置交易部、风险控制部门和结算部，分别构成套期保值业务的前台、中台和后台。

1）交易部，作为套期保值业务的前台，负责具体交易操作，严格各项操作规定并按有关规定和权限使用与管理交易资金，并详细记载套期保值活动，向中台和后台报告交易情况。

2）结算部，作为套期保值业务的后台，负责交易复核、对账，确认买卖委托，以及各类财务处理并跟踪交易情况，同时按规定独立监管前台交易和完成结算，并随时协助前台交易人员准备盈亏报告，进行交易风险的评估。

3）风险控制部门（一般由企业财务和审计部门人员构成），作为套期保值业务的中台，负责监督并控制前台和后台的一切业务操作，核对持有头寸限额，负责比较后台结算和前台交易之间计算出的损益情况，并根据交易的质量采取必要的措施，以保证会计记录的准确性；对交易质量、财务信息管理和回报率的质量实施监督职能，负责交易情况的分析及对交易误差作出正确解释和内部稽核，最终负责公布监控结果。

此外，还可以设立研发部，负责分析宏观经济形势和相关市场走势并出具投资建议，该部门有时也会与交易部合并。

（3）企业需要具备健全的内部控制制度和风险管理制度。其中与套期保值业务相关的内部控制制度主要包括套期保值业务授权制度和套期保值业务报告制度。

套期保值业务授权包括交易授权和交易资金调拨授权。企业应保持授权的交易人员和资金调拨人员相互独立、相互制约，保证公司交易部有资金使用权但无调拨权，财务部有资金调拨权但无资金使用权。交易授权制度应明确有权进行套期保值交易的人员名单、可从事套期保值交易的具体品种和交易限额；交易资金调拨制度应明确有权进行资金调拨的人员名单和资金限额。一般来说，期货套期保值业务的授权应由企业法定代表人或企业主管期货业务的副总经理下达，涉及交易资金调拨的授权还应经主管财务的副总经理同意。

套期保值业务报告制度，是指相关人员应当定期向企业期货业务主管领导和总经理报告有关工作，以便及时了解套期保值进度和盈亏状况。期货交易人员应定期向企业期货业务主管领导报告新建头寸状况、持仓状况、计划建仓及平仓状况，以及市场信息等基本内容。风险管理人员应向企业期货业务主管领导定期书面报告持仓风险状况、保证金使用状况、累计结算盈亏、套期保值计划执行情况等。企业期货业务主管领导须签阅报告并返还风险管理人员。资金调拨人员应定期向财务主管领导报告结算盈亏状况、持仓风险状况、保证金使用状况等，同时应通报风险管理人员及企业期货业务主管领导。

企业进行套期保值业务，还应建立严格有效的风险管理制度，明确内部风险报告制度、风险处理程序等。利用事前、事中及事后的风险控制措施，预防、发现和化解风险。企业在进行期货套期保值业务时，应把交易部、结算部和风险控制部的岗位和人员进行有效分离，确保其能够相互监督制约。

（4）加强对套期保值交易中相关风险的管理。套期保值主要以衍生品为避险工具，衍生品具有的高风险特征，如果不能对套期保值操作中可能面临的风险进行科学管理，可能会使企业陷入更大的风险中。除了基差风险之外，套期保值操作还可能面临现金流风险、流动性风险、操作风险等。

1）现金流风险，是指企业在对生产经营进行套期保值的同时，由于暂时的流动性不足而导致期货头寸被迫强平，从而给企业带来不必要的损失的风险。为了防范现金流风险，企业在进行套期保值操作时，除了交易保证金之外，还要有一定的流动资金以应对市场不利变化对追加保证金的需要。要合理地确定流动资金的水平，需要研发部门对未来每月商品价格有一定程度的预估，期货交易部也需要定期和财务部门有效沟通使得财务部门对未来资金需求有一定的计划。

2）流动性风险，是指在期货交易中，受市场流动性因素限制，使其不能以有利价格出入市，而影响套期保值效果。流动性不足的主要原因包括某些月份的期货合约不活跃，市场处于极端单边行情，或企业建立头寸相对过大等。企业在管理流动性风险方面，要尽量避免选择即将临近交割和流动性差的合约。

3）套期保值的操作风险，是指由内部工作流程、风险控制系统、员工职业道德问题、信息和交易系统导致交易过程中发生损失的风险。它包括员工风险、流程风险和系统风险。这需要企业在机构设置、职责分工和风险管理制度等方面有效防范操作风险。

（5）掌握风险评价方法。在套期保值中，企业在事前、事中都要对市场风险进行评估，并在事后对套期保值的风险状况作出评价。主要使用的风险测度方法包括风险价值法（VaR）、压力测试法、情景分析法等。

第五章　期货投机与套期图利交易

【本章要点】　本章介绍了期货投机业务的特点和功能，对各种套期图利交易策略进行了全面阐述。

第一节　期货投机交易

远期合同交易方式一经产生，就出现了大量的转让，参与转让的人们并不都是商品的需求者或商品的供给者，也不全是价格风险的回避者，他们中许多人参与远期合同的转让只是为了获取转让合同带来的价差。同样，期货合约的大量交易者中也并不是每个交易者都是价格风险的回避者，他们中的许多交易者参与期货合约的交易仅是为了在开仓平仓之间获取价差。这些期货合约的交易者被叫做期货投机者，他们进行的期货交易被叫做期货投机。

一、期货投机概述

（一）期货投机的定义

现货市场上的投机通常是指这样的交易行为：交易者对未来商品的市场价格或未来多种商品的市场价格关系的变化趋势有个预测，根据这个预测，交易者设计出一系列的交易并加以实施，如果预测正确，这一系列的交易就会给交易者带来预期的收益；反之，交易者将不能获得预期的收益甚至会亏损。例如，交易者认为从 3 月份到 5 月份，小麦现货市场上的价格将从每吨 2 100 元人民币以下上涨到每吨 2 180 元人民币以上，根据这一预测，交易者设计了两个交易并加以实施：①3 月份以每吨 2 100 元的价格买入小麦；②5 月份以每吨 2 180 元的价格出售小麦。如果交易者的预测正确，上述的两个交易将给交易者带来预期的收入：每吨小麦 80 元人民币（不计交易成本及持有期间小麦的损耗）。

期货投机就是指期货市场上这样的交易行为：投机者对某些期货合约未来价格的变化趋势或多种期货合约价格关系未来的变化趋势有一个预测，根据这个预测，投机者设计出一系列期货交易并加以实施，如果预测正确，这一系列的期货交易就会给投机者带来预期的收益；反之，投机者将不能获得预期的收益甚至会亏损。也就是说，期货投机（Futures Speculation）是指交易者通过预测期货合约未来价格的变化，以在期货市场上获取价差收益为目的的期货交易行为。期货交易具有保证金的杠杆机制、双向交易和对冲机制、当日无负债的结算机制、强行平仓制度，使得期货投机具有高收益、高风险的特征。

但较之现货市场的投机，期货市场上的投机性交易所占比重要大得多，无论从交易笔数还是从交易金额看都是如此。这主要源于期货市场实行的保证金制度。在期货市场，交易者买卖期货合约通常只需缴纳相当于期货合约总金额的 5%～18% 的保证金，较之现货市场的全额交易，资金的作用可放大 6～20 倍；同时，由于实行保证金制度，在期货市场上可以卖空——卖者手中并不需要持有商品。虽然从原理上讲，期货市场上的投机与现货市场上的投机并无大的区别，但在期货市场上投机时，投机者无须进行商品的储存、运输和交割验收等烦琐的程序，这使得在期货市场上进行投机较之在现货市场上进行投机在操作上要简单得多。

（二）期货投机与套期保值的区别

期货投机与套期保值的区别表现在以下几个方面。

（1）从交易目的来看，期货投机交易是以赚取价差收益为目的；而套期保值交易的目的是利用期货市场规避现货价格波动的风险。

（2）从交易方式来看，期货投机交易是在期货市场上进行买空卖空，从而获得价差收益；而套期保值交易则是在现货市场与期货市场上同时操作，以期达到对冲现货市场价格风险的目的。

（3）从交易风险来看，投机者在交易中通常是为博取价差收益而承担相应的价格风险；而套期保值者则是通过期货市场转移现货市场价格风险。从这个意义上来说，投机者是风险偏好者，保值者是风险厌恶者。

（三）期货投机与股票投机的区别

期货投机和股票投机本质上都属于投机交易，以获取价差为主要交易目的，但由于期货合约和交易制度本身所具有的特殊性，使得期货投机与股票投机也存在着明显的区别（见表5-1）。

表5-1　　　　　　　　　　　　期货投机与股票投机的区别

项　目	期　货　投　机	股　票　投　机
保证金规定	5%～18%，保证金交易	足额交易
交易方向	双向	单向
结算制度	当日无负债结算	不实行每日结算
特定到期日	有特定到期日	无特定到期日

（四）期货投机者分类

根据不同的划分标准，期货投机者大致可分为以下几种类型。

（1）按交易主体的不同来划分，可分为机构投机者和个人投机者。机构投机者是指用自有资金或者从分散的公众手中筹集的资金专门进行期货投机活动的机构。机构投机者主要包括各类基金、金融机构、工商企业等。个人投机者则是指以自然人身份从事期货投机交易的投机者。

（2）按持有头寸方向来划分，可分为多头投机者和空头投机者。在交易中，投机者根据对未来价格变动的预测来确定其交易头寸。投机者买进期货合约，持有多头头寸，这样的投机者被称为多头投机者。投机者卖出期货合约，持有空头头寸，则被称为空头投机者。

（3）按持仓时间来划分，可分为长线交易者、短线交易者、当日交易者和抢帽子者。长线交易者通常将合约持有几天、几周甚至几个月。短线交易者一般是当天下单，在一日或几日内了结所持有合约。当日交易者通常只进行当日的买卖，一般不会持仓过夜。抢帽子者利用期货市场微小的价格波动来赚取微小的价差，他们交易频繁，每次交易获利小、亏损也小，但他们的交易量很大，在投机性交易中占有很大的比重；同当日交易者一样，抢帽子者鲜有持仓过夜者；在美国，抢帽子者通常也是期货交易所的会员，他们获准在期货交易所的交易池内进行交易，但他们只为自己进行交易，不接受他人的委托。

二、期货投机的功能

期货投机交易是期货市场不可缺少的重要组成部分，发挥着其特有的作用，主要体现在以下几个方面。

（一）承担价格风险

期货市场的一个主要经济功能是为生产、加工和经营者提供现货价格风险的转移工具。期货投机者在博取风险收益的同时，承担了相应的价格风险。如果期货市场上只有套期保值者，没有这些风险承担者参与交易，那么只有在买入套期保值者和卖出套期保值者的交易数量完全相符时，交易才能实现，风险才能得以转移。但从实际来看，买入套期保值者和卖出套期保值者之间的不平衡是经常发生的现象，期货投机者的加入恰好能抵消这种不平衡，从而使套期保值交易得以顺利实现。由此可见，如果没有投机者的加入，套期保值交易活动就难以进行，期货市场风险规避的功能也就难以发挥。因而，可以说，正是期货投机者承担了期货价格风险，才使得套期保值者能够有效规避现货价格波动风险，也使其现货经营平稳运行。

（二）促进价格发现

期货市场汇集了几乎所有关于商品的供求信息。期货投机者的交易目的不是实物交割，而是利用价格波动获取价差收益，这就要求投机者必须利用各种手段收集整理有关价格变动的信息，分析市场行情。同时，期货市场把投机者的不同交易指令集中在交易所内进行公开竞价，买卖双方彼此竞价所产生的互动作用使得价格趋于合理。期货市场的价格发现功能正是由所有市场参与者对未来市场价格走势预测的综合反映体现的。交易所每天向全世界发布市场交易行情和信息，使那些置身于期货市场之外的企业也能充分利用期货价格作为其制定经营战略的重要参考依据。

（三）减缓价格波动

适度的投机能够减缓期货市场的价格波动。投机者进行期货交易，总是力图通过对未来价格的正确判断和预测赚取价差收益。当期货市场供大于求时，市场价格低于均衡价格，投机者低价买进期货合约，从而增加了市场需求，使期货价格上涨，供求重新趋于平衡；反之，当期货市场供不应求时，市场价格则高于均衡价格，投机者会高价卖出期货合约，从而增加了市场供给，使期货价格下跌，也能使供求重新趋于平衡。可见，期货投机对于缩小期货价格波动幅度发挥了很大作用。

当然，减缓价格波动作用的实现是有前提的：一是投机者要理性化操作，违背期货市场运作规律进行操作的投机者最终会被市场所淘汰；二是适度投机，操纵市场等过度投机行为不仅不能减缓价格波动，而且会人为拉大供求缺口，破坏供求关系，加剧价格波动，加大市场风险。因此，遏制过度投机，打击市场操纵行为是各国期货市场监管机构的一项重要任务。

需要指出的是，即使没有期货投机，期货市场上的价格也是波动的，这种波动源自于商品供需关系的变化（合约商品固有的价格风险），期货投机可能使期货市场的价格波动扩大，也可以使期货市场的价格波动减少，但期货市场固有的风险不是因期货投机而产生的。同时，只要抑制了期货市场上的过度投机，期货投机行为就将有助于减小期货市场的价格风险。从这个角度上看，期货市场完全不同于赌场。

（四）提高市场流动性

市场流动性即市场交易的活跃程度。一般来说，在流动性较高的市场上，交易者众多，交易也较为活跃；反之，如果市场流动性较低，则交易较为平淡。可以说，期货交易是否成功，在很大程度上取决于市场流动性的大小，而流动性又取决于投机者的多寡和交易频率。期货市场上的投机者，就像润滑剂一样，为套期保值者提供了更多的交易机会。投机者通过对价格的不同预测，有人看涨，有人看跌，交投积极，这实际上扩大了交易量，使套期保值者无论是买进还是卖出都能很容易地找到交易对手，自由地进出期货市场，从而客观上提高了市场的流动性。

三、期货投机的准备工作

（一）了解期货合约

为了尽可能准确地判断期货合约价格的未来变动趋势，在决定买卖期货合约之前，应对其交易品种、交割制度等进行充分的了解，在此基础上再针对期货合约未来的价格走势作全面和谨慎的研究。只有对合约有足够的认识之后，才能决定下一步准备买卖的合约品种及数量。在买卖合约时切忌贪多，即使有经验的交易者也很难同时进行 3 种以上不同品种的期货交易。

（二）制订交易计划

交易计划通常就是把个人的交易方法、资金运用、风险控制情况等结合起来。很多投资者在期货市场中遇到的主要问题是缺乏明确的交易计划。在期货交易中，制订交易计划可以促使交易者考虑一些可能被遗漏或考虑不周或没有给予足够重视的问题。

（三）设定盈利目标和亏损限度

一般情况下，交易者应根据自己对盈亏的态度来设定可接受的最低获利水平和最大亏损限度，并把各种分析方法结合起来对期货合约进行预测，这样获利的潜在可能性应大于所冒的风险。交易者应事先为自己确定一个最低获利目标和所能够承受的最大亏损限度，做好交易前的心理准备。

四、期货投机交易策略

（一）入市时机的选择

首先，可以通过基本分析法，仔细研究市场是处于牛市还是熊市。如果是牛市，需分析升势有多大，持续时间有多长；如果是熊市，需分析跌势有多大，持续时间有多长。此时，技术分析法是一个比较合适的分析工具。

其次，权衡风险和获利前景。合理的做法是，只有在判断获利的概率较大时，才能入市。所以，投机者在入市时，要充分考虑自身承担风险的能力。

最后，确定入市的具体时间。因为期货价格变化很快，入市时间的选择尤其重要。即使对市场发展趋势的分析准确无误，如果入市时间不当，在预测趋势尚未出现时即已买卖合约，仍会使投机者蒙受惨重损失。技术分析法对选择入市时间有一定作用。投机者通过基本分析认为从长期来看期货价格将上涨（下跌），如果当时的市场行情却持续下滑（上升），这时可能是投机者的分析出现了偏差，过高地估计了某些供求因素，也可能是一些短期因素对行情具有决定性的影响，使价格变动方向与长期趋势出现了暂时的背离。建仓时应该注意，只有在市场趋势已明确上涨时，才能买入期货合约；只有在市场趋势已明确下跌时，才能卖出期货合约。如果趋势不明朗或不能判定市场发展趋势，则不要匆忙建仓。

（二）金字塔式买入卖出

如果建仓后市场行情与预料相同并已经使投机者获利，可以增加持仓。增仓应遵循以下两个原则：一是只有在现有持仓已经盈利的情况下，才能增仓；二是持仓的增加应渐次递减。

（三）合约交割月份的选择

建仓时除了要决定买卖何种合约及何时买卖外，还必须确定合约的交割月份。

投机者在选择合约的交割月份时，通常要关注以下两个方面的问题：其一是合约的流动性；其二是远期月份合约价格与近期月份合约价格之间的关系。

根据合约流动性的不同，可将期货合约分为活跃月份合约和不活跃月份合约两种。一般来说，期货投机者在选择合约月份时，应选择交易活跃的合约月份，避开不活跃的合约月份。因为活跃的合约月份具有较高的市场流动性，方便投机者在合适的价位对所持头寸进行平仓；如果是不活跃的合约月份，投机者想平仓时，经常需等较长的时间或接受不理想的价差。

根据远期月份合约价格和近期月份合约价格之间的关系，期货市场也可划分为正向市场和反向市场。

在正向市场中，一般来说，对商品期货而言，当市场行情上涨时，在远期月份合约价格上升时，近期月份合约的价格也会上升，以保持与远期月份合约间的正常的持仓费用关系，且可能近期月份合约的价格上升更多；当市场行情下滑时，远期月份合约的跌幅不会小于近期月份合约，因为远期月份合约对近期月份合约的升水通常不可能大于与近期月份合约间相差的持仓费。所以，做多头的投机者应买入近期月份合约；做空头的投机者应卖出远期月份的合约。

在反向市场中，一般来说，对商品期货而言，当市场行情上涨，在近期月份合约价格上升时，远期月份合约的价格也上升，且远期月份合约价格上升可能更多；如果市场行情下滑，则近期月份合约受的影响较大，跌幅很可能大于远期月份合约。所以，做多头的投机者宜买入交割月份较远的远期月份合约，行情看涨时可以获得较多的利润；而做空头的投机者宜卖出交割月份较近的近期月份合约，行情下跌时可以获得较多的利润。不过，在因现货供应极度紧张而出现的反向市场情况下，可能会出现近期月份合约涨幅大于远期月份合约的局面，投机者对此也要多加注意，避免进入交割期而出现违约风险。

（四）限制损失、滚动利润

这一方法要求投机者在交易出现损失，并且损失已经达到事先确定的数额时，立即对冲了结，认输离场。过分的赌博心理，只会造成更大的损失。在行情变动有利时，不必急于平仓获利，而应尽量延长持仓时间，充分获取市场有利变动产生的利润。投机者即使投资经验非常丰富，也不可能每次投资都会获利。损失出现并不可怕，怕的是不能及时止损，酿成大祸。

（五）灵活运用止损指令

止损指令是实现限制损失、滚动利润方法的有力工具。只要止损单运用得当，就可以为投机者提供必要的保护。不过投机者应该注意，止损单中的价格不能太接近于当时的市场价格，以免价格稍有波动就不得不平仓。但是，止损单中的价格也不能离市场价格太远，否则，又易遭受不必要的损失。止损单中价格的选择，可以利用技术分析法来确定。

（六）资金和风险管理

资金管理是指交易者对资金的配置和运用问题。它包括投资组合的设计、投资资金在各个市场上的分配、止损点的设计、收益与风险比的权衡、在经历了成功阶段或挫折阶段之后采取何种措施，以及选择保守稳健的交易方式还是积极大胆的交易方式等方面。资金账户的大小、投资组合的搭配以及在每笔交易中的金额配置等，都能影响到最终的交易效果。

1. 一般性的资金管理要领

（1）投资额应限定在全部资本的 1/3～1/2 为宜。这就是说，交易者投入市场的资金不宜超过其总资本的一半。剩下的一半做备用，以应付交易中的亏损或临时性的支出。

（2）根据资金量的不同，投资者在单个品种上的最大交易资金应控制在总资本的 10%～20%。这一措施可以防止交易者在同一市场上注入过多的本金，从而将风险过度集中在这个市场上。

（3）在单个市场中的最大总亏损金额宜控制在总资本的 5%以内。这 5%是指交易者在交易失败的情况下，愿意承受的最大亏损。

（4）在任何一个市场群中所投入的保证金总额宜限制在总资本的 20%～30%。这是为了防止交易者在某一市场群中投入过多的本金。同一市场群，往往价格变动趋势比较一致。例如，黄金和白银是贵金属市场群中的两个成员，它们通常处于相似的趋势下。如果交易者把全部资金头寸注入同一市场群的各个品种，就违背了多样化的风险分散原则。因此，交易者应当控制投入同一市场群的资金总额。

上述要领在国际期货市场上是比较通行的，不过也可以对之加以修正，以适应各个交易者的具体需要。有些交易者大胆进取，往往持有较多的头寸；有的交易者较为保守稳健，持有较少的头寸。

一旦交易者选定了某个期货品种，并且选准了入市时机，下面就要决定买卖多少手合约了。一般来说，可根据这样的方法操作，即按总资本的 10%来确定投入该品种上每笔交易的资金。假定一个交易者有总资本 10 万元，按照 10%的比例，可以投入每笔交易的资金为 1 万元。假设每手玉米合约的保证金要求大致为 2 000 元。那么 1 万元除以 2 000 元等于 5，即交易者可以持有 5 手玉米合约的头寸。

2. 分散投资与集中投资

虽然分散投资是限制风险的一个办法，但对期货投机来说，要把握分散投资的度。期货投机不同于证券投资之处在于，期货投机主张纵向投资分散化，而证券投资主张横向投资多元化。所谓纵向投资分散化，是指选择少数几个熟悉的品种在不同的阶段分散资金投入；所谓横向投资多元化，是指可以同时选择不同的证券品种组成证券投资组合，这样都可以起到分散投资风险的作用。

第二节　期货套期图利概述

一、期货套期图利的概念

期货套期图利简称期货套利，是指利用相关市场或相关合约之间的价差变化，在相关市场或相关合约上进行交易方向相反的交易，以期价差发生有利变化时同时将持有头寸平仓而获利的交易行为。通常，期货套利被视为期货投机交易中的一种特殊的交易方式。

二、期货套期图利的分类

一般来说，期货套期图利交易主要是指期货价差套利。所谓价差套利（Spread），是指利用期货市场上不同合约之间的价差进行的套利行为。价差套利也可称为价差交易、套期图利。价差套利根据所选择的期货合约的不同，又可分为跨期套利（Calendar Spread）、跨品种套利和跨市套利。

（1）跨期套利，是指在同一市场（即同一交易所）同时买入或卖出同种商品不同交割月份的期货合约，以期在有利时机同时将这些期货合约对冲平仓获利。

（2）跨品种套利，是指利用两种或三种不同的但相互关联的商品之间的期货合约价格差异进行套利，即同时买入或卖出某一交割月份的相互关联的商品期货合约，以期在有利时机同时将这些合约对冲平仓获利。

（3）跨市套利，是指在某个交易所买入（或卖出）某一交割月份的某种商品合约的同时，在另一个交易所卖出（或买入）同一交割月份的同种商品合约，以期在有利时机分别在两个交易所同时对冲在手的合约而获利。

三、期货套期图利与期货投机的区别

期货套期图利是与期货投机交易不同的一种交易方式，在期货市场中发挥着特殊的作用。期货套期图利与期货投机交易的区别主要体现在以下几个方面。

（1）期货投机交易只是利用单一期货合约绝对价格的波动赚取利润，而套利是从相关市场或相关合约之间的相对价格差异变动套取利润。期货投机者关心和研究的是单一合约的涨跌，而套利者关心和研究的则是两个或多个合约相对价差的变化。

（2）期货投机交易在一段时间内只做买或卖，而套利则是在同一时间买入和卖出相关期货合约，或者在同一时间在相关市场进行反向交易，同时扮演多头和空头的双重角色。

（3）期货套利交易赚取的是价差变动的收益。通常情况下，因为相关市场或相关合约价格变化方向大体一致，所以价差的变化幅度小，因而承担的风险也较小。而普通期货投机赚取的是单一的期货合约价格有利变动的收益，与价差的变化相比，单一价格变化幅度较大，因而承担的风险也较大。

（4）期货套利交易成本一般要低于投机交易成本。一方面，套利的风险较小，因此，在保证金的收取上要小于普通期货投机，从而大大节省了资金的占用；另一方面，通常进行相关期货合约的套利交易至少同时涉及两个合约的买卖。在国外，为了鼓励套利交易，一般规定套利交易的佣金支出比单笔交易的佣金费用要高，但比单独做两笔交易的佣金费用之和要低，所以说，套利交易的成本较低。

四、期货套期图利的作用

期货套期图利在本质上是期货市场上的一种投机交易，但与普通期货投机交易相比，风险较低。因为套利正是利用期货市场中有关价格失真的机会，并预期该价格失真会最终消失，从中获取套利利润。套利交易在客观上有助于使扭曲的期货市场价格重新恢复到正常水平，因此，它的存在对期货市场的健康发展起到了非常重要的作用。主要表现在以下两个方面。

（1）套利行为有助于期货价格与现货价格、不同期货合约价格之间的合理价差关系的形成。套利交易的获利来自于对不合理价差的发现和利用，套利者会时刻注意市场动向，如果发现价差存在异常，则会通过套利交易以获取利润。而他们的套利行为，客观上会对相关价格产生影响，促使价差趋于合理。

（2）套利行为有助于市场流动性的提高。套利行为的存在增大了期货市场的交易量，承担了价格变动的风险，提高了期货交易的活跃程度，有助于交易者的正常进出和套期保值操作的顺利实现，有效地降低了市场风险，促进了交易的流畅化和价格的理性化，因而起到了市场润滑剂和减震剂的作用。

第三节　期货套期图利交易策略

一、期货套期图利交易

（一）期货价差的定义

期货价差是指期货市场上两个不同月份或不同品种期货合约之间的价格差。与投机交易

不同，在价差交易中，交易者不关注某一个期货合约的价格向哪个方向变动，而是关注相关期货合约之间的价差是否在合理的区间范围。如果价差不合理，交易者可以利用这种不合理的价差对相关期货合约进行方向相反的交易，等价差趋于合理时再同时将两个合约平仓来获取收益。因而，价差是价差套利交易中非常重要的概念，而"spread"一词本身也有价差的含义。

在价差交易中，交易者要同时在相关合约上进行方向相反的交易，也就是说，交易者要同时建立一个多头头寸和一个空头头寸，这是套利交易的基本原则。如果缺少了多头头寸或空头头寸，就像一个人缺了一条腿一样无法正常行走，因此，套利交易中建立的多头和空头头寸被形象地称为套利的"腿"（Legs，也可称为"边"或"方面"）。

大多数套利活动都是由买入和卖出两个相关期货合约构成的，因而套利交易通常具有两条"腿"。但也有例外的情况，如跨品种套利中，如果涉及的相关商品不止两种，在大豆、豆粕和豆油 3 个期货合约间进行的套利活动，可能包含了一个多头、两个空头或者一个空头、两个多头，在这种情况下，套利交易可能会有三条"腿"。

（二）价差的扩大或缩小

由于套利交易是利用相关期货合约间不合理的价差来进行的，价差能否在套利建仓之后"回归"正常，会直接影响到套利交易的盈亏和套利的风险。具体来说，如果套利者认为目前某两个相关期货合约的价差过大时，他会希望在套利建仓后价差能够缩小（Narrow）；同样，如果套利者认为目前某两个相关期货合约的价差过小时，他会希望套利建仓后价差能够扩大（Widen）。

如果当前（或平仓时）价差大于建仓时价差，则价差是扩大的；反之，则价差是缩小的。可以通过下面的例子来说明。

【例 5-1】　某套利者在 8 月 1 日买入 9 月份白糖期货合约的同时卖出 11 月份白糖期货合约，价格分别为 5 720 元/吨和 5 820 元/吨。到了 8 月 15 日，9 月份和 11 月份白糖期货价格分别变为 5 990 元/吨和 6 050 元/吨，价差变化如下：

8 月 1 日建仓时的价差＝5 820－5 720＝100（元/吨）

8 月 15 日的价差＝6 050－5 990＝60（元/吨）

由此可以判断出，8 月 15 日的价差相对于建仓时缩小了，即价差缩小 40 元/吨。

（三）价差套利的盈亏计算

在计算套利交易的盈亏时，可分别计算每个期货合约的盈亏，然后进行加总，可以得到整个套利交易的盈亏。

【例 5-2】　某套利者以 4 326 元/吨的价格买入 1 月的螺纹钢期货，同时以 4 570 元/吨的价格卖出 5 月的螺纹钢期货。持有一段时间后，该套利者以 4 316 元/吨的价格将 1 月合约卖出平仓，同时以 4 553 元/吨的价格将 5 月合约买入平仓。该套利交易的盈亏计算如下：

1 月份的螺纹钢期货合约亏损＝4 316－4 326＝－10（元/吨）

5 月份的螺纹钢期货合约盈利＝4 570－4 553＝17（元/吨）

套利结果＝－10＋17＝7（元/吨）

按照这种计算方法，可以算出该套利交易后每吨螺纹钢盈利 7 元。

（四）套利交易指令

在套利交易实施中，多数交易所为了给套利交易提供便利，往往会设计套利指令，套利者可使用套利指令来完成套利操作。套利指令通常不需要标明买卖各个期货合约的具体价格，只要标注两个合约价差即可，非常便利。并且，在有些国家的交易所（如美国），套利交易还可以享受佣金、保证金方面的优惠待遇。

在指令种类上，套利者可以选择市价指令或限价指令，如果要撤销前一笔套利交易的指令，则可以使用取消指令。

1. 套利市价指令的使用

如果套利者希望以当前的价差水平尽快成交，则可以选择使用市价指令。套利市价指令是指交易将按照市场当前可能获得的最好的价差成交的一种指令。在使用这种指令时，套利者不需注明价差的大小，只需注明买入和卖出期货合约的种类和月份即可，具体成交的价差如何，则取决于指令执行时点上市场行情的变化情况。该指令的优点是成交速度快，但也存在缺点，即在市场行情发生较大变化时，成交的价差可能与交易者最初的意图有较大差距。

【例 5-3】　某交易者看到当前大连商品交易所 1 月份和 5 月份棕榈油期货的市场价格分别为 8 300 元/吨和 8 480 元/吨，价差为 180 元/吨，该交易者认为此价差过大，有套利机会，并希望尽快入市买入 1 月份、卖出 5 月份棕榈油期货合约进行套利。该交易者发出以下指令：

买入 1 月份棕榈油期货合约

卖出 5 月份棕榈油期货合约

市价指令

在上述指令中，虽然交易者没有明确标明套利的价差，但却表明了套利者希望以当前的 180 元/吨的价差水平即刻成交。在这个指令的下达过程中，实际成交的价差并不一定是 180 元/吨。因为从指令下达到执行有一个很短的时间间隔，这期间棕榈油期货价格可能会发生变化，价差也会随之变化。如果 1 月份和 5 月份棕榈油期货在指令下达到交易系统时的价格分别为 8 290 元/吨和 8 460 元/吨，则将会以 170 元/吨的价差成交。一般情况下，如果市场行情没有发生突然变化，采用市价指令可以使套利者迅速以大约 180 元/吨的价差建仓。

2. 套利限价指令的使用

如果套利者希望以一个理想的价差成交，可以选择使用套利限价指令。套利限价指令是指当价格达到指定价位时，指令将以指定的或更优的价差来成交。限价指令可以保证交易能够以指定的甚至更好的价位来成交。在使用限价指令进行套利时，需要注明具体的价差和买入、卖出期货合约的种类和月份。该指令的优点在于可以保证交易者以理想的价差进行套利，但是限价指令只有在价差达到所设定的价差时才可以成交，因此，使用该指令不能保证立刻成交。

【例 5-4】　某交易者 9 月 3 日看到郑州商品交易所 11 月份和次年 1 月份 PTA 期货的市场价格分别为 8 582 元/吨和 8 708 元/吨，价差为 126 元/吨。某交易者认为价差偏小，想买入 1 月份、卖出 11 月份 PTA 期货合约进行套利，但他根据市场的走势判断，目前的价差可能还会进一步缩小，希望能够以 120 元/吨的价差建仓，以期获得更多的利润，于是该交易者发出以下限价指令：

买入 1 月份 PTA 期货合约

卖出 11 月份内 PTA 期货合约

1 月份 PTA 期货合约高于 11 月份 PTA 期货合约价格 120 元/吨

使用该限价指令意味着只有当 1 月份与 11 月份 PTA 期货价格的价差等于或小于 120 元/吨时，该指令才能够被执行。由此可以看出，套利者并不关注买入和卖出 PTA 期货合约的价格，而是关注相关合约之间的价差。理论上说，使用限价指令可能得到的成交结果有多种，现任意列举 3 种如下。

情况一：两合约价格同时上涨，11 月份和 1 月份 PTA 期货价格分别涨至 8 589 元/吨和 8 709 元/吨，价差变为 120 元/吨，指令立即以该价差被执行，这种情况表明交易按指定价差成交。

情况二：两合约价格同时下跌，11 月份和 1 月份 PTA 期货价格分别跌至 8 563 元/吨和 8 683 元/吨，价差变为 120 元/吨，指令立即以该价差被执行，这种情况表明交易按指定价差成交。

情况三：两合约价格上涨，11 月份和 1 月份 PTA 期货价格分别涨至 8 596 元/吨和 8 716 元/吨，价差变为 120 元/吨，但当指令下达至交易系统时，两合约价格发生小幅变化，最终以 117 元/吨的价差成交，在这种情形下交易按照比指定条件更理想的价差成交。

二、跨期套利

根据所买卖的期货合约交割月份及买卖方向的不同，跨期套利可以分为牛市套利（Bull Spread）、熊市套利（Beer Spread）和蝶式套利（Butterfly Spread）3 种。

（一）牛市套利

当市场出现供给不足、需求旺盛的情形，导致较近月份的合约价格上涨幅度人于较远期的上涨幅度，或者较近月份的合约价格下降幅度小于较远期的下跌幅度。无论是正向市场还是反向市场，在这种情况下，买入较近月份的合约同时卖出远期月份的合约进行套利盈利的可能性比较大，这种套利称为牛市套利。一般来说，牛市套利对于可储存的商品并且是在相同的作物年度最有效。例如，买入 5 月棉花期货同时卖出 9 月棉花期货。适用于牛市套利的可储存的商品有小麦、棉花、大豆、糖、铜等。对于不可储存的商品，如活牛、生猪等，不同交割月份的商品期货价格间的相关性很低或根本不相关，进行牛市套利是没有意义的。

【例 5-5】 设 10 月 26 日，次年 5 月份棉花合约价格为 27 075 元/吨，次年 9 月份合约价格为 27 725 元/吨，两者价差为 650 元/吨。交易者预计棉花价格将上涨，5 月与 9 月的期货合约的价差将有可能缩小。于是，交易者买入 50 手 5 月份棉花期货合约的同时卖出 50 手 9 月份棉花期货合约。12 月 26 日，5 月和 9 月的棉花期货价格分别上涨为 27 555 元/吨和 28 060 元/吨，两者的价差缩小为 505 元/吨。交易者同时将两种期货合约平仓，从而完成套利交易，交易结果如表 5-2 所示。

表 5-2　　　　　　　　　　　　　　　　牛市套利实例（1）

10 月 26 日	买入 50 手 5 月份棉花期货合约，价格为 27 075 元/吨	卖出 50 手 9 月份棉花期货合约，价格为 27 725 元/吨	价差 650 元/吨
12 月 26 日	卖出 50 手 5 月份棉花期货合约，价格为 27 555 元/吨	买入 50 手 9 月份棉花期货合约，价格为 28 060 元/吨	价差 505 元/吨
每条"腿"的盈亏状	盈利 480 元/吨	亏损 335 元/吨	价差缩小 145 元/吨
最终结果	盈利 145 元/吨，总盈利为 36 250 元（145×50×5）		

例 5-5 中，交易者预计棉花期货价格将上涨，两个月后，棉花期货价格的走势与交易者的判断一致，最终交易结果使套利者获得了 36 250 元的盈利。现假设，若两个月后棉花价格并没有出现交易者预计的上涨行情，而是出现了一定程度的下跌，交易者的交易情况见例 5.6。

【例 5-6】　设 10 月 26 日，次年 5 月份棉花合约价格为 27 075 元/吨，次年 9 月份合约价格为 27 725 元/吨，两者价差为 650 元/吨。交易者预计棉花价格将上涨，5 月与 9 月的期货合约的价差将有可能缩小。于是，交易者买入 50 手 5 月份棉花合约的同时卖出 50 手 9 月份棉花合约。12 月 26 日，5 月和 9 月的棉花期货价格不涨反跌，价格分别下跌至 26 985 元/吨和 27 480 元/吨，两者的价差缩小为 495 元/吨。交易者同时将两种期货合约平仓，从而完成套利交易，交易结果如表 5-3 所示。

表 5-3　　　　　　　　　　　　　　牛市套利实例（2）

10 月 26 日	买入 50 手 5 月份棉花期货合约，价格为 27 075 元/吨	卖出 50 手 9 月份棉花期货合约，价格为 27 725 元/吨	价差 650 元/吨
12 月 26 日	卖出 50 手 5 月份棉花期货合约，价格为 26 985 元/吨	买入 50 手 9 月份棉花期货合约，价格为 27 480 元/吨	价差 495 元/吨
每条 "腿" 的盈亏状	亏损 90 元/吨	盈利 245 元/吨	价差缩小 155 元/吨
最终结果	盈利 155 元/吨，总盈利为 38 750 元（155×50×5）		

例 5-6 中，交易者预计棉花期货价格将上涨，两个月后棉花期货价格不涨反跌，虽然棉花价格走势与交易者的判断相反，但最终交易结果仍然使套利者获得了 38 750 元的盈利。

在上述两个例题中，我们可以发现，只要两月份合约的价差趋于缩小，交易者就可以实现盈利，而与棉花期货价格的涨跌无关。同样，我们也可以使用买进套利或卖出套利的概念对这两个例题进行判断。该交易者进行的都是卖出套利操作，两种情况下价差分别缩小 145 元/吨和 155 元/吨。因此，可以很容易判断出这两种情况下该套利者每吨盈利分别 145 元和 155 元，250 吨总盈利分别为 36 250 元和 38 750 元。

由上述两例可以判断，套利是在正向市场进行的，如果在反向市场上，近期价格要高于远期价格，牛市套利是买入近期合约同时卖出远期合约。在这种情况下，牛市套利可以归入买进套利这一类中，则只有在价差扩大时才能够盈利。

在进行牛市套利时，需要注意的一点是，在正向市场上，牛市套利的损失相对有限而获利的潜力巨大。这是因为在正向市场进行牛市套利，实质上是卖出套利，而卖出套利获利的条件是价差要缩小。如果价差扩大的话，该套利可能会亏损，但是由于在正向市场上价差变大的幅度要受到持仓费水平的制约，价差如果过大，超过了持仓费，就会产生套利行为，从而限制价差扩大的幅度。而价差缩小的幅度则不受限制，在上涨行情中很有可能出现近期合约价格大幅度上涨，远远超过远期合约的可能性，使正向市场变为反向市场，价差可能从正值变为负值，价差会大幅度缩小，使牛市套利获利巨大。

（二）熊市套利

当市场出现供给过剩、需求相对不足时，一般来说，较近月份的合约价格下降幅度往往要大于较远期合约价格的下降幅度，或者较近月份的合约价格上升幅度小于较远合约价格的上升幅度。无论是正向市场还是在反向市场，在这种情况下，卖出较近月份的合约同时买入远期月份的合约进行套利，盈利的可能性比较大，我们称这种套利为熊市套利。在进行熊市套利时需要注意，当近期合约的价格已经相当低时，以至于它不可能进一步偏离远期合约时，进行熊市套利是很难获利的。

【例 5-7】 设交易者在 7 月 8 日看到，11 月份上海期货交易所天然橡胶期货合约价格为 21 955 元/吨，次年 1 月份合约价格为 22 420 元/吨，前者比后者低 465 元/吨。交易者预计天然橡胶价格将下降，11 月与次年 1 月的期货合约的价差将有可能扩大。于是，交易者卖出 60 手（1 手为 5 吨）11 月份天然橡胶期货合约的同时买入 60 手次年 1 月份合约。到了 9 月 8 日，11 月和次年 1 月的天然橡胶期货价格分别下降为 21 215 元/吨和 21 775 元/吨，两者的价差为 560 元/吨，价差扩大。交易者同时将两种期货合约平仓，从而完成套利交易，交易结果如表 5-4 所示。

表 5-4　　　　　　　　　　　　　　熊市套利实例（1）

7 月 8 日	卖出 60 手 11 月份天然橡胶期货合约，价格为 21 955 元/吨	买入 60 手次年 1 月份天然橡胶期货合约，价格为 22 420 元/吨	价差 465 元/吨
9 月 8 日	买入 60 手 11 月份天然橡胶期货合约，价格为 21 215 元/吨	卖出 60 手次年 1 月份天然橡胶期货合约，价格为 21 775 元/吨	价差 560 元/吨
每条"腿"的盈亏状	盈利 740 元/吨	亏损 645 元/吨	价差扩大 95 元/吨
最终结果	盈利 95 元/吨，总盈利为 28 500（95×60×5）		

例 5-7 中，交易者预计天然橡胶期货价格将下跌，两个月后，天然橡胶期货价格的走势与交易者的判断一致，最终交易结果使套利者获得了 28 500 元的盈利。现假设，若两个月后天然橡胶期货价格并没有像交易者预计的那样下跌，而是出现了上涨行情，交易者的交易情况见例 5-8。

【例 5-8】 设交易者在 7 月 8 日看到，11 月份上海期货交易所天然橡胶期货合约价格为 21 955 元/吨，次年 1 月份合约价格为 22 420 元/吨，前者比后者低 465 元/吨。交易者预计天然橡胶期货价格将下降，11 月与次年 1 月的期货合约的价差将有可能扩大。于是，交易者卖出 60 手（1 手为 5 吨）11 月份天然橡胶期货合约的同时买入 60 手次年 1 月份合约。到了 9 月 8 日，11 月和次年 1 月的天然橡胶期货价格不降反涨，价格分别上涨至 22 075 元/吨和 22 625 元/吨，两者的价差为 550 元/吨，价差扩大。交易者同时将两种期货合约平仓，从而完成套利交易，交易结果如表 5-5 所示。

表 5-5　　　　　　　　　　　　　　熊市套利实例（2）

7 月 8 日	卖出 60 手 11 月份天然橡胶期货合约，价格为 21 955 元/吨	买入 60 手次年 1 月份天然橡胶期货合约，价格为 22 420 元/吨	价差 465 元/吨
9 月 8 日	买入 60 手 11 月份天然橡胶期货合约，价格为 22 075 元/吨	卖出 60 手次年 1 月份天然橡胶期货合约，价格为 22 625 元/吨	价差 550 元/吨
每条"腿"的盈亏状	亏损 120 元/吨	盈利 205 元/吨	价差扩大 85 元/吨
最终结果	盈利 95 元/吨，总盈利为 25 500（85×60×5）		

例 5-8 中，交易者预计天然橡胶期货价格将下跌，两个月后天然橡胶价格不跌反涨，虽然天然橡胶期货价格走势与交易者的判断相反，但最终交易结果仍然使套利者获得了 25 500 元的盈利。

在上述两个例题中，我们可以发现，只要天然橡胶两个合约月份的价差趋于扩大，交易者就可以实现盈利，而与天然橡胶期货价格的涨跌无关。同样，我们也可以使用买进套利或卖出套利的概念对这两个例题进行判断。该交易者进行的是买进套利，在这两个例题中价差分别扩大了 95 元/吨和 85 元/吨，因此，可以判断该套利者每吨盈利分别为 95 元和 85 元，总盈利分别为 28 500 元和 25 500 元。

由上述两个例题可以判断，套利是在正向市场进行的，如果在反向市场上，近期价格要高于远期价格，熊市套利是卖出近期合约同时买入远期合约。在这种情况下，熊市套利可以归入卖出套利这一类中，则只有在价差缩小时才能够盈利。

（三）蝶式套利

蝶式套期图利是跨期套利中的又一种常见的形式。它是由共享居中交割月份一个牛市套利和一个熊市套利的跨期套利组合。由于近期月份和远期月份的期货合约分居于居中月份的两侧，形同蝴蝶的两个翅膀，因此称为蝶式套期图利。

蝶式套利的具体操作方法是：买入（或卖出）近期月份合约，同时卖出（或买入）居中月份合约，并买入（或卖出）远期月份合约，其中，居中月份合约的数量等于近期月份和远期月份数量之和。这相当于在近期与居中月份之间的牛市（或熊市）套利和在居中月份与远期月份之间的熊市（或牛市）套利的一种组合。例如，套利者同时买入 2 份 5 月份玉米合约、卖出 6 份 7 月份玉米合约、买入 4 份 9 月份玉米合约。

蝶式套利与普通的跨期套利的相似之处，都是认为同一商品但不同交割月份之间的价差出现了不合理的情况。但不同之处在于，普通的跨期套利只涉及两个交割月份合约的价差，而蝶式套利认为居中交割月份的期货合约价格与两旁交割月份合约价格之间的相关关系出现了差异情况。

【例 5-9】 2 月 1 日，3 月份、5 月份、7 月份的大豆期货合约价格分别为 4 050 元/吨、4 130 元/吨和 4 175 元/吨。某交易者认为，3 月份和 5 月份之间的价差过大，而 5 月份和 7 月份之间的价差过小，预计 3 月份和 5 月份的价差会缩小，而 5 月份与 7 月份的价差会扩大。于是该交易者以该价格同时买入 150 手（1 手为 10 吨）3 月份合约、卖出 350 手 5 月份合约、买入 200 手 7 月份大豆期货合约。到了 2 月 18 日，3 个合约的价格均出现不同幅度的下跌，3 月份、5 月份和 7 月份的合约价格分别跌至 3 850 元/吨、3 910 元/吨和 3 970 元/吨，该交易者同时将 3 个合约平仓。在该蝶式套利操作中，套利者的盈亏状况如表 5-6 所示。

表 5-6 　　　　　　　　　　蝶式套利盈亏分析

项　　目	3 月份合约	5 月份合约	7 月份合约
2 月 1 日	买入 150 手，4 050 元/吨	卖出 350 手，4 130 元/吨	买入 200 手，4 175 元/吨
2 月 18 日	卖出 150 手，3 850 元/吨	买入 350 手，3 910 元/吨	卖出 200 手，3 970 元/吨
各合约盈亏状况	亏损 200 元/吨，总亏损为 300 000 元（200×150×10）	盈利 220 元/吨，总盈利为 770 000 元（220×350×10）	亏损 205 元/吨，总亏损为 410 000 元（205×200×10）
净盈亏	净盈利＝−300 000＋770 000−410 000＝60 000（元）		

可见，蝶式套利是两个跨期套利互补平衡的组合，可以说是"套利的套利"。蝶式套利与普通的跨期套利相比，从理论上看风险和利润都较小。

三、跨品种套利

跨品种套利可分为两种情况：一是相关商品间的套利，二是原料与成品间的套利。

（一）相关商品间的套利

一般来说，商品的价格总是围绕着内在价值上下波动，而不同的商品因其内在的某种联系，如需求替代品、需求互补品、生产替代品或生产互补品等，使得它们的价格存在着某种稳定合理的比值关系。但由于受市场、季节、政策等因素的影响，这些有关联的商品之间的比值关系又经常偏离合理的区间，表现出一种商品被高估、另一种商品被低估的情况，从而为跨品种套利带来了可能。在此情况下，交易者可以通过期货市场卖出被高估的商品合约、买入被低估商品合约进行套利，等有利时机出现后分别平仓，从中获利。例如，铜和铝都可以用来作为电线的生产原材料，两者之间具有较强的可替代性，铜的价格上升会引起铝的需求量上升，从而导致铝价格的上涨。因此，当铜和铝的价格关系脱离了正常水平时，就可以利用这两个品种进行跨品种套利。具体做法是：买入（或卖出）一定数量的铜期货合约，同时卖出（或买入）与铜期货合约交割月份相同价值量相当的铝期货合约，待将来价差发生有利变化时再分别平仓了结，以期获得价差变化的收益。

【例5-10】 6月1日，次年3月份上海期货交易所铜期货合约价格为54 390元/吨，而次年3月该交易所铝期货合约价格为15 700元/吨，前一合约价格比后者高38 690元/吨。套利者根据两种商品合约间的价差分析，认为价差小于合理的水平，如果市场机制运行正常，这两者之间的价差会恢复正常。于是，套利者决定买入30手（1手为5吨）次年3月份铜合约的同时卖出30手次年3月份铝合约，以期未来某个有利时机同时平仓获取利润。6月28日，该套利者以54 020元/吨卖出30手次年3月份铜合约的同时以15 265元/吨买入30手次年3月份铝合约。交易情况如表5-7所示。

表5-7   沪铜/铝套利实例

6月1日	买入30手次年3月份铜合约，价格为54 390元/吨	卖出30手次年3月份铝合约，价格为15 700元/吨	价差38 690元/吨
6月28日	卖出30手次年3月份铜合约，价格为54 020元/吨	买入30手次年3月份铝合约，价格为15 265元/吨	价差38 755元/吨
套利结果	亏损370元/吨	获利435元/吨	
净盈亏	净获利＝（435－370）×30×5＝9 750（元）		

（二）原料与成品间的套利

原料与成品间的套利是指利用原材料商品和它的制成品之间的价格关系进行套利。最典型的是大豆与其两种制成品——豆油和豆粕之间的套利。在我国，大豆与豆油、豆粕之间一般存在着"100%大豆＝18%豆油＋78.5%豆粕＋3.5%损耗"的关系（出油率的高低和损耗率的高低要受大豆的品质和提取技术的影响，因而比例关系也处在变化之中）。因而，也就存在"100%大豆×购进价格＋加工费用＋预期利润＝18%的豆油×销售价格＋78.5%豆粕×销售价格"的平衡关系。3种商品之间的套利有两种做法：大豆提油套利和反向大豆提油套利。

1. 大豆提油套利

大豆提油套利是大豆加工商在市场价格关系基本正常时进行的，目的是防止大豆价格突然上涨，或豆油、豆粕价格突然下跌，从而产生亏损或使已产生的亏损降至最低。大豆加工商对大豆的购买和产品的销售不能够同时进行，因而存在着一定的价格变动风险。

大豆提油套利的做法是：购买大豆期货合约的同时卖出豆油和豆粕的期货合约，当在现货市场上购入大豆或将成品最终销售时再将期货合约对冲平仓。这样，大豆加工商就可以锁定产成品和原料间的价差，防止市场价格波动带来的损失。

2. 反向大豆提油套利

反向大豆提油套利是大豆加工商在市场价格反常时采用的套利。当大豆价格受某些因素的影响出现大幅上涨时，大豆可能与其产品出现价格倒挂，大豆加工商将会采取反向大豆提油套利的做法：卖出大豆期货合约，买进豆油和豆粕的期货合约，同时缩减生产，减少豆粕和豆油的供给量，三者之间的价格将会趋于正常，大豆加工商在期货市场中的盈利将有助于弥补现货市场中的亏损。

四、跨市套利

在期货市场上，许多期货交易所都交易相同或相似的期货商品，如芝加哥期货交易所、大连商品交易所、东京谷物交易所都进行玉米、大豆期货交易；伦敦金属交易所、上海期货交易所、纽约商业交易所都进行铜、铝等有色金属期货交易。一般来说，这些品种在各期货交易所间的价格会有一个稳定的差额，一旦这一差额发生短期的变化，交易者就可以在这两个市场间进行套利，购买价格相对较低的合约，卖出价格相对较高的合约，以期在期货价格趋于正常时平仓，赚取低风险利润。

【例5-11】 7月1日，堪萨斯市交易所（简称堪所）12月份小麦期货合约价格为730美分/蒲式耳，同日芝加哥交易所（简称芝所）12月份小麦期货合约价格为740美分/蒲式耳。套利者认为，虽然堪萨斯市交易所的合约价格较低，但和正常情况相比仍稍高，预测两个交易所12月份合约的价差将扩大。据此分析，套利者决定卖出20手（1手为5 000蒲式耳）堪萨斯市交易所12月份小麦合约，同时买入20手芝加哥交易所12月份小麦合约，以期未来某个有利时机同时平仓获取利润。交易情况如表5-8所示。

表5-8   跨 市 套 利 实 例

7月1日	卖出20手堪所12月份小麦合约，价格为730美分/蒲式耳	买入20手芝所12月份小麦合约，价格为740美分/蒲式耳	价差为10美分/蒲式耳
7月10日	买入20手堪所12月份小麦合约，价格为720美分/蒲式耳	卖出20手芝所12月份小麦合约，价格为735美分/蒲式耳	价差为15美分/蒲式耳
套利结果	每手获利10美分/蒲式耳	每手亏损5美分/蒲式耳	
净盈亏	净获利＝（0.10－0.05）×20×5 000＝5 000（美元）		

五、期货套期图利操作的注意事项

为最大限度地规避可能产生的风险，提高获利的机会，期货套利交易者在实际操作过程中应该注意以下基本要点。

（一）套利必须坚持同时进出

进行套利时，必须坚持同时进出，也就是开仓时同时买入卖出，平仓时也要同时卖出买入。在实际操作中，套利者在进行套利开仓时，通常是同时买入和卖出的。但是在准备平仓的时候，许多套利者自以为是，先了结价格有利的那笔交易。这样，他在套利中只剩下一只脚跛行。换句话说，就是将套利交易做成了投机交易。假如市场真如他所愿，当然可以获利，但是一旦价格对其不利，将遭受更大的损失，结果不仅会逐渐将卖盘的获利消耗掉，而且会出现亏损，所以必须坚持同时进出。

（二）下单报价时明确指出价差

根据国外期货交易所的规定，在套利交易中，无论是开仓还是平仓，下达交易指令时，要明确写明买入合约与卖出合约之间的价差。套利的关键在于合约间的价差，与价格的特定水平没有关系。以价差代替具体价格，可以更加灵活，只要价差符合，可以按任何价格成交。

（三）不要在陌生的市场做套利交易

这实际上是一个常识问题。由于套利者一般是通过合约之间的价差赚取利润，而对具体的商品并无需求，因此，套利者通常关心的是合约之间的价差，对交易的期货品种并没有浓厚的兴趣。但是在农产品期货市场的跨期套利和跨市套利中，套利者就必须了解该农产品何时收获上市、年景如何、仓储运输条件怎样。在进行套利前，必须具备这些基本知识，否则应该远离这个市场。

（四）不能因为低风险和低额保证金而做超额套利

套利确实有降低风险的作用，而且在国外期货交易所为了鼓励套利，套利的保证金数额比一般的投机交易低 25%～75%。可是不要因为这样，就把交易数量盲目扩大。这样一来，如果价差并不向预期的方向发展，这时投资者面临的亏损额与他的合约数量是成正比的，无形中增加了风险。此外，超额套利后，佣金也随套利量的增加而增加，套利的优势也无法正常地发挥出来。

（五）不要用锁单来保护已亏损的单盘交易

锁单不是套利交易，锁单无法把握不同合约间的价差收益。在期货市场上进行交易，输赢是正常的，在出现亏损时就应该忍痛了结，不肯服输的投资者有时可能会出现更大的损失。但是在实际交易过程中，有的投资者买入一份期货合约后，价格出现节节下跌，本来应该迅速平仓出场。可他仍寄希望于奇迹发生，价格出现反弹，于是继续留在市场中观望。为了避免更糟的情况发生，他又卖出同一种期货合约以形成套利的模式。其理由是如果价格继续下跌，卖出的这份合约将可以补偿当初买入合约的一部分损失。事实上，后来卖出的期货合约只能起到已有损失不再扩大的作用，先前买入的期货合约的亏损已经客观存在，采用锁单的方法是无法将其挽回的。

（六）注意套利的佣金支出

一般来说，套利是同时做两笔交易，期货经纪商总是想从投资者的套利中收取双份的全额佣金。在如何征收套利的佣金上，各方看法不一，各个期货交易所规定也不同。按国外的惯例，套利的佣金支出比一个单盘交易的佣金费用要高，但又不及一个单盘交易的两倍。当投资者下达套利指令时，应明确表示，这是一笔套利。如果投资者不能做到将进行套利的两笔交易同时进场和出场，则期货经纪商和期货交易所是不会承认这是一笔套利交易的，佣金仍要按两笔单盘交易收取。虽然佣金费用占交易额的比例较小，但如果交易额巨大时，也是一笔不小的支出。

（七）其他

另外，在跨市套利的操作中，还应特别注意以下几个方面因素：第一，运输费用。运输费用是决定同一期货品种在不同交易所间价差的主要因素。一般来说，离产地较近的交易所期货价格则较低，离产地较远则期货价格较高，两者之间的正常差价为两地间的运费。投资者在进行跨市套利时，应着重考虑两地间的运输费用差价的关系。第二，交割品级的差异。跨市套利虽然是在同一品种间进行，但不同期货交易所对交割品的品质级别和替代品升贴水有不同的规定，这在一定程度上造成了各期货交易所间价格的差别。投资者在进行跨市套利时，对此应有充分的了解。第三，交易单位和报价体系。投资者在进行跨市套利时，可能会遇到交易单位和报价体系不一致的问题，应将不同期货交易所的价格按相同计量单位进行折算，才能进行价格比较。第四，汇率波动。如果在不同国家的市场进行套利，还要承担汇率波动的风险。投资者在进行套利前，应对可能出现的损失进行全面估量。第五，保证金和佣金成本。跨市套利需要投资者在两个市场缴纳保证金和佣金，保证金的占用成本和佣金费用要计入投资者的成本之中。只有交易者预计的套利收益高于上述成本时，才可以进行跨市套利。

应当指出的是，套利尽管从总体上来说，风险较小，但是期货市场复杂多变，理论上风险较小不等于实践中风险就一定小，当套利遇到诸如现货交割月、市场供求状况急剧变化及其他破坏正常价格关系的情况时，仍然具有相当大的风险性。对此，交易者应对自己的交易策略和模型进行认真的设计，反复验证，以确保成功率。

第六章　期货价格的分析方法

【本章要点】　本章介绍了期货交易的基本分析法和技术分析法，其中技术分析法的详尽介绍了图形分析和指标分析。

第一节　基　本　分　析　法

基本分析法（Fundamental Analysis）基于供求决定价格的理论，从供求关系出发分析和预测期货价格变动趋势。期货价格的基本分析法具有以下特点。

首先，以供求决定价格为基本理念。基本分析法认为市场价格是由供给和需求共同决定的，而供给和需求的变化将引起价格变动。因此，唯有客观分析影响供求的各种因素，才能对期货价格做出正确判断。

其次，分析价格变动的中长期趋势。基本分析法更注重对市场价格的基本运动方向的把握，因而更多地用于对市场价格变动的中长期趋势的预测。

基本分析法分析的因素除了供求因素外，还有经济因素、政治因素、自然条件因素及投机因素等。

一、期货商品的供给与需求

（一）期货市场的供给

1. 期货市场供给的构成

供给是指在一定的时间和地点，在各种价格水平下卖方愿意并能够提供的产品数量。期货市场的供给量由期初存量、本期产量和本期进口量构成。

（1）期初库存量。期初库存量也就是上一期的期末结存量。期初存量的多少，直接影响本期的供给。库存充裕，就会制约价格的上涨；库存较少，则难以抑制价格上涨。对于耐储藏的农产品、金属产品和能源化工产品，分析期初库存量是非常必要的。

（2）本期国内生产量。不同产品的产量受到不同因素的影响。例如，农产品的产量与天气状况密切相关，矿产品的产量会因为新矿的发现和开采而大增。因此，需要对具体产品产量的影响因素进行具体分析。

（3）本期进口量。进口量是本国市场销售的在国外生产的产品数量。进口量主要受国内市场供求状况、内销和外销价格比、关税和非关税壁垒、汇率等因素的影响。进口是国外生产者对本国的供给，若国内需求旺盛，进口量增加；反之，则进口量减少。

2. 影响期货市场供给的因素

（1）价格。供给与价格之间的关系可以通过供给曲线来表示。一般来说，在其他条件不变的情况下，价格越高，供给量越大；价格越低，供给量越小。价格与供给之间这种同方向变化的关系，就是供给法则。

（2）生产成本。生产产品要投入各种生产要素，当要素价格上涨时，生产成本提高，利润就会降低，厂商将减少供给。反过来，当要素价格下跌导致生产成本降低时，厂商会选择增加供给，从而赚得更多的利润。

（3）技术和管理水平。产品是在一定的技术和管理水平下生产出来的。技术进步和管理水平提高，会提高生产效率，增加供给。

（4）相关产品价格。同一块土地既可以种植小麦也可以种植玉米，如果小麦价格上涨，玉米价格不变，那么农民就会增加小麦的种植，减少种植玉米。这就说明小麦价格的变化会影响玉米的供给。豆油和豆粕是同一生产过程中的两种不同产品，如果豆油价格下跌，厂商就会减少豆油的生产，豆粕的产量同时也就减少了。这就说明豆油价格的变化会影响豆粕的供给。

（5）厂商的预期。厂商预期某种产品的价格将上涨，可能会把现在生产的产品储存起来，以期在未来以更高的价格卖出，从而减少了当期的供给。反之，厂商预期价格将下跌，就会将储存的产品卖出，以获取更多利润，从而增加了当期的供给。

将以上影响供给的各种因素综合起来，便得到供给函数，其公式为

$$S=f\left(P,\ M,\ V,\ P_{\mathrm{r}},\ P_{\mathrm{e}}\right)$$

式中，S 表示一定时期内某种产品的供给；P 表示价格；M 表示生产成本；V 表示技术水平；P_{r} 表示相关产品的价格；P_{e} 表示厂商的预期。

（二）期货市场的需求

1. 期货市场需求的构成

需求是指在一定的时间和地点，在各种价格水平下买方愿意并有能力购买的产品数量。本期需求量由本期国内消费量、本期出口量和期末结存量构成。

（1）本期国内消费量。国内消费量包括居民消费量和政府消费量，主要受消费者人数、消费者的收入水平或购买能力、消费结构、相关产品价格等因素的影响。

（2）本期出口量。出口量是在本国生产的产品销往国外市场的数量。出口量主要受国际市场供求状况、内销和外销价格比、关税和非关税壁垒、汇率等因素的影响。出口是国外市场对本国产品的需求，若总产量既定，出口量增加则国内市场供给量减少，出口量减少则国内市场供给量增加。

（3）期末结存量。期末结存量如同蓄水池，当本期产品供大于求时，期末结存量增加；当供不应求时，期末结存量减少。从期末结存量的变动，可以反映本期的产品供求状况，并对下期的产品供求状况产生影响。

2. 影响期货市场需求的因素

（1）价格。需求与价格之间的关系可以通过需求曲线来表示。一般来说，在其他条件不变的情况下，价格越高，需求量越小；价格越低，需求量越大。价格与需求之间这种反方向变化的关系，就是需求法则。

（2）收入水平。消费者的收入水平决定其支付能力或购买力。一般来说，收入增加，消费者会增加购买量；收入减少，需求会相应降低。有些产品的需求与消费者的收入水平成反比，我们称其为劣等品。

（3）偏好。偏好就是偏爱和喜好。有的人不爱喝咖啡，所以不管咖啡的价格多么便宜或是自己的收入水平多高，都不去购买或只是少量购买。而有的人喜欢喝咖啡，因此他可以接受较高的价格。人们对某种产品的偏好会发生变化。如果消费者由喜欢喝茶转为喜欢喝咖啡，就会减少对茶的购买量而增加对咖啡的购买量。

（4）相关产品价格。相关产品包括替代品和互补品。苹果和梨，菜籽油、棕榈油和豆油，羊肉和牛肉之间存在着替代关系。如果苹果的价格不变而梨的价格降低，消费者就会增加梨的购买，从而减少对苹果的需求。这就是说，梨的价格变化会影响人们对苹果的需求。汽车和汽油、床屉和床垫、眼镜架和镜片之间存在着互补关系。如果汽油的价格一涨再涨，汽车的销量就会受到影响。由此可见，某种产品的需求不仅与自身的价格有关，还与其替代品或互补品的价格有关。

（5）消费者的预期。消费者预期某种产品的价格将会上涨时，需求就会增加；消费者预期某种产品的价格将会下跌时，需求就会减少。将以上影响需求的各种因素综合起来，我们便得到需求函数，其公式为

$$D = f\,(P,\ T,\ I,\ P_\mathrm{r},\ P_\mathrm{e})$$

式中，D 表示一定时期内某种产品的需求；P 表示该产品的价格；T 表示消费者的偏好；I 表示消费者的收入水平；P_r 表示相关产品的价格；P_e 表示消费者的预期。

上述的供给和需求分析是现代经济学中的一般原理，也是期货价格基本分析的基础。因为期货市场具有不同于现货市场的特殊性，所以在一般的供求分析的基础上，还需要对影响期货品种供求的其他因素给予特别的关注。

二、经济因素

（一）利率

货币政策是世界各国普遍采用的一项宏观经济政策，其核心是对货币供应量的管理。为了刺激经济增长、增加就业，中央银行实行宽松的货币政策，降低利率，增加流通中的货币量，一般物价水平随之上升。为了抑制通货膨胀，中央银行实行紧缩的货币政策，提高利率，减少流通中的货币量，一般物价水平随之下降。随着金融深化和虚拟经济的发展，利率在现代市场经济中的地位和作用日益重要。利率的高低不仅影响一般商品的价格水平，而且直接决定资产的定价。资产价格取决于资产的未来收益与利率之比。一般而言，利率上升，资产价格降低；利率下降，资产价格提高。

（二）汇率

随着经济全球化的发展，国际贸易和国际投资的范围和规模不断扩大。汇率对于国际贸易和国际投资有着直接影响。当本币升值时，本币的国际购买力增强，有利于对外投资。同时，以外币表示的本国商品的价格上升，以本币表示的外国商品的价格下降，这将有利于进口而不利于出口。当本币贬值时，外币的国际购买力增强，有利于吸引外商直接投资。同时，以外币表示的本国商品的价格下降，以本币表示的外国商品的价格上升，这将有利于出口而不利于进口。特别是世界主要货币汇率的变化，对期货市场有着显著的影响。例如，目前国际大宗商品大多以美元计价，美元贬值将直接导致大宗商品价格的普遍上涨。

三、政治因素

期货市场对国家、地区和世界政治局势变化的反应非常敏感，罢工、大选、政变、内战、国际冲突等，都会导致期货市场供求状况的变化和期货价格的波动。例如，2001 年"9·11"恐怖袭击事件在美国发生后，投资者纷纷抛售美元，购入黄金保值，使得世界黄金期货市场黄金价格暴涨。同时，石油及铜、铝等重要的有色金属产品也暴涨，而美元则大幅下跌。

四、政策因素

一国政府采用财政政策对宏观经济进行调控，财政政策的核心是增加或减少税收，这直

接影响生产供给和市场需求状况。产业政策也是各个国家经常采用的经济政策。产业政策往往有着特定的产业指向，即扶持或抑制什么产业发展。例如，为了应对 2008 年国际金融危机，中国出台的十大产业振兴规划，就明确了政府鼓励发展的产业，同时中国还提出了相应的政策措施。产业政策一般主要通过财政手段和货币手段实现其政策目标。

对期货市场产生影响的政策因素，不仅来自于各国政府的宏观调控政策，而且来自于各国际组织的经济政策。例如，石油输出国组织（OPEC）经常根据原油市场状况，制定一系列政策，通过削减产量、协调价格等措施来控制国际市场的供求和价格。目前，国际大宗商品，包括石油、铜、糖、小麦、可可、锡、茶叶、咖啡等的供求和价格，均受到相应国际组织的影响。

五、自然因素

自然因素主要是气候条件、地理变化和自然灾害等。具体来讲，包括地震、洪涝、干旱、严寒、虫灾、台风等方面的因素。期货交易所上市的粮食、金属、能源等商品，其生产和消费与自然条件密切相关。自然条件的变化也会对运输和仓储造成影响，从而也间接影响生产和消费。自然因素对农产品的影响尤其大、制约性尤其强。当自然条件不利时，农作物的产量受到影响，从而使供给趋紧，刺激期货价格上涨；反之，如气候适宜，会使农作物增产，从而增加市场供给，促使其期货价格下跌。例如，巴西是咖啡和可可等热带作物的主要供应国，如果巴西出现灾害性天气，那么对国际上咖啡和可可的价格影响很大。

六、心理因素

心理因素是指投机者对市场的信心。当人们对市场信心十足时，即使没有什么利好消息，价格也可能上涨；反之，当人们对市场失去信心时，即使没有什么利空因素，价格也会下跌。当市场处于牛市时，一些微不足道的利好消息都会刺激投机者的看好心理，引起价格上涨，利空消息往往无法扭转价格坚挺的走势；当市场处于熊市时，一些微不足道的利空消息都会刺激投机者的看淡心理，引起价格下跌，利好消息往往无法扭转价格疲软的走势。在期货交易中，市场心理变化往往与投机行为交织在一起，相互制约、相互依赖，产生综合效应。过度投机将造成期货价格与实际的市场供求相脱节。

第二节　技术分析法

技术分析法（Technical Analysis）基于市场交易行为本身，通过分析技术数据来对期货价格走势作出预测。技术数据的表现形式主要是各种图形和指标，其实质内容主要是价格和数量。在技术分析法看来，市场供求及影响供求的诸多因素已经反映在市场价格当中，通过对价格本身的分析即可以预测价格的未来走势。

技术分析以下 3 项基本假设为前提。

一是包容假设。技术分析笃信"市场行为反映一切"。市场参与者在进行交易时，其行为本身已经反映了影响市场价格的诸多供求因素。因此，研究市场交易行为本身即可对价格走势作出判断，而无需关心价格背后的影响因素。

二是惯性假设。技术分析笃信"价格趋势呈惯性运动"。市场价格虽然呈现出不断上下波动的现象，但在市场中存在着趋势。不仅如此，在反转信号出现之前，趋势是有惯性的，即价格沿着原有的方向运动。因此，利用技术数据分析出价格趋势和反转信号即可对价格走势作出判断，而无需关心价格背后的影响因素。

三是重复假设。技术分析笃信"历史将会重演"。以往出现过的市场价格走势或表现出来的价格形态，会在未来再现。因此，依照过往的历史经验和规律即可对价格走势作出判断，而无需关心价格背后的影响因素。

一、K线理论

K线（K Chart）又称为日本线，在欧美称之为蜡烛线。K线起源于200多年前日本，用于米市交易。经过长时间的运用和变更，目前已经形成了一整套K线分析理论。技术分析法中的重要方法——K线理论就是专门以研究K线的形状和组合为基础的。

（一）K线图的绘制

K线是一条柱状的线条，由影线和实体组成。影线在实体上方的部分称为上影线，在实体下方的部分称为下影线。实体分阳线和阴线两种，又称红（阳）线和黑（阴）线。

一条K线记录的是一天的价格变动情况，将每天的K线按时间顺序排列在一起，就可以形成日K线图。同样，根据时间选择的不同，也可以得到其他种类的K线，如周K线、月K线、年K线图等。

K线由4个最有特点的价位组成，即开盘价、最高价、最低价和收盘价。这4个价位实际上是一个四维向量，反映的是价格高低和变化趋势。

开盘价是指每个交易日的第一笔成交价格，这是传统意义上的开盘价的定义。最高价和最低价是指每个交易日成交的最高成交价格和最低成交价格，它们反映当日价格上下波动幅度的大小。收盘价是指每个交易日的最后一笔成交价格，是多空双方经过一天的争斗最终达成的共识，也是供需双方当日最后的暂时平衡点，具有指明目前价格的非常重要的功能。

4个价格中，收盘价是最重要的，很多技术分析方法只关心收盘价，而不去理会其他3个价格。

在图6-1中，中间的矩形长条叫实体，向上、向下伸出的两条细线分别叫上影线、下影线。如果收盘价高于开盘价，则实体为阳线或红线如图6-1（a）所示；反之，收盘价低于开盘价，则实体为阴线或黑线如图6-1（b）所示。将4个价格的价位都在坐标上一一标出，然后即可划出K线。每个交易日的K线连接不断地连接下去，就构成每一天交易情况的K线图，看起来一目了然。通过K线图就会对过去和现在的价格走势有一个大致的了解。

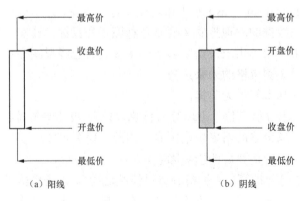

（a）阳线　　　　　　　　　　（b）阴线

图6-1　K线常见图形

（二）K 线的基本形态

1. 阳线类

阳线代表着上涨趋势，多出现在上涨过程中。阳线的典型形态有 4 种，如图 6-2 所示。

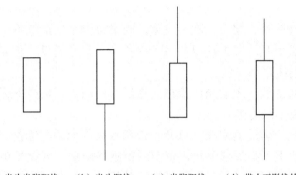

（a）光头光脚阳线　　（b）光头阳线　　（c）光脚阳线　　（d）带上下影线的阳线

图 6-2　典型的阳线形态

图 6-2（a）是光头光脚阳线。如果这根阳线实体较长，表明买方力量强劲，开盘后价格节节攀升，尾市收于当日最高价。K 线图上阳线实体的大小代表当日价格升幅的大小。

图 6-2（b）是光头阳线。它表明开盘后，价格曾在某一时刻跌破开盘价，创当日最低价，随后由于买盘力量的强大，向上突破开盘价，并收盘于当天最高价。此类 K 线表明投资者低价惜售，买盘坚决介入，下一个交易日行情上涨的可能性较高，但不如图 6-2（a）所示光头光脚阳线上涨的可靠性高。

图 6-2（c）是光脚阳线。它表明当天开盘价为当日最低价，价格上升到最高价，受阻回落构成上影线，但是收盘价仍高于开盘价。这类 K 线表明股价上升受阻，买卖时须谨慎。

图 6-2（d）是带上下影线的阳线。它以开盘价和收盘价为平衡位置，实体和影线的关系有 3 种情况：①阳实体比上下影线部分长，表明后市涨势较好；②阳实体比上下影线部分短，表明价格波动较大，出现平衡市的可能性较大；③如果下影线比上影线长，表明涨势较强；如果下影线比上影线短，表明涨势较弱。

2. 阴线类

阴线代表下跌趋势，多出现在下跌过程中。阴线的典型形态有 4 种，如图 6-3 所示。

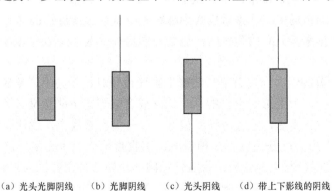

（a）光头光脚阴线　　（b）光脚阴线　　（c）光头阴线　　（d）带上下影线的阴线

图 6-3　典型的阴线形态

图 6-3（a）为光头光脚阴线，表明开市后，价格一路下跌，并以最低价收盘，开盘价为当日最高价。光头光脚阴线经常出现在下跌趋势中，预示着后市依然疲弱。如果出现在上升趋势中，预示着上升趋势结束，反转信号。阴实体的长短表示下跌幅度及市场当日下跌强弱程度。

图 6-3（b）为光脚阴线，属于先涨后跌型，收盘价为全日最低价。表明买方一度占据上风，后来由于卖方力量太强，买方败退并收于最低价。后市看跌，但是下跌的动力比图 6-3（a）所示光头光脚的阴线略小一些。

图 6-3（c）为光头阴线，表明当日价格先跌后有所回升，构成下影线收盘。收盘价不是最低价，说明价格已有上涨力量。

图 6-3（d）为带上下影线的阴线，以开盘价和收盘价为平衡位置，实体和影线的关系有 3 种情况：①阴实体比上下影线部分长，表明后市跌势未止，但比光头光脚阴线下跌动力要小；②阴实体比上下影线部分短，表明价格下跌受阻，大幅度下跌的可能性较小；③阴实体与上下影线等长，表明下跌平衡市，有止跌迹象。

3. 特殊 K 线

图 6-4（a）为大无实体线，收盘价与开盘价重叠。如下影线明显比上影线长，说明低位承接极强，价格跌势已尽或行情将有反转；反之，上影线明显比下影线长，说明多方有上行的欲望，但力度不够，如出现在上升行情中，表明行情须暂时休整，如出现在下跌行情中，则有进一步下跌的可能；当上下影线等长时，就是"十字星"。

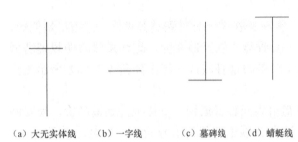

（a）大无实体线　（b）一字线　（c）墓碑线　（d）蜻蜓线

图 6-4　典型的特殊 K 线

当"十字星"出现时，具有明显的顶部或底部警示作用。"十字星"K 线有以下 3 种情况：①收盘价比上个交易日的收盘价高时，用阳"十"字表示；②收盘价与上个交易日收盘价相同时，如上个交易日为阳 K 线，则用阳"十"字表示，如上个交易日为阴 K 线，则用阴"十"字表示；③收盘价低于昨日收盘价时，则用阴"十"字表示。

图 6-4（b）为一字线，即最高价、最低价、收盘价、开盘价均相等，全天只有一个成交价。在涨跌停制度的市场中，开盘后直接到涨跌停板就会出现这样的 K 线。另外，期货合约的惰性非常强或数据来源只有收盘价时，也会出现这样的 K 线。在市场中，一字线出现的机会较少。

图 6-4（c）为墓碑线。当没有下影线或下影线很短时，就会出现墓碑线。收盘价等于开盘价，且又是最低价。如上影线很长的话，墓碑线有强烈的下降意义。表明开盘后价格涨幅较大，全天在高位进行交易，收盘时跌至最低，以开盘价格收市，说明价格反弹失败。

墓碑线（"⊥"形）可分为以下 3 种情况：①收盘价比上个交易日的收盘价高时，用阳"⊥"字表示；②收盘价与上个交易日收盘价相同时，如上个交易日为阳 K 线，则用阳"⊥"字表示，如上个交易日为阴 K 线，则用阴"⊥"字表示；③收盘价低于昨日收盘价时，则用阴"⊥"字表示。

图 6-4（d）为蜻蜓线，又称为"T"字形 K 线。收盘价等于开盘价，也是全天最高价。

它表明价格无力冲破开盘价，但价格下跌后，收盘时又回升至开盘价。"T"字形K线后的交易日中股价上涨的可能性较大。

蜻蜓线（"T"字形）可分为以下3种情况：①收盘价比上个交易日的收盘价高时，用阳"T"字表示；②收盘价与上个交易日收盘价相同时，如上个交易日为阳K线，则用阳"T"字表示，如上个交易日为阴K线，则用阴"T"字表示；③收盘价低于昨日收盘价时，则用阴"T"字表示。

（三）K线组合形态

K线组合可以是单根的，也可以是多根的，但很少有超过5根的。在这里仅介绍几种典型的常用的K线组合形态。

1. 锤形线和上吊线

锤形线或上吊线有强烈的反转含义（见图6-5），其特点如下。

（1）实体很小，在交易区域的偏上部分。

（2）实体的颜色不重要。

（3）下影线很长，通常是实体部分的2～3倍。

（4）没有上影线，或者上影线部分很短。

如果该K线形态在熊市中出现，称为锤形线，如图6-5（a）所示。表明市场在开盘后就疯狂卖出。可是，疯狂卖出被阻止，市场又回到了或者接近了当天的最高点。市场连续卖出的中止降低了熊市的感觉，市场将要出现反转，由熊市转为牛市。如果收盘价高于开盘价，产生一条阳线，则更有利于确认牛市。如第二天较高的开盘价和更高的收盘价将使得锤形线的牛市含义得以确认。

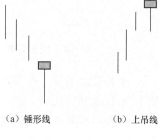

（a）锤形线　　　　（b）上吊线

图6-5　锤形线和上吊线

如果该K线形态出现在牛市中，称为上吊线，如图6-5（b）所示。上吊线的熊市含义得到确认应该是实体阴线，且第二天开盘价较低。

2. 倒锤线和射击之星

倒锤线组合形态的特点：①实体很小，在交易区域的较低部分；②不要求有缺口，只要在一个趋势之后下降即可；③上影线的长度一般不超过实体的2倍；④没有下影线或下影线部分很短可以忽略，如图6-6（a）所示。

对于倒锤线，当市场以跳空向下开盘时，已经有了下降的趋势。当天的上冲失败了，市场最后收盘在较低的位置。与锤形线和上吊线相似，在决定形态引起趋势反转是否能成功，取决于第二天开盘情况。如第二天开盘高于倒锤线实体，潜在的趋势反转将引起对空头头寸的覆盖，它也是支持上升的。

射击之星组合形态的特点：①实体很小，在交易区域的较低部分；②在上升趋势之后，以向上的价格缺口开盘；③上影线的长度至少是实体长度的3倍；④没有下影线或下影线部分很短可以忽略，如图6-6（b）所示。

对于射击之星，在上升趋势中，市场跳空向上开盘，创出新高，最后收盘在当天的较低的位置。后面的跳空行为只能当成看跌的熊信号，它会引起一些获利的多头的关心。

3. 刺穿线和黑云盖顶

刺穿线是黑云盖顶的对称图形，是发生在市场下降趋势中的两根K线的组合形态，如图

6-7（a）所示。该组合形态的特点：①第一天为反映继续下降的长阴实体；②第二天是长阳实体，且开盘价低于前一天的最低点；③第二天的收盘价在第一天的实体之内，且高于第一天的实体中点。

对于刺穿线，在下降趋势中形成的长阴实体，继续保持了市场下降趋势的含义，而第二天的跳空低开进一步加强了下降的含义。然而，市场后来反弹了，并且收盘高于第一天长阴实体的中点，形成一根长阳线。第二根长阳线刺入第一根长阴线的幅度越大，底部反转的可能性越大。

黑云盖顶出现在市场上升趋势中，如图 6-7（b）所示。该形态的特点：①第一天为反映继续上升趋势的长阳实体；②第二天是长阴实体，且开盘价高于前一天的最高点；③第二天的收盘价在第一天的实体之内，且低于第一天的实体中点。

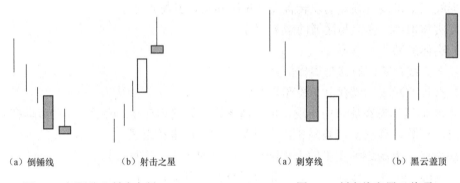

（a）倒锤线　　　　　（b）射击之星　　　　　（a）刺穿线　　　　　（b）黑云盖顶

图 6-6　倒锤线和射击之星　　　　　　图 6-7　刺穿线和黑云盖顶

对于黑云盖顶，在市场上升趋势中形成的一条长阳线，继续保持了市场上升的含义，而第二天市场跳空高开，表明市场仍保持上升趋势。然而，市场后来卖压较重，价格回落，收盘时价格回落到第一天阳实体之内，且在第一天阳实体的中点之下。同刺穿线一样，表明明显的趋势反转已经发生。阴线刺进前一个阳线的幅度越大，顶部反转的机会越大。

4. 三根阳 K 线组合形态

图 6-8（a）为红三兵，特点是出现连续 3 根长阳线，收盘价一天比一天高，每天的收盘价应在前一天的实体内，且每天的收盘价都是当天的最高价或接近最高价。红三兵发生在下降趋势中，是市场强烈反转的信号。如果该图出现在上升的初期，说明市场人气旺盛，后市看好，可以适当买入或待涨。

图 6-8（b）中的 3 根阳线，两短一长，第三根阳线比前两根长，且显示出格外长而有劲的形态，这种三阳线形态一般出现在向上突破时刻，后市看涨。

图 6-8（c）为一长两短形，第一根阳线表明股价向上突破，第二根阳线表明股价继续上涨，第三根阳线则表明股价上涨乏力。这种三阳线形态确立了向上突破趋势，但进一步快速上涨有些困难，因此只能小幅上涨。

图 6-8（d）为三根短阳线，属于缓慢上升型，虽然上升缓慢，但可以持久。如果在市场下降趋势中出现三根短阳线，表明明确的底部特征已经形成，可积极买进。

5. 三根阴 K 线组合形态

图 6-9（a）为三只乌鸦，特点是出现连续 3 根长阴线，收盘价一天比一天低，每天的开盘价在前一天的实体内，其收盘价为当天的最低价或接近于最低价。在上升趋势中，三只乌

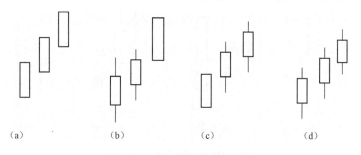

图 6-8　三根阳 K 线组合形态

鸦呈阶梯形逐渐下降，表明市场已接近顶部，是强烈的反转信号，后市看淡。

图 6-9（b）中的 3 根阴线两短一长，第三根阴线比前两根都长，表明市场下跌趋势开始加速。

图 6-9（c）中的 3 根阴线一长两短形，第一根阴线长，后两根阴线比第一根要短。第一根长阴线表明投资者看淡后市，大量抛出，价格一路下跌，形成一根长阴线，此时价格已较低，虽然买方仍弱，但是卖方意愿也不强，供求双方开始寻求新的平衡点，后市仍然看淡，但下跌动力已经减弱。

图 6-9（d）中有 3 根短阴线，表明股价尽管继续下跌，当仍有投资者看好后市而不断买入，可下跌的趋势并没有停止。从多空力量对比看，空方力量主控市场，但并不占绝对优势，下跌空间有限。

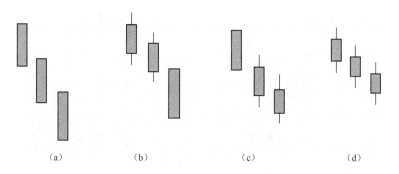

图 6-9　三根阴 K 线组合形态

6. 阴阳组合 K 线形态

图 6-10（a）为两阳夹一阴，此形态在上升趋势中出现，是上涨回挡后价格再度上升的强势信号。

图 6-10（b）为一阳包两阴，表明多方的反击攻势强大，多方占绝对优势，后市看涨。

图 6-10（c）为两阴夹一阳，根据 3 根 K 线的长短由可分为 3 种情况：①中间阳线较短，在一根长阴 K 线后出现一根短阳线，表明买方力量较弱，卖方意愿坚决，跌势仍将持续下去；②中间阳 K 线与阴 K 线基本等长，表明买方力量开始增强，但卖方仍占据绝对优势，此后的一根阴线吞没了阳 K 线，并以新低价收盘，卖方力量仍很强，后市看淡；③阳 K 线比阴 K 线长，表明买方力量转强，卖方力量已经减弱，第二条阴线没能吞没前一天的阳线，跌势减缓，买卖双方力量已经趋于均衡。

图 6-10（d）为一阴包两阳，表明空方反攻势头猛烈，后市看淡。

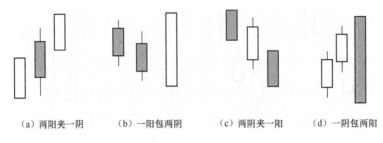

（a）两阳夹一阴　　（b）一阳包两阴　　（c）两阴夹一阳　　（d）一阴包两阳

图 6-10　阴阳组合 K 线形态

7. 早晨之星和黄昏之星

早晨之星形态的特点：①第一天的实体颜色与趋势方向一致，上升趋势为阳线，下降趋势为阴线；②第二天的星形线与第一天有缺口，颜色不重要；③第三天的颜色与第一天相反，且第一天为长实体，则第三天基本上也是长实体。

对于早晨之星，第一天的长阴实体表明市场下降趋势将继续保持下去。而第二天价格向下跳空低开创新低，交易在小范围内发生，收盘价与开盘价接近，这显示市场已经开始出现了不确定性。第三天收出一根阳线，且收盘价更高，表明市场多方力量不断增强，市场趋势将反转。如果第二天收盘价与开盘价相同，且第三天开盘价跳空高开，则市场的反转趋势更强。

黄昏之星的情况与早晨之星恰好相反，如图 6-11 所示。

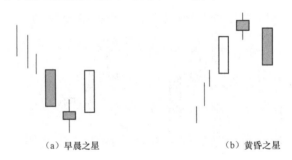

（a）早晨之星　　　　　　　　（b）黄昏之星

图 6-11　早晨之星和黄昏之星

（四）应用 K 组合分析时应注意的问题

在应用 K 线组合分析市场时，无论是一根 K 线，还是两根、三根 K 线乃至多根 K 线，都是对多空双方力量较量作出的描述，由它们的组合得到的结论都是相对的，不是绝对的。对投资者而言，在进行具体投资时，应用 K 线组合得出的结论只是起到一种建议和参考作用。也就是说，K 线分析只能作为一种战术手段，而不能作为战略手段使用，必须与其他的方法结合起来效果才会更好。通常，技术分析人士在通过其他的方法或途径作出该买入还是卖出的决定之后，再用 K 线组合方法选择出采取买入或卖出的时间和价格，这样效果会更好一些。

另外，在应用的时候，可根据实际情况，对 K 线组合形态作出适当的修改。K 线组合形态是不断总结经验的产物。在现实的市场中，完全符合典型的 K 线组合形态情况是不多见的。不能一味地照搬组合形态，否则可能很长时间都不能碰到合适的时机。根据情况对 K 线组合形态进行适当的修改是很有必要的。同时，为了能够更好地应用 K 线组合形态，需要对 K 线理论的原理有深刻的理解，这样才会做到运用自如，其他的技术分析方法也是一样的。

二、切线理论

（一）趋势分析

技术分析的三大假设之一——价格的波动是有趋势的。这一假设明确地指出，价格的波动是有方向的，如没有特别的理由，其价格将沿着这个方向继续运动。这一点说明趋势这个概念在技术分析中占有很重要的地位，是投资者应该注意的核心问题。切线理论为投资者识别市场变动的趋势提供了较为实用的方法。

一般来说，市场变动不是朝一个方向直来直去，中间肯定要有曲折，从图形上看就是一条曲折蜿蜒的折线，每个折点处就形成一个峰或谷。由这些峰和谷的相对高度，投资者可以看出趋势的方向。

趋势的方向有上升方向、下降方向和水平方向。水平方向又称为无趋势方向。

如果图形中后面的每个峰和谷都高于前面的峰和谷，则趋势就是上升方向。这就是常说的一底比一底高或底部抬高。

如果图形中后面的每个峰和谷都低于前面的峰和谷，则趋势就是下降方向。这就是常说的一顶比一顶低或顶部降低。

如果图形中后面的峰和谷与前面的峰和谷相比，没有明显的高低之分，几乎呈水平延伸，这时的趋势就是水平方向。水平方向趋势是被大多数人忽视的一种方向，这种方向在市场上出现的机会是相当多的。就水平方向本身而言，也是极为重要的。大多数的技术分析方法，在对处于水平方向的市场进行分析时，都容易出错，或者说作用不大。这是因为此时的市场正处在供需平衡的状态，期货价格下一步朝哪个方向走是没有规律可循的，可以向上也可以向下，具体将要朝哪个方向运动很难预测。3 种趋势方向的最简单的表示图形如图 6-12 所示。

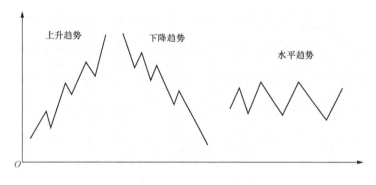

图 6-12　趋势的 3 种方向

依据道氏理论（Dow Theov）的分类，趋势分为主要趋势、次要趋势、短暂趋势。

主要趋势指价格波动的大方向，一般持续的时间比较长。只有了解市场的主要趋势才能做到顺势而为。主要趋势是投资者最为关心和极力想弄清楚的。

次要趋势是在主要趋势过程中进行的调整。前面已提到，趋势不会是直来直去的，总有个局部的调整和回撤，次要趋势正是完成这一使命的。

短暂趋势是在次要趋势中进行的调整。短暂趋势与次要趋势的关系就如同次要趋势与主要趋势的关系一样。

这 3 种类型的趋势最大的区别是时间的长短和波动幅度的大小。有时为了更细地划分，3 种类型可能仍不够用，不过这无关大局，只要对短暂趋势再进行细分就可以了。3 种趋势的

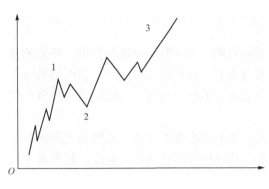

图 6-13　趋势的 3 种类型

图形说明如图 6-13 所示。

（二）支撑线与压力线

1. 支撑线与压力线的含义和作用

支撑线又称为抵抗线，起阻止价格继续下跌的作用。当价格下跌到某个价位附近时，会停止下跌，甚至有可能回升，这是由于多方在此买入造成的。这个起着阻止价格继续下跌或暂时阻止价格继续下跌的价位就是支撑线所在的位置。

压力线又称为阻力线，起阻止价格继续上升的作用。当价格上涨到某个价位附近时，会停止上涨，甚至回落，这是由于空方在此抛出造成的。这个起着阻止或暂时阻止价格继续上升的价位就是压力线所在的位置。

压力线与支撑线无论是在上升行情中，还是在下跌行情中都存在。只是在下跌行情中人们最注重的是跌到什么地方，关心支撑线的多一些；在上升行情中人们更注重的是涨到什么地方，所以关心压力线的人就多一些。

支撑线与压力线的作用是阻止或暂时阻止股价朝一个方向继续运动。众所周知，价格的波动是有趋势的，要维持这种趋势，保持原来的变动方向，就必须冲破阻止其继续向前的障碍。例如，要维持下跌行情，就必须突破支撑线的阻力和干扰，创造出新的低点；要维持上升行情，就必须突破上升压力线的阻力和干扰，创造出新的高点。由此可见，新低和新高在确定支撑线和压力线时是非常重要的（见图 6-14）。

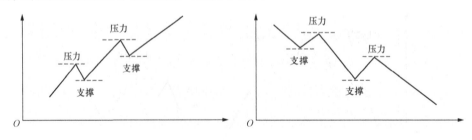

图 6-14　支撑线与压力线

有时，支撑线与压力线又有彻底阻止价格按原方向变动的可能。当一个趋势终结了，它就不可能创出新的低价或新的高价，这样支撑线与压力线就显得异常重要了。

在上升趋势中，如果下一次未创新高，即未突破压力线，这个上升趋势就已经处在很关键的位置了。如果再往后的股价又向下突破了这个上升趋势的支撑线，这就产生了一个趋势有变的很强烈的警告信号。通常，这意味着这一轮上升趋势已经结束，下一步的走势是向下。

同样，在下降趋势中，如果下一次未创新低，即未突破支撑线，这个下降趋势同样已经处在很关键的位置，如果下一步股价向上突破了这次下降趋势的压力线，这就发出了这个下降趋势将要结束的强烈信号，股价的下一步将是上升的趋势（见图 6-15）。

2. 支撑线与压力线的确认和修正

如前所述，每一条支撑线和压力线的确认，主要是根据价格变动所画出的图表进行的，主观性很强。

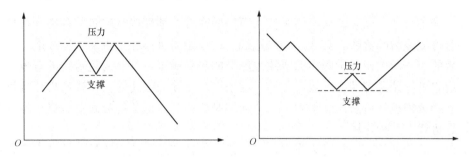

图 6-15　趋势结束时支撑线与压力线

　　一般来说，一条支撑线或压力线对当前影响的重要性有 3 个方面的考虑：一是价格在这个区域持续时间的长短；二是价格在这个区域伴随的成交量大小；三是这个支撑区域或压力区域发生的时间距离当前这个时期的远近。很显然，价格持续的时间越长，伴随的成交量越大，离现在越近，则这个支撑区域或压力区域对当前的影响就越大；反之，影响就越小。

　　上述 3 个方面是确认一条支撑线或压力线的重要识别手段。有时，由于价格的变动，会发现原来确认的支撑线或压力线可能不真正具有支撑或压力的作用，这就需要对支撑线和压力线进行调整修正。

　　对支撑线和压力线的修正过程其实是对现有各个支撑线与压力线的重要性的认可过程。每条支撑线和压力线在人们心目中的地位是不同的，有些容易被突破，有些不容易被突破。

　　（三）趋势线与轨道线

　　1. 趋势线

　　趋势线是描述价格趋势的直线，由趋势线的方向可以明确地看出价格的趋势。在上升趋势中，将两个低点连成一条直线，就得到上升趋势线；在下降趋势中，将两个高点连成一条直线，就得到下降趋势线。如图 6-16 中的直线 L 所示。

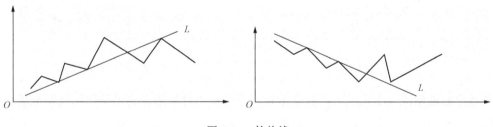

图 6-16　趋势线

　　由图 6-16 可以看出，上升趋势线起支撑作用，下降趋势线起压力作用，也就是说，上升趋势线是支撑线的一种，下降趋势线是压力线的一种。

　　在图上投资者很容易画出趋势线，这并不意味着趋势线已经被投资者掌握了。投资者画出一条直线后，有很多问题需要回答。

　　首先需要解决的问题是：画出的这条直线是否具有实用价值，用这条直线作为今后预测价格的参考是否具有很高的准确性。解决这个问题的过程实际上就是对各种方法画出的趋势线进行挑选评判，最终保留一些确实有效的趋势线。

　　要得到一条真正起作用的趋势线，要经多方面的验证才能最终确认，不符合条件的一般应删除。首先，必须确实有趋势存在。也就是说，在上升趋势中必须确认出两个依次上升的低点；在下降趋势中，必须确认出两个依次下降的高点，才能确认趋势的存在，连接两个点的直线才有可能成为趋势线。其次，画出直线后，还应得到第三个点的验证才能确认这条趋势线是有效的。一般来说，所画出的直线被触及的次数越多，其作为趋势线的有效性越能得到确认，用它进行预测越准确有效。另外，这条直线延续的时间越长，就越具有有效性。

当一条趋势线被认可后，面临的下一个问题是怎样利用这条趋势线对价格进行预测。一般来说，趋势线有两种作用。

（1）对今后价格的变动起约束作用，使价格总保持在这条趋势线的上方（上升趋势线）或下方（下降趋势线）。实际上，就是起支撑和压力作用。

（2）趋势线被突破后，就说明价格下一步的走势将要反转。越重要、越有效的趋势线被突破，其趋势反转的信号越强烈。被突破的趋势线原来所起的支撑和压力作用，现在角色将相互交换（见图 6-17）。

2. 轨道线

轨道线又称通道线或管道线，是趋势线方法的延伸。在已经得到了趋势线后，通过第一个峰和谷可以作出这条趋势线的平行线，这条平行线就是轨道线（见图 6-18）。

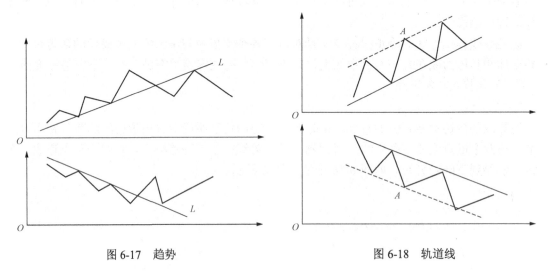

图 6-17　趋势　　　　　　　　　　　　图 6-18　轨道线

两条平行线组成一个轨道，这就是常说的上升和下降轨道。轨道的作用是限制价格的变动范围，让它不能变得太离谱。一个轨道一旦得到确认，那么价格将在这个通道里变动。例如，对上面的或下面的直线的突破，意味着趋势将要发生变化。

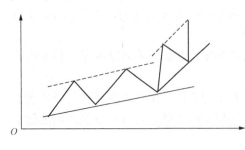

图 6-19　趋势的加速

与突破趋势线不同，对轨道线的突破并不是趋势反转的开始，而是趋势加速的开始，即原来的趋势线的斜率将会增加，趋势线的方向将会更加陡峭（见图 6-19）。

轨道线的另一个作用是提出趋势转向的警报。如果在一次波动中未触及轨道线，离得很远就开始掉头，这往往是趋势将要改变的信号。这说明，市场已经没有力量继续维持原有的上升或下降的趋势了。

轨道线和趋势线是相互合作的。很显然，先有趋势线，后有轨道线，趋势线比轨道线重要得多。趋势线可以独立存在，而轨道线则不能。

三、形态理论

根据历史重演的假设，人们发现，技术图形中曾经出现过的图形在以后还会不同程度地出现，并且带来类似的结果。于是人们将这种能带来某种结果的图形称为形态，可分为反转突破形态和持续整理形态。这里主要介绍的是对 K 线图的形态分析。

（一）反转突破形态

反转形态是改变原有的趋势，使其向相反方向发展的形态，主要有双重顶底、三重顶底、头肩顶底和圆弧顶底 4 种反转形态。对这 4 种形态的正确识别和正确运用将使投资者受益匪浅。

1. 双重顶和双重底

双重顶和双重底就是市场上人们熟知的 M 头和 W 底，图 6-20 是这种形态的简单形状。双重顶和双重底形态在实际中出现得非常频繁。

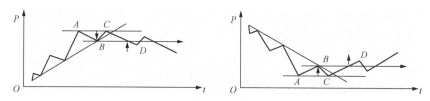

图 6-20　双重顶和双重底形态

从图 6-20 中可看出，双重顶和双重底是行情走势出现两个顶和底，也就是两个大致相同高度的高点和低点。下面以双重顶为例说明其形成过程。

价格在上升趋势过程中，在 A 点建立了新高点。这是第一个高点，之后进行了正常的回落。受上升趋势线的支持，这次回落将在 B 点附近停止。然后继续上升，但是力量不够，上升高度不足，在 C 点（与 A 点等高）遇到压力，价格向下。这样就形成了 A 和 C 两个顶的双重顶。

过 B 点作平行于 AC 线的平行线，就得到一条非常重要的直线——颈线。AC 线是趋势线，颈线是与这条趋势线对应的轨道线，这条轨道线在这里起的是支撑作用。

M 头形成以后，有两种可能的前途：第一，未突破 B 点的支撑位置，价格在 A、B、C 三点形成的狭窄范围内上下波动，演变成今后要介绍的三角形或矩形；第二，突破 B 点的支撑位置，继续向下，这种情况才是双重顶反转突破形态的真正出现。前一种情况只能说是一个潜在的双重顶反转突破形态出现了。

一个真正的双重顶反转突破形态的出现，除了必要的两个相同高度的高点以外，还应该向下突破 B 点支撑，或者说是突破颈线。双重顶反转突破形态一旦得到确认，从突破点算起，价格跌幅至少要与形态高度相等。形态高度指 AC 到 B 的垂直距离，即从顶点到颈线的垂直距离。

图 6-20 中左面箭头所指将是价格至少要跌到的位置，价格必须在这条线之下才能找到像样的支撑，之前的支撑都不足取。

双重底（就是常说的 W 底）是在下降趋势中出现的形态，其分析与双重顶相反。下跌改为上升，高点改为低点，颈线由支撑改为阻力。

双重顶底形态在应用时，应注意以下几个方面。

（1）双重顶底的两个顶底在大多数情况下不完全相等，多少总有些差异。

（2）两个顶和底可能是复合的多个小顶底。

（3）在成交量方面，双重顶和双重底有些细小的不同。双重顶的两个顶的成交量都很大，但后面的顶比前面的顶成交量小。双重底的前一个底成交量最大，触底上升时成交量也不少，但到了后一个底时成交量则显著萎缩。除此之外，双重底向上突破颈线时，要求有大的成交量配合，而双重顶向下突破颈线时，成交量的配合则没有此要求。

（4）两个顶和两个底之间的距离越远，也就是形成两顶底所持续的时间越长，则将来双重顶底反转的潜力越大，波动越剧烈。

（5）颈线被突破后，价格通常会有回头的情况，这种情况被称为反扑。这时颈线就起着支撑和压力作用，也就是说这种回头将会受到颈线的阻挡。

2. 头肩顶和头肩底

头肩顶和头肩底统称头肩形，是著名的反转突破形态，这种形态在市场中出现得非常频繁。图 6-21 是这种形态的简单形式。

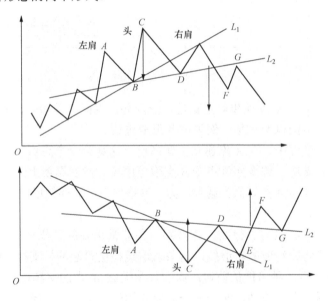

图 6-21　头肩顶和头肩底

从图 6-21 中可以看出，这种形态一共出现 3 个顶或底，也就是出现了 3 个局部的高点或局部的低点。中间的高点（或低点）比另外两个都高（或低），称为头；左右两个相对较低（或高）的两个高点（或低点），称为肩。这就是头肩形名称的由来。

下面以头肩顶为例对头肩形进行介绍。

在上升趋势中，不断升高的各个局部的高点和低点保持着上升的趋势，然后在某一个地方，上涨势头将放缓。图 6-21 中 A 点和 B 点还没有出现放慢的迹象，但在 C 点和 D 点已经有了势头受阻的信号，说明这一轮的上涨趋势可能已经出了问题。最后，价格走到了 E 点和 F 点，这时反转向下的趋势已势不可挡。

　　头肩顶反转向下的现象与支撑线和压力线的内容有密切关系。图 6-21 中的直线 L_1 和直线 L_2 是两条明显的支撑线。在 C 点和 D 点之间突破了直线 L_1，说明上升的势头已经遇到了阻力，E 点和 F 点之间的突破则是趋势的转向。另外，E 点的反弹高度没有超过 C 点，F 点的回落高度已经低于 D 点，都是上升趋势出现问题的信号。

　　图 6-21 中的直线 L_2 是头肩顶形态中极为重要的直线——颈线，在头肩顶形态中，它是支撑线，起支撑作用。

　　头肩顶形态走到了 E 点并调头向下，只能说是原有的上升趋势已经转化成了横向延伸，还不能说已经反转向下了。只有当图形走到了 F 点，即价格向下突破了颈线，才能说头顶底反转形态已经形成。

　　颈线被突破，反转确认之后，就可以推算出价格进一步下跌的幅度。从突破点算起，价格跌幅至少要与形态高度相等，即图 6-21 中 C 点到颈线 L_2 的距离。

　　对于头肩底，除了在成交量方面与头肩顶有所区别外，其余可以说与头肩顶一样，只是方向正好相反。上升改成下降，高点改成低点，支撑改成阻力。

　　头肩形在应用时，应注意以下几个方面。

　　（1）两个肩的高度可以不一样高。其实绝大多数情况下，两者都是不相等的，相等的只是偶然情况。同样，肩与头之间的两个低点或高点也通常是不相等的。这就是说，颈线多数情况下不是水平的，而是斜的直线。

　　（2）头肩形有很多的变形体——复合头肩形。这种形态的肩和头有可能是两个高点或两个低点，局部形状很像双重顶和双重底。如果站在更广阔的地位看它，把相距较近的两个高点或低点看成是一个，则就可以认为是局部的双重顶底大范围内的头肩形。对头肩形适用的规律同样适用于复合头肩形。

　　（3）在成交量方面，头肩顶和头肩底是有很大区别的。在头肩顶的各高点中，有肩的成交量一定是最少的。头肩底突破颈线向上，要求大的成交量配合。

　　（4）颈线被突破后，价格往往有反扑，但是，这种反扑必然要遭到颈线的控制。反扑到颈线是逃命的时机。

　　（5）头肩形有时可能是持续整理形，而不是反转突破形。这主要发生在两种情况下：一是下降趋势中出现头肩顶，并且颈线向上倾斜；二是上升趋势中出现头肩底，并且颈线向下倾斜。

　　3. 三重顶（底）形态

　　三重顶（底）形态是头肩形态的一种变体，它是由 3 个差不多一样高或一样低的顶或底组成。图 6-22 是三重顶（底）形态的简单形式。

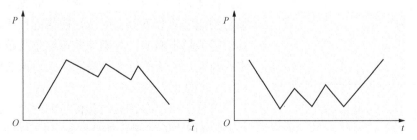

图 6-22　三重顶（底）形态

头肩形适用的结论对三重顶（底）都适用，这是因为三重顶（底）从本质上说就是头肩形态。

与头肩形最大的区别是，三重顶（底）更容易演变成持续形态，而不是反转形态。另外，如果三重顶（底）的 3 个顶（或底）的高度依次从左到右是下降（或上升）的，则三重顶（底）就演变成了直角三角形态。这些都是投资者在应用三重顶（底）时应该注意的地方。

4. 圆弧形态

将价格在前一段时间的每一个局部高点用折线连接起来，有时可能会得到一条类似于圆弧的弧线，像一个盖子一样盖在价格之上。同样，将一段时间的底部低点连在一起也能得到一条弧线，托在市价之下。这样的价格形态就是圆弧形态，如图 6-23 所示。圆弧形也称为碗形、碟形或锅底形等。

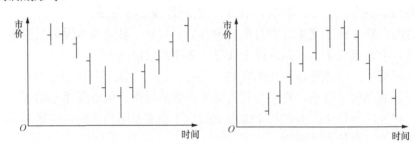

图 6-23　V 形反转形态

V 形反转事先一般无任何征兆，只能根据其他技术分析方法得到一些 V 形反转的信号，如支撑线压力线及各个技术指标等。无征兆的原因是这种形态在大多数情况下是由"市场之外的意外消息"引起的，而种种意外是无法控制的。

（二）持续整理形态

1. 三角形态

三角形态分为 3 种：对称三角形、上升三角形和下降三角形。第一种有时也称正三角形，后两种合称直角三角形。

（1）对称三角形。对称三角形多发生在一个大趋势进行的途中，表明原有的趋势暂时处于休整阶段，之后随着原趋势的方向继续移动。图 6-24 是对称三角形的一个简化的图形，这里原有的趋势是上升的，所以对称三角形的形态完成以后应是突破向上。

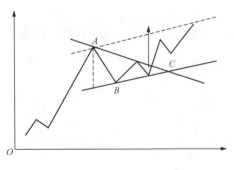

图 6-24　对称三角形

对称三角形只是原有趋势运动的途中休整阶段，因此持续时间不应该太长。持续时间过长，保持原有趋势的能力就会下降。所以，越靠近三角形的顶点，其功能就越不明显，对操作的指导意义越不强。根据实践经验，突破的位置一般应在三角形的横向宽度的 1/2～3/4 的某个点。

对称三角形存在提供假信号的问题。在接近顶点时，原来向上的趋势可能偶然被歪曲，价格向下突破，成交量还不小，这可能是假信号，随后，价格将恢复向上。由于这种情况发生在接近顶点处，投资者很容易误认为这个对称三角形将演变成别的形态，而放弃对它保持原来趋势的能力的认识，对这个突然的下降没有思想准备。

（2）上升三角形。上升三角形是对称三角形的变形体。对称三角形有上下两条直线，将上方直线逐渐由向下倾斜变成水平方向就得到上升三角形。除此之外，上升三角形同对称三角形在形状上没有什么区别（见图6-25）。

三角形形态中，上边的直线起压力作用，下面的直线起支撑作用。对称三角形中，压力和支撑都是逐步加强的，一方是越压越低，另一方是越撑越高，看不出谁强谁弱。而在上升三角形中就不同了，压力是水平的，始终一样，没有变化，而支撑是越来越高。由此可见，上升三角形与对称三角形相比，有更强烈的上升意识，多方比空方更为积极。

上升三角形如出现在上升趋势中，几乎可以肯定是要向上突破的。这是因为，一方面，要保持原有趋势；另一方面，形态本身就有向上的愿望。这两个方面的因素促使价格很难逆势而为。

上升三角形如果出现在下降趋势中，则较难判断。一方要保持原有价格下跌趋势，继续下降；另一方要上涨，双方必然要发生争执。如果下跌趋势持续了相当长时间后出现上升三角形，而且以看涨为主，则上升三角形就成为反转形态的底部。

上升三角形被突破后，对其上升或下跌幅度的测算方法与对称三角形类似。

（3）下降三角形。下降三角形同上升三角形正好反向，是看跌的形态（见图6-26）。对下降三角形的分析与上升三角形完全相似，只是方向相反。

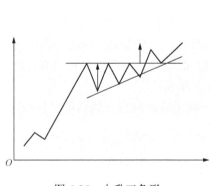 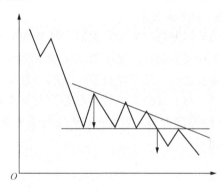

图6-25　上升三角形　　　　　　　　　　图6-26　下降三角形

2. 矩形形态

矩形又叫箱形，是一种典型的整理形态，如图6-27所示。价格在两条横着的水平直线之间上下波动，上也上不去，下也下不来，一直做横向延伸运动。

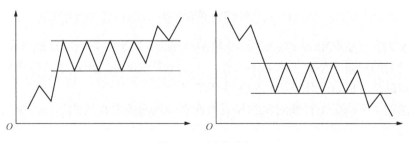

图6-27　矩形形态

矩形形态在形成之初，多、空双方全力投入，各不相让。空方在价格升上去后，在某个位置就抛出，多方在价格下跌后，到某个价位就买入，时间一长就形成两条明显的上下界线。随着时间的推移，双方的战斗热情会逐步减弱，市场趋于平淡。如果原来的趋势是上升，那么经过矩形整理后，会继续原来的趋势，多方会占优势并采取主动，使价格向上突破矩形形态的上界。如果原来是下降趋势，则空方会采取行动，突破矩形形态的下界。

矩形形态被突破后，也具有测算意义，其形态高度为矩形形态的高度。面对突破后价格的反扑，矩形形态的上下界限同样具有阻止反扑的作用。

如果在矩形形态形成的早期，能够预计到价格将按矩形进行调整，那么就可以在矩形形态下界附近买进，在矩形形态上界附近卖出。如果矩形形态上下界限的距离相距较远，这种短线的来回进出所获收益也不菲。

需要注意的是，这里所说的矩形不是严格的几何意义上的矩形，它们的高点不一定一样高，低点不一定一样低，相差不大就可以了。其实，在所有形态中所出现的直线和落在直线上的高点和低点都不是精确地落在上面，允许有小的差异，只要不妨碍大局就可以了。

另外，从图 6-27 中可以看出，矩形形态的形成过程中极可能演变成三重顶（底）形态，这是投资者应用时应该注意的。正是由于对矩形形态的判断有这样一个容易出错的可能性，在对矩形形态和三重顶（底）形态进行操作时，一定要等到突破之后才能采取行动。因为这两个形态今后的走势方向完全相反，一个是要改变原来趋势的反转突破形态，另一个是要维持原来趋势的持续整理形态。

3. 旗形和楔形

旗形和楔形是两种常见的持续整理形态。在价格曲线图上，这两种形态出现的频率最高，一段上升或下跌行情的中途，可能出现好几次这样的形态。二者都是一个趋势的中途休整过程，休整之后，还要保持原来的趋势方向。这两个形态的特殊之处在于，它们都有明确的形态方向，向上或向下，并且形态方向与原有的趋势方向相反。

（1）旗形形态。旗形形态从几何学上来说应该是一向上倾斜或向下倾斜的平行四边形（见图 6-28）。

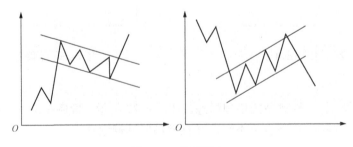

图 6-28　旗形形态

旗形形态大多发生在市场极度活跃、价格运动剧烈、近乎于直线上升或下降的情况之后，这种剧烈波动的结果是产生旗形形态的条件。由于上升或下降过于迅速，市场必然会有所休整，旗形形态就是完成这一休整过程的主要形式之一。

旗形形态的上下两条平行线起支撑和压力作用。这两条平行线的某一条被突破是旗形形态完成的标志。

旗形形态也有测算功能，其形态高度是平行四边形左右两条边的长度。旗形被突破后，价格至少要走到形态高度的距离。

投资者在应用旗形形态时，需要注意 3 点：第一，旗形形态出现之前，一般应有一个"旗杆"，这是由价格作直线运动形成的。第二，旗形形态持续的时间不能太长，如果时间太长，就不能认为是中途的休整。第三，旗形形态形成之前和被突破之后，成交量都很大。在旗形形态的形成过程中，成交量从左向右逐渐减少。

（2）楔形形态。楔形形态是另一种形式的旗形形态，可以当成旗形形态处理。实际上，如果将旗形形态中上倾或下倾的平行四边形变成上倾或下倾的三角形，就会得到楔形形态，如图 6-29 所示。

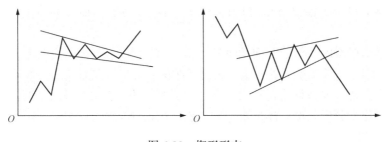

图 6-29　楔形形态

从图 6-29 中可以看出，三角形的上下两条边都是朝着同一个方向倾斜的，这与前面介绍的三角形形态不同，图形有明显的倾向。

由于对楔形形态的要求没有旗形形态那么严格，实际中楔形形态出现得要多一些。

与旗形形态和三角形形态稍微不同的是，楔形形态偶尔也可能出现在顶部或底部而作为反转形态。这种情况一定是发生在一个趋势经过了很长时间，接近尾声的时候。投资者可以借助其他技术分析方法，从时间上判断趋势是否接近尾声。一般看到楔形形态后，第一感觉还是把它当作中途持续休整形态。

在形成楔形形态的过程中，成交量是逐渐减少的。形成之前和突破之后，成交量都很大。

（三）应用形态理论应该注意的问题

在技术分析理论中，形态理论出现较早，相对来说比较成熟。尽管如此，在实际应用的时候有 3 个方面的问题需要引起投资者的注意。

（1）面对同一个形态，如果投资者考虑的区间范围不同，有可能得到不同的形态划分，从而影响对行情的判断，对同一形态可能发生不同的解释。例如，头肩顶是公认的反转形态，但是如果从更大的范围看，它有可能是一个中途的持续形态。

（2）在进行实际操作中，形态理论要等到形态已经完全明朗后才采取行动，得到的利益不充分，从某种意义上讲，有损失机会的嫌疑。

（3）出现在实际市场中的形态是千姿百态的，其中大多数形态是很难进行归类的，也就是说，能够被归类的形态是少数。

四、波浪理论

波浪理论是以美国人拉尔夫·纳尔逊·艾略特（Ralph Nelson Elliott）命名的一种技术分析理论。波浪理论的形成经历了一个较为复杂的过程，最初由艾略特发现并应用于证券市场，但是他没有将这些结果形成完整的体系。直到 20 世纪 70 年代，查尔斯·l·柯林斯（Charles·l·Collins）总结完善了艾略特及其后人的研究结果，出版了专著《波浪理论》，才使该理论"走红"。

艾略特受到价格上涨下跌不断重复的现象的启发,力图找出其上升和下降的周期性。波浪理论中的周期,时间长短可以不同。一个大周期之中存在着小的周期,而小的周期又可以再细分成更小的周期。每个周期都以8浪结构的模式进行。这8个过程完结以后,周期结束,进入另一个周期,新的周期自然遵循上述的模式。这就是艾略特波浪理论的核心内容。

（一）波浪理论的三大因素

（1）价格走势所形成的形态,即波浪的形状和构造,是波浪理论赖以生存的基础。

（2）价格走势图中各个高点和低点所处的相对位置,是各个浪的开始和结束位置。通过计算这些位置,可以弄清楚各浪之间的关系,确定价格的回撤点和将来价格可能达到的位置。

（3）完成某个形态所经历的时间长短。

以上3个方面可以简单概括为形态、比例和时间。这3个方面是波浪理论首先应考虑的,其中以形态最为重要。因为价格运动只在形态上重复,不一定在时间上或幅度上重复。有些使用波浪理论的技术分析人员只注重形态和比例,而对时间不予考虑,因为他们认为时间关系在进行市场预测时是不可靠的。

（二）股价波浪走势的基本形态结构

艾略特认为,价格应该遵循一定的周期周而复始地发展。通过多年的实践,他发现每个完整的价格波动周期都要经过8个过程,或者说是分成8个浪。这8个过程一完成,本次周期结束了,紧接着的是另一个周期。无论研究的趋势是何种规模,8浪的基本形态结构是不会变化的。图 6-30 是一个上升过程周期的 8 浪结构图。

这8浪分为主浪和调整浪。主浪又称推动浪,是波动的主体,起着推动趋势发展的作用;调整浪是对主浪的调整和补充。主浪和调整浪的地位是相对的,需要考虑所观察的范围。

如果某个浪的趋势方向与比它高一层次的浪的趋势方向相同,则这一浪就称为主浪。图 6-30 中的 1 浪、3 浪、5 浪就是主浪。

如果某个浪运行方向同它的上一层次的波浪方向不同,则这一浪就称为调整浪。图 6-30 中的 2 浪、4 浪是 1 浪、3 浪的调整浪;a 浪、b 浪、c 浪三浪组成的大浪是对由 1 浪到 5 浪组成的大浪的调整浪。

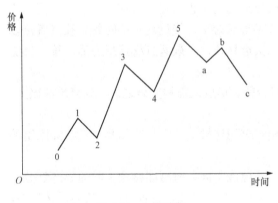

图 6-30　8 浪结构

（三）波浪的层次——波浪的细分与合并

由于波浪理论考虑价格形态的时间和空间跨度是不受限制的,数浪必然会遇到将大浪分成很多小浪和将很多小浪合并成大浪的问题。这就是每一个浪所处的层次的问题。

处于层次较低的几个浪可以合并成一个层次较高的大浪,而处于层次较高的一个浪又可以细分成几个层次较低的小浪,层次的高低和浪的大小是相对的。相对于高层次浪,就是小浪,相对于低层次浪,就是大浪。下面以上升趋势为例,说明波浪细分和合并的原则。图 6-31 是细分和合并的图形表示。

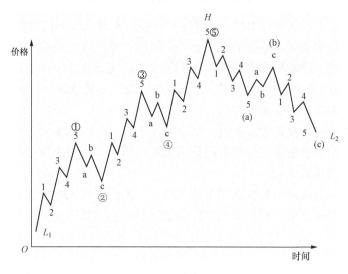

图 6-31　波浪的细分和合并

最高层次是从 L_1 到 H 的第一大浪和从 H 到 L_2 的第二大浪，共 2 浪。第一大浪和第二大浪又可以分成①、②、③、④、⑤和（a）、（b）、（c）共 8 浪，这是第二层次的浪。第二层次的大浪又可以细分成图中的 1、2、3、4、5、a、b、c 的第三层次的小浪，共 34 个。

波浪细分按照一定的规则进行。如果浪的波动方向与它上方向相同，则分成 5 浪，如果不相同则分成 3 浪，即

（1）本大浪是上升，上一层的大浪是上升，则分成 5 浪。

（2）本大浪是上升，上一层的大浪是下降，则分成 3 浪。

（3）本大浪是下降，上一层的大浪是上升，则分成 3 浪。

（4）本大浪是下降，上一层的大浪是下降，则分成 5 浪。

（四）弗波纳奇数列与波浪的数目

弗波纳奇数列在波浪理论的数浪中，有不可忽视的作用。从图 6-31 可以看到，第一大浪由 5 浪组成，同时又由更小的 21 浪组成，第二大浪由 3 浪组成，同时又由更小的 13 浪组成。第一大浪、第二大浪为 2 浪，由 8 个浪组成，同时又是由 34 个更小的浪组成。如果将最高层次的浪相加，还可以看到比 34 大的弗波纳奇数列中的数字。

数字 2，3，5，8，13，21，34，55，89，…，就是弗波纳奇数列的数字。这些数字既与不同层次波浪的数目相吻合，也与不同层次波浪的持续时间相吻合。这些弗波纳奇数列是艾略特波浪理论的数字基础，正是在这一基础上，才有了波浪理论的发展。

（五）应用波浪理论应注意的问题

前面简单介绍了波浪理论的主要内容。从表面上看波浪理论会给投资者带来利益，但是从波浪理论自身的构造就会发现它的众多不足，如果使用者过分机械、教条地应用波浪理论，肯定会招致失败。

波浪理论最大的不足是应用上的困难，也就是学习和掌握上的困难。波浪理论从理论上讲是 8 浪结构完成一个完整的过程。但是，主浪的变形和调整浪的变形会产生复杂多变的形态，波浪所处的层次又会产生大浪套小浪、浪中有浪的多层次形态，这些都会使应用者在具体数浪时发生偏差。波浪层次的确定和浪的起始点的确认是应用波浪理论的两大难点。

波浪理论的第二个不足是面对同一个形态，不同的人会产生不同的数法，而且都有道理，谁也说服不了谁。众所周知，不同的数浪法产生的结果差异可能是很大的。

波浪理论只考虑了价格形态上的因素，而忽视了成交量方面的影响，这给人为制造形态提供了机会。这正如在形态学有假突破一样，波浪理论也可能造成一些形态让人上当。当然，这个不足是很多技术分析方法都存在的。

在应用波浪理论时，投资者会发现，当事情过去以后，回过头来观测已经走过的图形，用波浪理论的方法是可以很完美地将其划分出来的。但是，在形态形成的途中，对其进行波浪的划分是一件很困难的事情。

波浪理论从根本上说是一种主观的分析工具，这给投资者增加了应用上的困难。在对波浪理论的了解不够深入之前，投资者最好仅仅把它当成一种参考工具，而主要以别的技术分析方法为主。

五、量价分析

在期货价格分析和预测中，往往将各种图形和指标，与成交量和持仓量结合起来运用。

（一）成交量与价格关系分析

成交量是重要的人气指标，它是指某一时期内交易合约的数量，只计算买入合约或卖出合约的数量，而不是两者的总和。成交量能反映市场的供求关系和买卖双方力量的强弱。

通过对成交量与价格之间关系的分析，可以判断价格走势和价格运动的强烈程度。成交量与价格的关系，通常有以下几种情况。

（1）价格随成交量递增而上升，这种量增价涨的关系表示价格将继续上升。

（2）在涨势中，价格随递增的成交量上涨；当价格调整后再上涨创出新高价时，成交量却没有创新高，形成量价背离。这暗示价格将回跌。

（3）成交量是价格上涨的动力，价格上涨而成交量萎缩。这显示动力不足，价格将反转回跌。

（4）价格随成交量递增而下跌，当成交量放大时，价格低位徘徊，没有创新低。这表明多头市场已形成，价格将上涨。

（5）价格向下跌破支撑线或移动平均线，同时出现大成交量。这表明价格将继续下跌。

（6）价格先随缓慢递增的成交量逐渐上升，后随成交量剧增而骤升，接着成交量大幅萎缩，价格急剧下跌。这表示涨势已结束，反转已成大势。

（7）价格持续下跌一段时间后，出现恐慌性抛售，随成交量剧增，价格跌至新低。这预示空头市场行将结束，价格可能上涨。

（8）价格长时间持续上涨，出现急剧增加的成交量，此后价格上涨乏力，高位徘徊。这预示不久将转势下跌。

（二）未平仓量与价格关系分析

未平仓量是指尚未对冲仍在期货市场上流通的某期货合约数量。

未平仓量的变化反映了期货市场中资金流向的变动。未平仓量增加表明资金流入市场；反之，则表明资金流出市场。未平仓量的增减取决于交易者在期货市场中的买卖活动，包括以下4种情况。

第一，买卖双方都是入市开仓，一方买入开仓，另一方卖出开仓（即双开）时，未平仓量增加。

第二，在买卖双方中，一方为买入开仓，另一方为卖出平仓（即多头换手）时，未平仓量不变。这意味着"新买方向旧买方买进"。

第三，在买卖双方中，一方为卖出开仓，另一方为买入平仓（即空头换手）时，未平仓量不变。这意味着"旧卖方向新卖方买进"。

第四，买卖双方都持有未平仓合约，一方卖出平仓，另一方买入平仓（双平）时，未平仓量减少。

未平仓量与价格变动一般有以下关系：①未平仓量增加，价格上升，表示新买方在大量建仓多头，近期价格继续上升；②未平仓量增加，价格下跌，表示新卖方在大量建仓空头，近期价格继续下跌；③未平仓量减少，价格上升，表示多头获利卖出平仓离场，短期内价格可能转跌；④未平仓量减少，价格下跌，表示空头获利买入平仓离场，短期内价格可能转升。

（三）成交量、未平仓量和价格的关系

成交量和未平仓量作为次级技术指标，能够辅助确认图表中的技术信号，不宜单独基于成交量或未平仓量而作出交易决策。交易者通常将成交量、未平仓量和价格三者结合起来，以此来判断价格走势。

（1）成交量、未平仓量增加，价格上升，表示新买方大量吸纳，市场行情看好，近期价格可能继续上升。成交量和持仓量增加，说明了新入市交易者买卖的合约数超过了原交易者平仓的合约数，市场价格上升又说明市场上买气压倒卖气，市场处于技术性强市，新交易者正在入市做多。

（2）成交量、未平仓量增加，价格下跌，表示新卖方大量抛售，近期价格将继续下跌，但如果过度抛售，价格有可能反弹回升。这种情况表明，此时不断有更多的新交易者入市，且在新交易者中卖方力量压倒买方，因此市场处于技术性弱市，价格将进一步下跌。

（3）成交量、未平仓量减少，价格上升，表示卖空者大量补进平仓，短期内价格向上，但不久将可能回落。成交量和未平仓量下降说明市场上原交易者正在对冲了结其合约。价格上升又表明，市场上原卖出者在买入补仓时其力量超过了原买入者卖出平仓的力量，市场处于技术性弱市，主要体现在空头回补，而不是主动性做多买盘。

（4）成交量、未平仓量减少，价格下跌，表示买空者大量抛售平仓，市场出现技术性调整，短期内价格可能继续下降，但不久将可能回升。成交量和未平仓量减少说明市场上原交易者的平仓合约超过新交易者的开仓合约。价格下跌又说明，市场上原买入者在卖出平仓时其力量超过了原卖出者买入补仓的力量，即多头平仓了结离场意愿更强，而不是市场主动性地增加空头。因此，未平仓量和价格下跌表明市场处于技术性强市，多头正平仓了结。

（5）成交量增加、未平仓量减少，价格上升，表示买空者获利回吐，卖空者补进平仓，后市看淡，价格将会下跌，处于技术性弱市。

（6）成交量增加，未平仓量减少，价格下跌，表示买空者抛售平仓，卖空者获利回补，后市看好，价格将会上升，处于技术性强市。

综上可以得出结论：如果成交量和未平仓量都增加，目前的价格走势将持续；如果成交量和未平仓量都减少，目前的价格走势则会反转；如果成交量与未平仓量反方向变化，则无论价格上升还是下降，后市都将发生反转。

六、基本分析法与技术分析法的关系

在分析和预测期货价格时，不同的市场参与者对基本分析和技术分析会有不同的侧重。其原因就在于两者各有各的预测依据和准绳，各有长短，孰优孰劣难分伯仲。所以，期货价格分析往往将这两种方法结合使用，互相补充。

基本分析注重对影响因素的分析和变量之间的因果联系，其优势在于预测期货价格的变动趋势。而技术分析更关注价格本身的波动，其优势在于预测期货价格的短期变化和入市时机的选择。两者的结合运用就表现为，通过基本分析判断出期货价格的变动趋势后，运用技术分析来确定入市的时机。

基本分析是基于市场供求变动而作出判断，因此需要充分掌握影响供求变动的诸多因素。掌握如此大量的影响因素的难度是不言而喻的，进一步，即使真的掌握了所有的影响因素，对市场价格作出判断也不是一件容易的事。因为在影响供求的诸多因素中，有些推动价格上涨，有些推动价格下跌，正向和反向的力量综合在一起，最终会推动价格上涨还是下跌，往往不容易作出判断。因此，在实际的期货价格分析中，人们总是要分清主要因素和次要因素，采取"抓大放小"的做法。在基本分析中，"时滞"也是难以避免的，即在各种影响因素浮出水面之前，市场行为可能已经作出了反映：在基本分析作出涨跌判断之前，市场价格已经出现了涨跌。基于此，基本分析更多地被用于对期货价格变动趋势的分析和预测。

市场供求双方的交易行为和力量对比首先通过市场价格变化反映出来，换言之，市场价格的上下波动在第一时间就反映出了市场供求关系的变化。技术分析是基于过往和当下的市场价格来判断未来的价格走势，无需掌握大量的影响因素，因此凭借各种图形和指标就可以及时地作出分析和预测。同时，这种分析和预测具有短期特征，更多地被用于对买入和卖出时机的判断。

"低买高卖"是市场交易中亘古不变的法则，当市场参与者作出买入或卖出的判断后，何时（即在哪个价位）买入或卖出也依然需要作出抉择。因为市场价格往往是在波动中上升，同样也是在波动中下降，即使对牛市或熊市作出了正确判断，如果不能正确把握入市时机，其结果仍然可能事与愿违。

基本分析和技术分析各有长处和短处，因此应兼备两者而互补长短。对于期货市场参与者而言，只有掌握了基本分析才有能力判断市场运行的涨跌大势，从而决定交易部位，作出是买入还是卖出的判断。同时，只有掌握了技术分析才有能力拿捏入市时机，从而取得较为有利的交易价格，做到"逢低吸纳，逢高抛出"。

第七章 期 权 交 易

【本章要点】 本章从期权交易的基本概念入手，介绍了期权交易的产生与发展历程，对期权的分类、期权合约、期权交易机制以及期货与期权的区别与联系进行了详细的介绍。

第一节 期权交易的产生与发展

期权作为一种独特的金融工具，在投资、规避风险以及资产管理等业务领域中发挥着重要作用。与期货交易相比，期权经历了更为漫长和曲折的发展历程。

早在公元前 3500 年，古罗马人在商品交易合同中就已经使用了与期权相类似的条款。不过，有史料记载的最早的期权交易是由古希腊哲学家萨勒斯进行的。萨勒斯运用占星术对星象进行了研究，预测来年橄榄的收成会很好，因此，他与农户协商，预定了来年春天以特定价格使用榨油机的权利。正如他预料，橄榄果真实现丰收，榨油机供不应求，萨勒斯行使了自己的权利，然后再以更高的价格将这种权利转卖出去，从中获取到可观的收入。

17 世纪，荷兰郁金香事件就是由于人们疯狂炒作郁金香球茎的期权引发的。在 17 世纪的荷兰，郁金香是贵族社会身份的象征，荷兰上至王公贵族，下到平民百姓，开始变卖他们的财产炒作郁金香和郁金香球茎，郁金香价格暴涨，批发商普遍出售远期交割的郁金香以获取利润，并从郁金香种植者那里购买期权。而当郁金香的需求扩大到世界范围时，又出现了交易郁金香球茎期权的二级市场。随后荷兰经济开始衰退，郁金香价格暴跌。由于当时并无任何机制用以保障合约双方的权益，违约现象大量发生，于是引发了 1636 年荷兰的郁金香泡沫。

18~19 世纪，在工业革命和运输贸易的刺激下，欧洲和美国相继出现了有组织的场外期权交易，标的物以农产品为主。在英国以证券为标的物的期权交易一度被宣布为非法，但即使如此，期权交易也从未停止过。

进入 20 世纪，美国股票市场还没有被纳入监管之中，期权交易的声誉因为投机者的滥用更为不佳。1929 年的股灾发生以后，美国证券交易委员会建议国会取缔期权交易。在激烈的辩论后，国会认为期权交易方式仍有经济价值，必须加强监管。

1973 年 4 月 26 日，期权市场发生了历史性的变化，一个以股票为标的物的期权交易所——芝加哥期权交易所（Chicago Board of Trade，CBOE）成立，这堪称是期权发展史中具有划时代意义的事件，标志着现代意义的期权市场的诞生。

1973 年 7 月，费希尔•布莱克（Fisher Black）和迈伦•斯克尔斯（Myron Scholes）发表在《政治经济学》杂志上的《期权的定价与公司负债》经典论文中，推导出了以不分红股票作为标的物的欧式看涨期权定价公式。同年罗伯特•莫顿（Robert Merton）的文章给出了支付红利的股票期权的定价公式。不久，得克萨斯仪器公司推出了装有计算期权价值程序的计算器。理论和技术上的突破以及期权场内交易和其自身的优越性使芝加哥期权交易所的成长非常迅速，成立仅一个月，其日交易量已经超过了场外交易市场。1974 年全年成交的合约所代表的股数已超过美国证券交易所（AMEX）全年股票的成交量。之后，期权交易量一直呈现稳步增长态势。

在 20 世纪 70 年代末，伦敦证券交易所开辟了 LTOM（London Traded Options Market），荷兰成立了 EOE（European Option Exchange），1982 年芝加哥期货交易所推出了美国长期国债期货期权合约，标志着金融期货期权的诞生，引发了期货交易的又一场革命。同年，新加坡的 DIMEX 开始交易期权合约，此后，费城股票交易所推出了外币期权交易，加拿大、瑞典、法国、瑞士、日本、马来西亚和中国香港也先后推出了期权交易。而德国、比利时、新加坡等国，更是在期货交易所成立 3～5 年的时间内，便推出了期权交易。期权交易从最初的股票扩展到目前包括大宗农副产品、债券、股指等金融产品、外汇以及黄金白银在内的近 100 个品种。

自芝加哥期权交易所成立之后，全球期权市场的发展速度超过了期货。1999 年全球交易所交易的期权交易量突破了 10 亿张大关，2000 年突破 15 亿张，2001 年突破 25 亿张，超过当年全球期货的总交易量。最近 10 年来，期权交易量超过期货交易量已经成为常态。

期权交易之所以受到市场的欢迎，与该交易方式自身具有的特点有关。从理论上说，任何金融产品都可以分解成若干期权组合，通过期权的组合可以构建任意一种金融产品。20 世纪 80 年代末，金融工程师们对传统期权的内容进行了改造，创造出一大批新型期权，并且形成了数百种期权组合，为投资者提供了广阔的选择空间，使得金融产品构架发生了深刻变化。

最近 20 年来，我国内地在期货交易方面已经取得了很大的成就，但场内期权交易迟迟未能推出。国内证券交易所上市交易的股票权证，具有期权交易的一些特征，但并非严格意义上的期权，与真正意义的期权交易还存在很大的差异。

第二节　期权交易的基本概念

一、期权的概念

期权（Options）也称为选择权，是指期权的买方有权在约定的期限内，按照事先确定的价格，买入或卖出一定数量的某种特定商品或金融工具的权利。期权交易是一种权利的买卖，期权的买方在买入后，便取得了选择权。在约定的期限内既可行权买入或卖出标的资产，也可放弃行使权利；当买方选择行权时，卖方必须履约。

与期货交易相比，期权交易的最大特点是买卖双方权利、义务、收益和风险均不对等，主要表现在以下几个方面。

（1）权利不对等。合约中约定的买入或卖出标的物的选择权归属买方。期权买方向卖方支付一定数额的期权费后，便取得了在约定的期限内以约定价格向卖方购买或出售一定数量标的物的权利。

（2）义务不对等。卖方负有必须履约的义务，即卖方获得期权费后，便负有向期权买方出售标的物或购买标的物的义务，当买方要求执行期权时，卖方必须履约。

（3）收益和风险不对等。当标的物市场价格向有利于买方变动时，买方可能获得巨大收益，卖方则会遭受巨大损失；而当标的物市场价格向不利于买方变动时，买方可以放弃期权，买方的最大损失，也是卖方的最大收益等于权利金。所以，在期权交易中，买方的最大损失为权利金，潜在收益巨大；卖方的最大收益为权利金，潜在损失巨大。

（4）保证金缴纳情况不同。由于卖方面临较大风险，因而必须缴纳保证金作为履约担保；而买方的最大风险仅限于已经支付的权利金，所以无需缴纳保证金。

（5）独特的非线性损益结构。期权交易的非线性盈亏状态，与期货交易线性的盈亏状态有本质的区别。

以看涨期权买方损益状态为例：当标的物市场价格小于执行价格时，看涨期权买方处于亏损状态，但损失并不随标的物市场价格的下跌而增加，其最大损失不变，为权利金；当标的物市场价格上涨至执行价格以上时，期权买方的损益会随着标的物市场价格的涨跌而增减。以上情况表明，期权交易者的损益并不随标的物市场价格的变化呈线性变化，其最大损益状态图是折线而不是一条直线，即在执行价格的位置发生转折。正是期权的非线性损益结构，使其在风险管理、组合投资方面具有明显的优势。通过不同期权、期权与其他投资工具的组合，投资者可以构造出不同风险收益状况的投资组合。

二、期权的种类

从期权的含义中可见，期权的含义涉及众多要素。可以从不同角度将期权划分为不同的类型。

（一）场内期权和场外期权

与期货交易不同，期权既可以在交易所交易，也可以在场外交易。

场外期权（Over-the-Counter-Options，OTC Options）是指在非集中性的交易场所交易的非标准化期权，也称为店头市场期权或柜台期权。

场内期权也称为交易所期权，是指由交易所设计并在交易所集中交易的标准化期权。场内交易采用标准化和集中交易，再加上结算机构提供了交易双方可靠的履约保证，有利于市场流动性的提高。

与场内期权相比，场外期权具有以下特点。

（1）合约非标准化。交易所期权合约是标准化的，场外期权合约是非标准化的。

（2）交易品种多样、形式灵活、规模巨大。由于场外交易双方可以直接商谈，期权品种、交易形式和交易规模等均可以按照交易者的需求进行定制，所以场外期权更能够满足投资者的个性化需求，场外期权交易也促进了新的复杂产品的诞生和交易。场外期权交易更为活跃、交易规模更大、交易形式更为多样化和复杂化。

（3）交易对手机构化。场外期权交易多在机构投资者之间进行，对于一般法人和机构投资者，其交易对手多为经验丰富的投资银行、商业银行等专业金融机构，期权合约的内容、交易方式等均由经验丰富的交易对手设计。

（4）流动性风险和信用风险大。交易所期权随时可以转让，结算机构可以保证卖方履约，而场外期权交易以上两点都无法保证。所以，场外交易具有较高的流动性风险和信用风险。

（二）现货期权和期货期权

按照期权合约标的物的不同，可将期权分为现货期权和期货期权。

期权合约标的物，是买方行权时，从卖方手中买入或出售给卖方的资产。标的物可以是现货商品，也可以是期货合约；可以是实物资产，也可以是金融资产。

标的物为现货商品的期权被称为现货期权。现货期权又有金融现货期权和商品现货期权之分。金融现货期权的标的物是金融现货资产；商品现货期权的标的物是实物现货资产。

标的物为期货合约的期权被称为期货期权。期货期权又有金融期货期权和商品期货期权之分。金融期货期权的标的物是金融期货合约；商品期货期权的标的物是实物商品期货合约。在芝加哥商业交易所集团上市的金融期货合约和商品期货合约，几乎都推出了相应的期权合约。

（三）看涨期权和看跌期权

接照买方执行期权时拥有的买卖标的物权利的不同，可以将期权分为看涨期权和看跌期权。

（1）看涨期权（Call Options）。它是指期权的买方向卖方支付一定数额的权利金后，即拥有在期权合约的有效期内或特定时间，按执行价格向期权卖方买入一定数量的标的物的权利，但不负有必须买进的义务。看涨期权又称为买入期权或认购期权。

期权的买方预期标的物市场价格上涨而买入看涨期权，标的物市场价格上涨越多，买方行权可能性越大，行权买入标的物后获取收益的可能性越大、获利可能越多。

（2）看跌期权（Put Options）。它是指期权的买方向卖方支付一定数额的权利金后，即拥有在期权合约的有效期内，按执行价格向期权卖方卖出一定数量标的物的权利，但不负有必须卖出的义务。看跌期权又称为卖出期权或认沽期权。

期权的买方预期标的物市场价格下跌而买入看跌期权，标的物市场价格下跌越多，买方行权可能性越大，行权卖出标的物后获取收益的可能性越大、获利可能越多。

（四）美式期权和欧式期权

按照买方执行期权时对行权时间规定的不同，可以将期权分为美式期权和欧式期权。

（1）美式期权（American Options）。它是指期权买方在期权有效期内的任何交易日都可以行使权利的期权。期权买方既可以在期权合约到期日行使权利，也可以在期权到期日之前的任何一个交易日行使权利。在到期日之后期权作废，买方权利随之消失。

（2）欧式期权（European Options）。它是指期权买方只能在期权到期日行使权利的期权。期权买方在期权合约到期日之前不能行使权利，在到期日之后期权作废，买方权利随之消失。

美式期权与欧式期权的划分并无地域上的区别。

三、期权合约

场外期权合约没有规定的内容和格式要求，由交易双方协商决定。场内期权合约与期货合约相似，是由期货交易所统一制定的标准化合约。除期权价格外，其他期权相关条款均应在期权合约中列明。当期权挂牌交易时，对同一个期权合约，期货交易所会挂出一系列不同执行价格的期权，交易双方依据所选定的执行价格，竞价决定期权价格。

对于期货期权，由于其标的物是相关期货合约，所以在设计期权合约时，相关条款要考虑标的期货合约的条款。因此，期权合约条款与标的期货合约存在一定的关系。

期权合约与标的期货合约有很多相关联的条款，但也存在一定的不同。例如，由于期货期权交易的对象是买或卖标的期货合约的权利，所以不涉及交割等相关内容，期货合约中必须列明的交割等级、最后交割日等条款不会在期权合约中列出；而行权、合约到期时间等涉及履约的相关条款，在期货合约中则不会存在。

虽然期货交易所上市的期权合约是标准化的，但不同的期权品种、不同交易所设计的期权合约，列出的条款和具体规定有所不同。

下面对期权合约的主要条款及内容进行介绍。

（一）执行价格

执行价格（Exercise Price），也称为履约价格、敲定价格、行权价格，是期权买方行使权利时，买卖双方交割标的物所依据的价格。对于同一种期权，交易所通常按阶梯形式给出一组执行价格，每种期权有多少种执行价格取决于该种期权的标的物市场价格波动幅度，交易所根据期权价格波动适时增加。进行期权交易时，投资者根据选定的执行价格进行竞价。

（二）执行价格间距

执行价格间距（Strike Price Intervals），是指相邻两个执行价格的差。通常情况下，执行价格的间距与合约距到期日的时间长短有关。距到期日越近的期权合约，其执行价格的间距越小。

芝加哥商业交易所集团大豆期权合约规定：最近两个月份的期货期权合约的间距为 10 美分/蒲式耳，其余月份合约的间距为 20 美分/蒲式耳。

（三）合约规模

合约规模（Contract Size），也称为交易单位，是指每手期权合约所交易的标的物的数量。通常情况下，期权合约的交易单位为一张标的期货合约。

（四）最小变动价位

最小变动价位（Tick Size 或 Minimum Fluctuation），是指买卖双方在出价时，价格较上一成交价变动的最低值。最小变动价位还可能隐含着买卖双方应该如何报价的规则。例如，在芝加哥商业交易所集团上市的大豆期权合约，最小变动价位为 1/8 美分/蒲式耳，报价为 22′3 美分/蒲式耳的期权合约，实际价格为 22.375 美分/蒲式耳（22＋3×1/8），报价为 37′5 美分/蒲式耳的期权合约，实际价格为 37.675 美分/蒲式耳（37＋5×1/8）。

（五）合约月份

合约月份（Contract Months），是指期权合约的到期月份。与期货合约的合约月份相似，在交易所上市的期权品种，交易所会推出一组到期月份不同的合约。

（六）最后交易日

最后交易日（Last Trade Date），是指期权合约能够在交易所交易的最后日期。为了使期权执行后交易双方获得的标的期货合约头寸能够有较为充分的交易时间，期权合约的最后交易日较相同月份的标的期货合约的最后交易日提前。

例如，芝加哥商业交易所集团上市的 GBD/USD 期权合约的最后交易日为合约月份的第三个星期三前数两个星期五（美国中部时间下午 2:00 停止交易）；相同月份的期货合约的最后交易日为合约月份的第三个星期三前数两个交易日（美国中部时间下午 2:00 停止交易）。所以，在最后交易日执行期权，期权多头至少有一周时间处理期货头寸，除非他们愿意持有标的物。

（七）行权

行权（Exercise）也称为履约。通常情况下，期权合约中要载明买方履约或行权的时间和其他相关内容。

芝加哥商业交易所集团大豆期货期权合约规定，在期权合约到期前任何时间，期权买方都有权执行，将期权头寸转为期货头寸，但必须在芝加哥时间下午 6:00 前通知结算所，期权到期后，实值期权将被自动执行。所以，持有实值期权的买方不需要担心期权过期作废。

（八）合约到期时间

合约到期时间（Expiration），是指期权买方能够行使权利的最后时间，过了规定时间，没有被执行的期权合约停止行权（该条款也可与 Exercise 并为一项，对行权事项进行相关规定）。期权到期时间可以和合约最后交易时间相同，也可以不同。如港交所上市的股票期权，行权方式（美式）为：期权买方在任何营业日（包括最后交易日）的下午 6:45 分之前随时行权，合约的最后交易时间为最后交易日的下午 4:00。CME 集团上市的大豆、小麦、玉米、标准普尔 500、利率互换等期货期权合约均列出了合约到期时间条款，规定的合约终止执行时间为最后交易日下午 7:00，合约的交易截止时间为下午 1:15、3:15 等。可见，对于合约到期在最后交易日交易时间之后的期权，当期权在交易所停止交易后，期权的买方仍有机会执行期权。

（九）期权类型

期权类型（Option Style）。通常情况下，期权类型即期权是美式还是欧式，需在合约中载明，或通过执行条款，按照期权规定的买方行权时间区分期权类型。

除以上所列出的主要条款外，期权合约会列出交易时间、每日价格限制等条款。

四、期权交易

期权交易的头寸建立即开仓与期货交易相似，但所取得的头寸类型以及头寸处理或了结方式与期货所有不同。

（一）头寸建立

期权头寸的建立即开仓，包括买入开仓和卖出开仓。

（1）买入开仓。买入开仓者称为期权合约的多头，包括买入看涨期权和买入看跌期权。

（2）卖出开仓。卖出开仓者被称为期权合约的空头，包括卖出看涨期权和卖出看跌期权。

（二）头寸了结

期权多头和空头了结头寸的方式不同。

1．期权多头头寸的了结方式

（1）对冲平仓。期权买方可选择对冲平仓的方式了结其期权头寸，即卖出相同期限、相同合约月份且执行价格相同的看涨期权或看跌期权，多头将其期权头寸了结后，权利也随之消失。

（2）行权了结。期权买方也可选择行权的方式了结其期权头寸。看涨期权买方行权，按执行价格买入标的期货合约，从而成为期货多头；看跌期权买方行权，按执行价格卖出标的期货合约，从而成为期货空头。

（3）持有合约至到期。期权买方还可以选择持有期权合约至到期，如果此时期权为实值期权，交易所将自动执行期权。期权被执行后，看涨期权多头持有期货合约，成为期货多头，看跌期权多头卖出期货合约，成为期货空头；如果到期时期权为虚值期权，期权作废。

2．期权空头头寸的了结方式

（1）对冲平仓。期权卖方可选择对冲平仓的方式了结其期权头寸，即买入相同期限、相同合约月份且执行价格相同的看涨期权或看跌期权，了结其期权头寸。期权头寸了结后，履约义务也随之消失。

（2）接受买方行权。当期权买方要求行权时，卖方必须履约。看涨期权卖方履约时，按照执行价格将标的期货合约卖给对手，成为期货空头；看跌期权卖方履约时，按照执行价格从对手手中买入标的期货合约，成为期货多头。

（3）持有合约至到期。在期权到期时，如果此时期权为实值期权，交易所将自动执行期权。期权被执行后，看涨期权卖方卖出期货合约，成为期货空头；看跌期权卖方买入期货合约，成为期货多头。如果到期时期权为虚值期权，期权不会被执行，期权作废，卖方的责任自动免除。

第三节 期权价格及其影响因素

一、期权价格的相关概念

（一）期权价格

1. 期权价格的概念

期权价格也称为期权费、权利金，是期权买方为取得期权合约所赋予的权利而支付给卖方的费用。

2. 期权价格的取值范围

（1）期权价格不可能为负。由于买方付出权利金后便取得了未来买入或卖出标的物的权利，除权利金外不会有任何损失或潜在风险，所以期权的价值不会小于0。

（2）看涨期权的权利金不应该高于标的物的市场价格。如果交易者预期标的物市场价格将上涨，但又担心购买标的物后价格会大幅下跌，当标的物的市场价格跌至0时，其最大损失为标的物市场价格，通常情况下损失会小于标的物的市场价格。如果投资者既希望获得标的物市场价格上涨带来的收益，又希望价格下跌时风险可控，便可通过购买看涨期权的方式持有标的物。价格上涨时，投资者按照约定的执行价格取得标的物，成本为执行价格与权利金之和；而价格下跌时，投资者放弃行权最大的损失为权利金。如果权利金高于标的物的市场价格，投资者的损失将超过直接购买标的物的损失，这便失去了期权投资的意义。投资者便不如直接从市场上购买标的物，损失更小而成本更低。所以，权利金不应该高于标的物的市场价格，即通过期权方式取得标的物存在的潜在损失不应该高于直接从市场上购买标的物所产生的最大损失。

3. 期权价格的构成

期权的价格由内涵价值和时间价值组成。

（二）内涵价值

1. 内涵价值的含义及计算

期权的内涵价值（Intrinsic Value）是指在不考虑交易费用和期权费的情况下，买方立即执行期权合约可获取的行权收益。

内涵价值由期权合约的执行价格与标的物的市场价格的关系决定：

看涨期权的内涵价值＝标的物的市场价格－执行价格

看跌期权的内涵价值＝执行价格－标的物的市场价格

如果计算结果小于0，则内涵价值等于0。所以，期权的内涵价值总是大于等于0。

2. 实值期权、虚值期权和平值期权

按照期权执行价格与标的物市场价格的关系的不同，可将期权分实值期权、虚值期权和平值期权。

（1）实值期权（In-the-Money Option），也称期权处于实值状态，它是指执行价格低于标的物市场价格的看涨期权和执行价格高于标的物市场价格的看跌期权。在不考虑交易费用和期权权利金的情况下，买方立即履行期权合约能够获得行权收益。所以，实值期权具有内涵价值，其内涵价值大于 0。

当看涨期权的执行价格远远低于标的物的市场价格，看跌期权的执行价格远远高于标的物的市场价格时，该期权称为深度或极度实值期权。

（2）虚值期权（Out-of-the-Money Option），也称期权处于虚值状态。它是指执行价格高于标的物市场价格的看涨期权和执行价格低于标的物市场价格的看跌期权。在不考虑交易费用和期权权利金的情况下，买方立即履行期权合约将产生亏损。所以，虚值期权不具有内涵价值，其内涵价值等于 0。

当看涨期权的执行价格远远高于标的物的市场价格，看跌期权的执行价格远远低于标的物市场价格时，被称为深度或极度虚值期权。

（3）平值期权（At-the-Money Option），也称期权处于平值状态，是指执行价格等于标的物市场价格的期权。在不考虑交易费用和期权权利金的情况下，买方立即履行期权合约收益为 0。平值期权也不具有内涵价值，其内涵价值等于 0。

如果某个看涨期权处于实值状态，执行价格和标的物相同的看跌期权一定处于虚值状态；反之，亦然。

例如，12 月份到期，执行价格为 450 美分/蒲式耳的玉米期货看跌期权，当标的玉米期货价格为 400 美分/蒲式耳时，由于执行价格高于标的物市场价格，该期权为实值期权。而 12 月到期，执行价格为 450 美分/蒲式耳的玉米期货看涨期权为虚值期权。

对于实值期权，在不考虑交易费用和期权费的情况下，买方的行权收益大于 0，所以实值期权的内涵价值大于 0；对于虚值期权和平值期权，由于买方立即执行期权不能获得行权收益，或行权收益小于等于 0，所以虚值和平值期权不具有内涵价值，其内涵价值等于 0。

【例 7-1】　执行价格为 450 美分/蒲式耳的玉米看涨和看跌期权，当标的玉米期货价格为 400 美分/蒲式耳时，看涨期权和看跌期权的内涵价值各为多少？

（1）看涨期权的内涵价值，由于执行价格高于标的物市场价格，所以看涨期权为虚值期权，内涵价值＝0。

（2）看跌期权的内涵价值：450－400＝50（美分/蒲式耳）

（三）时间价值

1. 时间价值的含义

期权的时间价值（Time Value）又称外涵价值，是指权利金扣除内涵价值的剩余部分，它是期权有效期内标的物市场价格波动为期权持有者带来收益的可能性所隐含的价值。显然，标的物市场价格的波动率越高，期权的时间价值就越大。

2. 时间价值的计算

时间价值的计算公式为

$$时间价值＝权利金－内涵价值$$

【例 7-2】　CME 集团的玉米期货看跌期权，执行价格为 450 美分/蒲式耳、权利金为 22.375 美分/蒲式耳，执行价格相同的玉米期货看涨期权的权利金为 42.875 美分/蒲式耳。当标的玉米期货合约的价格为 478.5 美分/蒲式耳时，以上看涨期权和看跌期权的时间价值分别为多少？

（1）看跌期权：由于执行价格低于标的物市场价格，为虚值期权，内涵价值＝0，时间价值＝权利金＝22.375 美分/蒲式耳。

（2）看涨期权：

内涵价值＝478.5－450＝28.5（美分/蒲式耳）

时间价值＝42.875－28.5＝14.375（美分/蒲式耳）

3. 不同期权的时间价值

（1）平值期权和虚值期权的时间价值总是大于等于 0。由于平值和虚值期权的内涵价值等于 0，而期权的价值不能为负，所以平值期权和虚值期权的时间价值总是大于等于 0。

（2）美式期权的时间价值总是大于等于 0。对于实值美式期权，由于美式期权在有效期的正常交易时间内可以随时行权，如果期权的权利金低于其内涵价值，在不考虑交易费用的情况下，买方立即行权便可获利。因此，在不考虑交易费用的情况下，权利金与内涵价值的差总是大于 0，或者说，处于实值状态的美式期权的时间价值总是大于等于 0。

由于平值期权和虚值期权的时间价值也大于 0，所以，美式期权的时间价值均大于等于 0。

（3）实值欧式期权的时间价值可能小于 0。欧式期权由于只能在期权到期时行权，所以在有效期的正常交易时间内，当期权的权利金低于内涵价值时，即处于实值状态的欧式期权具有负的时间价值时，买方并不能够立即行权。因此，处于实值状态的欧式期权的时间价值可能小于 0，特别是处于深度实值状态的欧式看涨期权和看跌期权，由于标的物的市场价格与执行价格的差距过大，标的物市场价格的进一步上涨或下跌的难度较大，时间价值小于 0 的可能性更大。

二、影响期权价格的因素

影响权利金的基本因素包括标的物市场价格、执行价格、标的物市场价格波动率、距到期时剩余时间、无风险利率等。

（一）标的物的市场价格与执行价格

期权的执行价格与标的物的市场价格是影响期权价格的重要因素。两种价格的相对差额不仅决定着内涵价值，而且影响着时间价值。

1. 执行价格与市场价格的相对差额决定了内涵价值的有无及其大小

就看涨期权而言，市场价格较执行价格高时，期权具有内涵价值，高出越多，内涵价值越大；当市场价格等于或低于执行价格时，内涵价值为 0。就看跌期权而言，市场价格较执行价格低时，期权具有内涵价值，低得越多，内涵价值越大；当市场价格等于或高于执行价格时，内涵价值为 0。

在标的物市场价格一定且高于执行价格时，执行价格的大小决定着期权内涵价值的高低。对看涨期权来说，若执行价格提高，则期权的内涵价值减少；若执行价格降低，则内涵价值增加。对看跌期权来说，若执行价格提高，则期权的内涵价值增加；若执行价格降低，则期权的内涵价值减少。即当期权处于实值状态，执行价格与看涨期权的内涵价值呈负相关关系，与看跌期权的内涵价值呈正相关关系。同样，在执行价格一定且低于标的物市场价格时，标的物市场价格的上涨或下跌决定着期权内涵价值的大小，对于实值期权，标的物市场价格与看涨期权的内涵价值呈正相关关系，与看跌期权的内涵价值呈负相关关系。

由于虚值和平值期权的内涵价值为 0，所以，当期权处于虚值或平值状态时，标的物市场价格的上涨或下跌及执行价格的高低不会使内涵价值发生变化。

此外，期权的价格虽然由内涵价值和时间价值组成，但由期权定价理论可以推得，内涵价值对期权价格高低起决定作用，期权的内涵价值越高，期权的价格也越高。

2. 执行价格与标的物市场价格的相对差额也决定着时间价值的有无和大小

一般来说，执行价格与标的物市场价格的相对差额越大，则时间价值就越小；反之，相对差额越小，则时间价值就越大。

当期权处于深度实值或深度虚值状态时，其时间价值将趋于 0，特别是，处于深度实值状态的欧式看涨和看跌期权，时间价值还可能小于 0；而当期权正好处于平值状态时，其时间价值却达到最大。因为时间价值是人们因预期市场价格的变动能使虚值期权变为实值期权，或使有内涵价值的期权变为内涵价值更大期权而付出的代价。所以，当期权处于深度实值状态时，市场价格变动使它继续增加内涵价值的可能性已极小，而使它减少内涵价值的可能性则极大，因而人们都不愿意为买入该期权并持有它而支付时间价值，或付出比当时的内涵价值更高的权利金；当期权处于深度虚值状态时，人们会认为变为实值期权的可能性十分渺茫，因而也不愿意为买入这种期权而支付时间价值或支付权利金。

在执行价格与市场价格相等或相近时，即在期权处于或接近于平值期权时，市场价格的变动才最有可能使期权增加内涵价值，人们也才最愿意为买入这种期权而付出代价，所以此时的时间价值应为最大，任何执行价格与标的物市场价格的偏离都将减少这一价值。

无论是美式还是欧式期权，当标的物市场价格与执行价格相等或接近，即期权处于或接近平值状态时，时间价值最大；当期权处于深度实值和深度虚值状态时，时间价值最小。

（二）标的物市场价格波动率

标的物市场价格波动率是指标的物市场价格的波动程度，它是期权定价模型中的重要变量。

在其他因素不变的条件下，标的物市场价格波动率越高，标的物上涨很高或下跌很深的机会会随之增加，标的物市场价格涨至损益平衡点之上或跌至损益平衡点之下的可能性和幅度也就越大，买方获取较高收益的可能性也会增加，而损失却不会随之增加，但期权卖方的市场风险却会随之大幅增加。所以，标的物市场价格的波动率越高，期权的价格也应该越高。

（三）期权合约的有效期

期权合约的有效期是指距期权合约到期日剩余的时间。在其他因素不变的情况下，期权有效期越长，美式期权的价值越高。这是因为对于美式期权来说，有效期长的期权不仅包含了有效期短的期权的所有的执行机会，而且有效期越长，标的物市场价格向买方所期望的方向变动的可能性就越大，买方行使期权的机会也就越多，获利的机会也越多。所以，在其他条件相同的情况下，距最后交易日长的美式期权价值不应该低于距最后交易日短的期权的价值。

随着有效期的增加，欧式期权的价值并不必然增加。这是因为对于欧式期权来说，有效期长的期权并不包含有效期短的期权的所有执行机会。即便在有效期内标的物市场价格向买方所期望的方向变动，但由于不能行权，在到期时也存在再向不利方向变化的可能，所以随着期权有效期的增加，欧式期权的时间价值和权利金并不必然增加，即剩余期限长的欧式期权的时间价值和权利金可能低于剩余期限短的欧式期权的时间价值和权利金。

由于美式期权的行权机会多于相同标的和剩余期限的欧式期权，所以，在其他条件相同的情况下，剩余期限相同的美式期权的价值不应该低于欧式期权的价值。

（四）无风险利率

无风险利率的高低会影响期权的时间价值，也可能会影响期权的内涵价值。

当利率提高时，期权买方收到的未来现金流的现值将减少，从而使期权的时间价值降低；反之，当利率下降时，期权的时间价值会增加。但是，利率水平对期权时间价值的整体影响是十分有限的。

此外，利率的提高或降低会影响标的物的市场价格，如果提高利率使标的物市场价格降低，如在经济过热时期，政府提高利率以抑制经济的过热增长，将导致股票价格下跌，股票看涨期权的内涵价值降低，股票看跌期权的内涵价值提高，此种情况下，看涨期权的价值有可能降低，而看跌期权的价值可能会提高。但是，如果在经济正常增长时期，当利率增加时，股票的预期增长率也倾向于增加，此种情况下得出的结论与前述结论可能相反。

所以，无风险利率对期权价格的影响，要视当时的经济环境以及利率变化对标的物的市场价格影响的方向，考虑对期权内涵价值的影响方向及程度，然后综合对时间价值的影响，得出最终的影响结果。

第四节　期权交易策略

期权交易的基本策略有买进看涨期权、卖出看涨期权、买进看跌期权、卖出看跌期权，其他所有的交易策略都因此而派生。下面对基本策略进行介绍。

一、买进看涨期权

（一）买进看涨期权盈亏状况

看涨期权的买方在支付一笔权利金后，便享有了按约定的执行价格买入相关标的物的权利，但不负有必须买进的义务，从而锁定了标的物市场价格下跌可能存在的潜在损失。

假设：买进执行价格为 X 的看涨期权，在支付权利金 C 后，便享有买入或不买入相关标的资产的权利。如果市场价格 S 上涨，则看涨期权买方既可通过平仓又可通过执行期权获利；当市场价格的上涨刚好等于支付的权利金时，达到盈亏平衡；若市场价格跌至执行价格或以下，期权买方可以放弃期权，其最大损失仅限于权利金。由此可见，买进看涨期权有以下几种盈亏状况：

（1）$S>X+C$：盈利＝市场价格－执行价格－权利金；

（2）$S=X+C$：盈亏平衡价格＝执行价格＋权利金；

（3）$X<S<X+C$：亏损＝市场价格－执行价格－权利金；

（4）$S\leq X$：最大亏损＝权利金。

根据以上分析，可以画出买入看涨期权盈亏结构图，如图 7-1 所示。从图 7-1 可见，标的物市场价格越高，对看涨期权的买方越有利。

（二）买进看涨期权的应用

买进看涨期权适用的市场环境：标的物市场处于牛市，或预期后市看涨，或认为市场已经见底。在上述市场环境下，标的物市场价格大幅波动或预期波动率提高对看涨期权买方更为有利。这是因为在其他因素不变的条件下，标的物价格的大幅波动或预期波动率提高，使

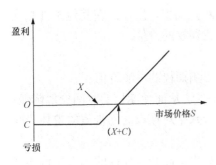

图 7-1　买进看涨期权盈亏状态

得标的物市场价格上涨很多的机会增加，买方行权及获取较高收益的可能性也会增加，而损失却不会随之增加。

买进看涨期权的目的包括以下几个方面。

（1）为获取价差收益而买进看涨期权。看涨期权的买方之所以买入看涨期权，是因为通过对相关标的物市场价格变动的分析，认为标的物市场价格大幅度上涨的可能性很大，所以买入看涨期权。一旦标的物市场价格上涨，则期权价格也会上涨，他可以在市场上以更高的价格卖出该期权合约而获利。如果标的物市场价格向不利方向变化，买方的最大损失为权利金。

（2）为博取杠杆收益而买进看涨期权。期权可以为投资者提供更大的杠杆效应，特别是到期日较短的虚值期权，权利金往往很低。所以，与期货保证金相比，用较少的权利金就可以控制同样数量的合约。

（3）为限制交易风险或保护空头而买进看涨期权。当标的物市场价格涨到高位时，投资者卖出标的物，则面临标的物市场价格继续上升带来的风险。如果投资者在卖出标的物的同时买进看涨期权，则面临的风险会大大降低。当标的物市场价格继续上涨时，看涨期权的价格也会上涨，可在一定程度上弥补投资者卖出标的物的损失。如果标的物市场价格下跌，则看涨期权的最大损失是权利金，而标的物空头会带来较高盈利。

另外，对于已生产出产品的厂商来说，他设想将产品储存到价格可能上升时再出售以获取更高的利润，同时又担心万一价格不升反跌，这时就可以通过买入看涨期权卖出实物产品的办法来立即获得货款，加快资金周转，还避免了因储存产品而产生的市场风险，如果卖出实物产品后其价格上涨，可以行使期权，以较低的执行价格买进标的期货合约，期货合约价格的上涨可以提高实物产品售价。如果实物产品和标的期货价格下跌，可放弃行权，最大损失是权利金。考虑了权利金损失的产品售价仍有可能高于当时企业产品的市场价格。

（4）锁定现货市场风险。未来需购入现货的企业利用买入看涨期权进行保值、锁定成本。看涨期权的买方便取得了以既定的执行价格买进标的物的权利，这样可以为将来买入的实物商品限定一个最高买入价格，以防止价格上升而造成损失，达到商品保值的目的。买入看涨期权还可以使期权持有者在价格下跌时，仍持有以较低价格买进商品从中获利的权利。

【例 7-3】某交易者以 4.53 港元的权利金买进执行价格为 60.00 港元的某股票美式看涨期权 10 张（1 张期权合约的合约规模为 100 股股票），该股票当前的市场价格为 63.95 港元。

问题：

（1）计算该交易者的盈亏平衡点；

（2）当股票的市场价格上涨至 70 港元时，期权的权利金为 10.50 港元，分析该交易者的损益状况，并说明该交易者如何了结期权对其最为有利（不考虑交易费用）。

【解】

（1）盈亏平衡点计算：

盈亏平衡点＝60.00＋4.53＝64.53（港元）

（2）当股票的市场价格为 70 港元时，期权的权利金为 10.50 港元。

A 方案：由于标的物的市场价格高于看涨期权的执行价格，所以该交易者可以行使期权：

行权收益＝（标的股票的市场价格－盈亏平衡价格）×手数×合约单位

$$＝5.47×10×100$$

$$＝5\,470（港元）$$

B方案：该交易者也可以选择对冲平仓的方式了结期权：

平仓收益＝（期权卖出价－期权买入价）×手数×合约单位

$$＝（10.50－4.53）×10×100$$

$$＝5\,770（港元）$$

由于平仓收益大于行权收益，所以该交易者应该选择对冲平仓的方式了结期权，其收益为5 770港元。

二、卖出看涨期权

（一）卖出看涨期权盈亏状况

看涨期权卖方损益与买方正好相反，买方的盈利即为卖方的亏损，买方的亏损即为卖方的盈利，看涨期权卖方能够获得的最高收益为卖出期权收取的权利金。

假设：以执行价格 X 卖出看涨期权，可以得到权利金 C 的收入。卖出看涨期权的目的是赚取权利金，其最大收益也仅仅是权利金，当到期时标的物市场价格 S 低于执行价格 X 时，买方不履行合约，卖方将稳赚权利金；当标的物市场价格在执行价格与平衡点之间时，因买方可能履约，故卖方只能赚取部分权利金；当市场价格上涨至平衡点以上时，卖方面临的风险则是无限的。由此可见，卖出看涨期权有以下几种盈亏状况。

（1） $S \leqslant X$：最大盈利＝权利金；

（2） $X < S < X+C$：盈利＝执行价格＋权利金－市场价格；

（3） $S = X+C$：盈亏平衡价位＝执行价格＋权利金；

（4） $S > X+C$：亏损＝执行价格＋权利金－市场价格。

根据以上分析，可以画出卖出看涨期权盈亏结构图，如图7-2所示。

从图7-2中可见，标的物市场价格越高，对看涨期权的卖方越不利，标的物市场价格跌至执行价格以下时，卖方盈利最大，为权利金。

（二）卖出看涨期权的应用

卖出看涨期权适用的市场环境：标的物市场处于熊市，或预测后市下跌，或认为市场已经见顶。

卖出看涨期权的目的包括以下几个方面。

（1）为取得价差收益或权利金收益而卖出看涨期权。看涨期权的卖方通过对期权合约标的物市场价格变动的分析，认定标的物市场价格会下跌，或

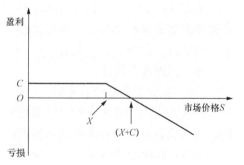

图7-2 卖出看涨期权盈亏结构图

即使上涨，涨幅也很小，所以卖出看涨期权，收取一定数额的权利金。当标的物市场价格下跌时，看涨期权的市场价格也随之下跌，看涨期权卖方可以以低于卖出价的价格将期权买入对冲平仓，获得价差收益。如果坚信价格不会上升，卖方可以一直持有期权直到到期，期权不被执行，卖方可获得全部权利金收入。卖出看涨期权选择不同的有效期、执行价格，选择适当的入市时机，则获利丰厚。从国外实际的交易情况看，卖出看涨期权的收益率并不低，甚至高于买方。对于资金有限的投资者则应避免卖出无保护性看涨期权。

（2）为增加标的物多头的利润而卖出看涨期权。对于现货或期货多头者，当价格上涨已经获取到一定收益后，如果担心价格下跌，可采取卖出看涨期权策略。当价格继续上涨时，买入期权者行权，看涨期权卖出者可将手中的现货或期货合约以执行价格卖给对手，卖出标的物的价格比执行价格多出了一个权利金卖价；如果价格下跌，卖出者获得权利金，可弥补价格下跌造成的部分损失。此策略可视为一个标的物多头和一个看涨期权空头的组合，被称为出售一个有担保的看涨期权策略。

【例 7-4】 某交易者以 0.010 6（汇率）的价格出售 10 张在芝加哥商业交易所集团上市的执行价格为 1.590 的 GBD/USD 美式看涨期货期权（1 张 GBD/USD 期货期权合约的合约规模为 1 手 GBD/USD 期货合约，即 62 500 英镑）。

问题：

（1）计算该交易者的盈亏平衡点；

（2）当 GBD/USD 期货合约的价格为 1.561 6 时，该看涨期权的市场价格为 0.000 6，试分析该交易者的盈亏状况（不计交易费用）。

【解】

（1）盈亏平衡点计算：

$$盈亏平衡点＝1.590＋0.010\ 6＝1.600\ 6$$

（2）当 GBD/USD 期货合约的价格为 1.561 6 时，看涨期权的市场价格为 0.000 6。

A 方案：市场价格低于执行价格，买方不会行使期权。该交易者可选择对冲平仓的方式了结期权：

$$
\begin{aligned}
平仓收益 &＝（卖价－买价）\times 手数\times 合约单位 \\
&＝（0.010\ 6－0.000\ 6）\times 10\times 62\ 500 \\
&＝0.01\times 10\times 62\ 500 \\
&＝6\ 250（美元）
\end{aligned}
$$

B 方案：该交易者也可以选择持有合约至到期，如果买方一直没有行权机会，则该交易者可获得全部权利金收入，权利金收益为 6 625 美元（0.010 6×10×62 500），权利金收益高于平仓收益，但交易者可能会承担 GBD/USD 汇率上升的风险。

三、买进看跌期权

（一）买进看跌期权盈亏状况

看跌期权的买方在支付一笔权利金后，便可享有按约定的执行价格卖出相关标的物的权利，但不负有必须卖出义务，从而锁定了标的物市场价格下跌可能存在的潜在损失。

假设：以执行价格 X 支付一定权利金 P 获得看跌期权多头部位后，买方就锁定了自己的风险，而获利空间很大。因此，买进看跌期权是风险有限而获利潜力很大的策略，看跌期权的买方预测标的物价格将下跌，当下跌至平衡点以下时，将获利；而如果标的物价格与预测相反时，他的最大损失也仅限于权利金。由此可见，买进看跌期权有以下几种盈亏状况：

（1）$S＝0$：最大盈利＝执行价格－权利金；

（2）$0＜S＜X－P$：盈利＝执行价格－权利金－市场价格；

（3）$S＝X－P$：盈亏平衡价格＝执行价格－权利金；

（4）$X－P＜S＜X$：亏损＝执行价格－权利金－市场价格；

（5）$S\geqslant X$：最大亏损＝权利金。

根据以上分析，可以画出买进看跌期权盈亏结构图，如图 7-3 所示。从图 7-3 中可见，标的物市场价格越低，对看跌期权的买方越有利。

（二）买进看跌期权的应用

买进看涨期权适用的市场环境：标的物市场处于熊市，或预期后市看跌。在上述市场环境下，标的物市场价格大幅波动或预期波动率提高对看跌期权买方更为有利。这是因为，在其他因素不变的条件下，标的物价格的大幅波动或预期波动率提高，使得标的物市场价格下跌很多的机会增加，买方行权及获取较高收益的可能性也会增加，而损失却不会随之增加。

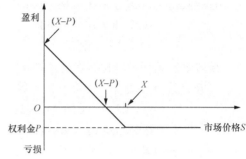

图 7-3　买进看跌期权盈亏状态

买进看跌期权的目的包括以下几个方面。

（1）为获取价差收益而买进看跌期权。看跌期权的买方通过对市场价格变动的分析，认为标的物市场价格有较大幅度下跌的可能性，所以，他支付一定数额的权利金买入看跌期权。如果标的物市场价格下跌，则看跌期权的权利金会上涨，一旦权利金上涨，则可平仓获利。如果标的物市场价格不跌反涨，买方将不执行权利，其最大损失是支付的权利金。如果标的物的市场价格无反转可能，则可卖出看跌期权将多头对冲平仓，以减少标的物持续上涨所造成的损失。

（2）为了博取杠杆收益而买进看跌期权。与买进看涨期权理由相同，如果预期标的物市场价格下跌的可能性极大，则可买进看跌期权，以较低的权利金成本获取比卖出期货合约更高的杠杆效应。

（3）为保护标的物多头而买进看跌期权。投资者已经买进了标的物，为防止价格下跌，可买进看跌期权，以抵消价格下跌的风险。如果价格下跌，虽然买进的标的物会有损失，但买进的看跌期权会有收益，这样对买进的标的物是一种保护，如果价格上涨，则期权的最大损失只是权利金，而买进的标的物则会继续受益。例如，买进某股票时价格为 50 元，当市场价格上升至 80 元时，投资者采用买进看跌期权的方式可以达到锁定账面利润的目的。如果股票市场价格继续上涨，尽管看跌期权有所损失，但股票将获得更多收益。如果股票价格下跌，股票有所损失，但期权将获得收益。

【例 7-5】　某交易者以 0.066 4（汇率）的价格购买 10 张在芝加哥商业交易所集团上市的执行价格为 1.590 的 GBD/USD 美式看跌期货期权（1 张 GBD/USD 期货期权合约的合约规模为 1 手 GBD/USD 期货合约，即 62 500 英镑）。

问题：

（1）计算该交易者的盈亏平衡点；

（2）当 GBD/USD 期货合约的价格为 1.561 6 时，该看跌期权的市场价格为 0.029，试分析该交易者的盈亏状况。

【解】

（1）盈亏平衡点计算：

$$盈亏平衡点＝1.590－0.010 6＝1.579 4$$

（2）当 GBD/USD 期货合约的价格为 1.561 6 时，提出以下方案。

A 方案：由于标的物市场价格低于看跌期权的执行价格，所以该交易者可以行使期权：

行权收益＝（盈亏平衡价格－标的物市场价格）×手数×合约单位

$$=0.017\ 8\times10\times62\ 500$$

$$=11\ 125（美元）$$

B 方案：该交易者也可选择对冲平仓的方式了结期权：

平仓收益＝（卖价－买价）×手数×合约单位

$$=（0.029-0.010\ 6）\times10\times62\ 500$$

$$=0.018\ 4\times62\ 500=11\ 500（美元）$$

由于平仓收益大于行权收益，所以该交易者应选择对冲平仓的方式了结期权，平仓收益为 11 500 美元。

四、卖出看跌期权

（一）卖出看跌期权盈亏状况

与看涨期权相似，看跌期权卖方损益与买方正好相反，买方的盈利即为卖方的亏损，买方的亏损即为卖方的盈利，看跌期权卖方能够获得的最高收益为卖出期权收取的权利金。

假设：以执行价格 X 卖出看跌期权，可以得到权利金 C 的收入。卖出看跌期权的目的是赚取权利金，其最大收益也仅仅是权利金，当到期时标的物市场价格 S 大于执行价格 X 时，买方不履行合约，卖方将稳赚权利金；当标的物市场价格在执行价格与平衡点之间时，因买方可能履约，故卖方只能赚取部分权利金；当市场价格下跌至平衡点以下时，卖方面临的风险则是无限的。由此可见，卖出看跌期权有以下几种盈亏状况：

（1）$S\geqslant X$：最大盈利＝权利金；

（2）$X-P<S<X$：盈利＝市场价格＋权利金－执行价格；

（3）$S=X-P$：盈亏平衡价位＝执行价格－权利金；

（4）$0<S<X-P$：亏损＝市场价格＋权利金－执行价格；

（5）$S=0$：最大亏损＝执行价格－权利金。

根据以上分析，可以画出卖出看跌期权盈亏结构图，如图 7-4 所示。

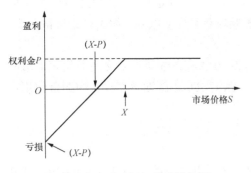

图 7-4　卖出看跌期权盈亏结构图

从图 7-4 中可见，标的物市场价格越高，对看跌期权的卖方越有利，标的物市场价格涨至执行价格以上时，卖方盈利最大，为权利金。

（二）卖出看跌期权的应用

卖出看跌期权适用的市场环境：标的物市场处于牛市，或预期后市看涨，或认为市场已经见底。

卖出看跌期权的目的包括以下几个方面。

（1）为获得价差收益或权利金收益而卖出看跌期权。看跌期权的卖方通过市场分析，认为相关标的物市场价格将会上涨，或者即使下跌，跌幅也很小，所以卖出看跌期权，并收取一定数额的权利金。待标的物市场价格上涨时，看跌期权的市场价格随之下跌，看跌期权卖方可以低于卖出价的价格将期权买入对冲平仓，获得价差收益。如果坚信价格不会下跌，卖方可以一直持有期权直到到期，期权不被执行，卖方可获得全部权利金收入。

（2）为对冲标的物空头而卖出看跌期权。如果投资者已经卖出标的物（如期货合约或现货），为低价买进标的物，可卖出看跌期权。如果标的物市场价格下跌，投资者可低价将标的物买进平仓获利；如果标的物市场价格上涨，则所获得的权利金可减少损失，等于提高了标的物的卖价。

【例 7-6】 某交易者以 86 点的价格出售 10 张在芝加哥商业交易所集团上市的执行价格为 1 290 点的 S&P500 美式看跌期货期权（1 张期货期权合约的合约规模为 1 手期货合约，合约乘数为 250 美元），当时标的期货合约的价格为 1 204 点。

问题：

（1）计算该交易者的盈亏平衡点；

（2）标的期货合约的价格为 1 222 点时，该看跌期权的市场价格为 68 点，试分析该交易者的盈亏状况。

【解】

（1）盈亏平衡点的计算：

$$盈亏平衡点＝1\ 290－86＝1\ 204$$

（2）标的期货合约的价格为 1 222 点时，由于标的期货合约的市场价格低于执行价格，所以买方可以行使期权，该交易者履约：

$$履约损益＝（标的物的市场价格－盈亏平衡价格）×手数×合约单位$$
$$＝（1\ 222－1\ 204）×10×250＝45\ 000（美元）$$

上述结果看出，虽然行权对买方有利，但由于标的物的市场价格高于盈亏平衡点，所以卖方仍有一定的收益。

如果卖方在买方行权前将期权合约对冲平仓，平仓收益为 45 000 美元 [（86－68）×10×250]，两种结果相同。

实际操作中，期权策略可以是以上简单策略的应用，也可以在以上简单策略的基础上构建出形式和目的多样的期权组合策略。

第八章　期货市场的风险管理

【本章要点】　本章阐述了期货市场风险的概念、风险分类与风险评估，对期货市场的风险控制与监管进行了介绍。

期货市场是为转移现货市场的风险而产生的，但自其产生的那一天起，期货市场本身就充满风险。这正如生命，自其诞生，就共生着细菌和病毒。如果生命中的抗体不对与其共生的细菌和病毒进行抑制，这些细菌和病毒就会吞噬生命本身。同样的道理，如果期货市场不对其面临的风险进行抑制，风险的爆发就可能毁掉期货市场。

第一节　期货市场的风险特征与类型

期货交易作为一种独特的交易方式，在其自身运行过程中蕴涵了很大的风险。与其他市场的风险相比，期货市场的风险是复杂的、多方面的，因此有必要对其进行深入细致的研究，从而寻求防范、管理期货市场风险的有效措施，以保证期货市场的正常运转，保证市场参与者的共同利益，保证期货市场功能的实现。

一、风险的含义

"风险"一词据说最早来自于远古时期出海打鱼的渔民，渔民们在长期的捕捞实践中，体会到"风"给他们带来危险，"风"即意味着"险"，因此有了"风险"一词。

现代意义上的"风险"一词，已经大大超越"遇到危险"的狭义含义，而是"遇到破坏或损失的机会或危险"，可以说，经过几百年的演绎，"风险"一词越来越被概念化，并随着人类活动的复杂性和深刻性而逐步深化，并被赋予了从哲学、经济学、社会学、统计学甚至文化艺术领域的更广泛、更深层次的含义，且与人类的决策和行为后果联系越来越紧密。风险一词也成为人们生活中出现频率很高的词汇。

目前，学术界对风险的内涵还没有统一的定义。由于对风险的理解和认识程度不同，或对风险的研究的角度不同，不同的学者对风险概念有着不同的解释。有人将风险描述为"事件未来可能结果发生的不确定性"，或将风险定义为"损失的不确定性"；还有人认为风险是指"可能发生损失的损害程度的大小"，更详细的描述则是"在一定条件下和一定时期内，由于各种结果发生的不确定性而导致行为主体遭受损失的大小以及这种损失发生可能性的大小"。

风险大致有两种定义：一种定义强调了风险表现为不确定性；而另一种定义则强调风险表现为损失的不确定性。若风险表现为不确定性，说明风险只能表现出损失，没有从风险中获利的可能性，属于狭义风险。而风险表现为损失的不确定性，说明风险产生的结果可能带来损失、获利或是无损失也无获利，属于广义风险，期货市场风险属于此类。风险和收益成正比，按照风险偏好程度不同，期货市场的保值者属于风险厌恶者，投机者则属于风险偏好者。

二、期货市场风险的特征

（一）风险存在的客观性

期货市场风险的存在具有客观性。这种客观性一方面体现了市场风险的共性，就是说，在任何市场中，都存在由不确定性因素而导致损失的可能性。另一方面，期货市场风险的客观性也来自期货交易内在机制的特殊性，期货交易的产生给套期保值者规避风险提供了有效手段，没有风险就不会有套期保值。与此同时，期货交易具有的杠杆效应、双向交易、对冲机制的特点，使其吸引了众多投机者的参与，从而蕴涵了很大的风险。

（二）风险因素的放大性

期货市场的风险与现货市场的风险相比具有放大性的特征，主要有以下 5 个方面的原因。

（1）相比现货价格，期货价格波动较大、更为频繁。

（2）期货交易具有"以小博大"的特征，投机性较强，交易者的过度投机心理容易诱发风险行为，增加风险产生的可能性。

（3）期货交易不同于一般的现货交易，期货交易是连续性的合约买卖活动，风险易于延伸，引发连锁反应。

（4）期货交易量大，风险集中，盈亏幅度大。

（5）期货交易具有远期性，未来不确定因素多，预测难度大。

（三）风险与机会的共生性

期货交易的风险并不仅仅意味着发生损失的可能性，也存在着获取高额利润的可能，即高收益与高风险并存。期货交易的这种风险与机会的共生性，是产生期货投机的动力。与此同时，期货交易的高风险性也给投机者带来压力，促使交易者提高自身素质，规范交易行为，把风险降到最小限度。

（四）风险评估的相对性

风险大小及损失多少，从本质上说体现了一种期待有利结果与可能产生的损失之间的制约作用，包含着实际收益与预期收益的背离。实际收益是一种客观存在，而预期收益的评估则根据不同的交易主体、不同的交易成本、不同的客观条件而有所不同。具有一定的主观性，因此，预期收益与实际收益发生偏离的风险具有一定的主观意识，具有相对性。

（五）风险损失的均等性

对于所有参与期货交易的双方来说，期货风险可能带来的损失都是客观存在的、均等的。在期货市场上，无论是套期保值者还是投机者，尽管他们面临的风险程度的大小是由交易者持有的头寸和经济实力的差异决定的，尽管他们面临的风险程度不同，但他们都同样面临遭受损失的风险。就套期保值者而言，虽然是在两个市场上同时进行交易，两个市场的盈亏可以大体相抵，但是仍然面临着基差不利变动可能带来的损失。对投机者而言，如果市场的变化与他的判断、预期相反，也会遭受损失。

（六）风险的可防范性

期货市场风险虽然存在不确定因素，但也不是不可预测的。期货市场风险的产生与发展存在着自身的运行规律，可以根据历史资料、统计数据对期货市场变化过程进行预先测定，掌握其征兆和可能产生的后果，并完善风险监管制度、采取有效措施，对期货市场风险进行防范，达到规避、分散、减弱风险的目的。

三、期货市场风险的类型

期货市场的风险具有多样性和复杂性，可以从不同角度对风险进行划分、归类。归纳起来，期货市场风险有4种划分方法。

（一）从风险是否可控的角度划分

期货市场风险可以分为不可控风险和可控风险。

1. 不可控风险

不可控风险是指风险的产生与形成不能由风险承担者所控制的风险。这类风险来自于期货市场之外，对期货市场的相关主体可能产生影响，主要包括以下两类。

（1）宏观环境变化的风险。这类风险是通过影响供求关系进而影响相关期货品种的价格而产生的。具体可分为不可抗力的自然因素变动的风险，以及由于政治因素、经济因素和社会因素等变化的风险，这些因素的变动，影响交易者对价格的合理预期，尤其是突发的或偶然事件的发生，会扰乱正常的供求规律，使期货市场产生剧烈震荡，带来很大风险，如异常恶劣的气候状况、突发性的自然灾害及一个国家政局的动荡等。

（2）政策性风险。管理当局根据期货市场发展的特定阶段通过制定、颁布、实施政策加强对期货市场的宏观管理。政策是否合理，在很大程度上取决于管理当局对期货市场的认识、经验与成熟程度，因此政策的实施、变动带有很大的主观性，如果政策不合理、政策变动过频或者政策发布缺乏透明度等，都可能在不同程度上对期货市场的相关主体直接或间接地产生影响，造成不可预期的损失，进而引发风险。

2. 可控风险

可控风险是指通过期货市场相关主体采取措施，可以控制或可以管理的风险。例如，期货交易所的管理风险和技术风险等。这些风险是可以通过市场主体采取一些措施进行防范、控制和管理。因此，与不可控风险相比，具有更积极的意义。期货市场的风险管理重点放在可控风险上。

当然，将风险分为可控和不可控两类，并不意味着利益主体面临不可控风险时可以将责任外推。各利益主体不仅应该管理住可控风险，也应该在不可控风险的防范和化解上有所作为。期货市场的实践证明，各利益主体面对不可控风险，通过完善风控制度并采取有效措施，达到防范或降低风险完全是有可能的。

（二）从风险产生的主体划分

期货市场涉及期货交易所、期货公司、期货交易客户和政府等主体，他们在期货市场中扮演着不同的角色。期货交易的风险具有复杂性和多样性，部分风险的产生与这些主体的行为是直接有关联的。

1. 交易者

期货交易者是期货市场最基本的主体。期货交易者有两类，一类是投机者，另一类是套期保值者。

投机者以其自有资金甘冒损失的风险进行期货交易，目的是获取利润，这一利润可称之为风险利润。期货交易的风险并不仅仅意味着发生损失的可能性，因为同时也存在着获取高额利润的可能，即高收益与高风险并存。期货交易的这种风险与机会的共生性，是产生期货投机的动力。

套期保值者是风险厌恶者，他们利用期货交易的目的是规避现货市场的价格风险。然而，这并不意味着他们在期货交易中没有风险。单从期货交易账户看，同样是可能出现大亏大赢的情况，所面临的风险与投机者并没有实质性的差别。其唯一的差别是这个输赢的背后有着现货市场的盈亏来对冲。更何况，套期保值仍然面临着基差不利变动可能带来的风险以及由于管理不善导致套期保值失败的风险。

2. 期货公司

期货公司是联系交易所与客户之间的桥梁，作为自负盈亏的经营单位，期货公司与所有经营单位一样面临着经营失败的风险，如由于经营不善而持续亏损。除此之外，期货公司在接受客户委托进行期货交易业务时，面临着 3 种风险：一是由于期货公司在利益驱使下，进行违法、违规活动，欺骗客户、损害客户利益遭致监管部门的处罚；二是由于管理不善、期货公司从业人员缺乏职业道德或操作失误等原因给自身或客户乃至整个市场带来风险；三是对客户的期货交易风险控制方面出现疏漏，客户穿仓导致期货公司的损失风险。

3. 期货交易所

期货交易所为期货交易提供交易场所、制定交易规则、设计期货合约、组织监督交易，承担着期货市场微观管理的职责。期货交易所在期货市场风险防范与管理中起着重要的作用。但是，如果发生期货交易所风险管理措施不严密、在风险管理中丧失公平和公正原则、有意偏袒交易一方甚至纵容交易者的操纵市场等现象，期货交易所不仅不能防范或化解风险，而且会加大市场风险。期货交易所的风险主要包括交易所的管理风险和技术风险。前者是指由于期货交易所的风险管理制度不健全或者执行风险管理制度不严、交易者违规操作等原因所造成的风险。后者则是指由于计算机交易系统或通信信息系统出现故障而带来的风险。

4. 政府及监管部门

期货市场是市场经济发展到一定阶段的产物，其运行遵循一定的内在规律。但是，作为市场体系的组成部分，期货市场不可能脱离现时经济发展状况而独立存在，需要政府及监管部门运用宏观管理手段，调节期货市场与其他市场以及与整个经济发展的关系，从而使期货市场能够协调、平稳地发展，发挥其应有的经济功能。政府的宏观管理手段包括制定政策、法规，规范有关主体的行为，设置管理机构对期货市场进行行业监管及采取经济措施调整期货市场的发展。如果政府宏观政策失误、宏观政策频繁变动或对期货市场监管不力、法制不健全等，均会对期货市场产生风险影响。

（三）从风险来源划分

从风险来源划分可分为市场风险、信用风险、流动性风险、操作风险与法律风险。

1. 市场风险

市场风险是因价格变化使持有的期货合约的价值发生变化的风险，是期货交易中最常见、需要重视的一种风险。导致期货交易的市场风险因素一般可分为自然环境因素、社会环境因素、政治法律因素、技术因素、心理因素等。期货市场风险又可分为利率风险、汇率风险、权益风险、商品风险等。

2. 信用风险

信用风险是指由于交易对手不履行履约责任而导致的风险。期货交易由交易所担保履约责任而几乎没有信用风险。现代期货交易的风险分组机制使信用风险的概率很小，但在重大风险事件发生时，或风险监控制度不完善时也会发生信用风险。

3. 流动性风险

流动性风险可分为两种：一种可称为流通量风险，另一种可称为资金量风险。

（1）流通量风险是指期货合约无法及时以合理价格建立或了结头寸的风险，这种风险在市况急剧走向某个极端时，或者因进行了某种特殊交易想处理资产但不能如愿以偿时容易产生。通常用市场的广度和深度来衡量期货市场的流动性。广度是指在既定价格水平下满足投资者交易需求的能力，如果买卖双方均能在既定价格水平下获得所需的交易量，那么市场就是有广度的；如果买卖双方在既定价格水平下均要受到成交量的限制，那么市场就是窄的。深度是指市场对大额交易需求的承接能力，如果追加数量很小的需求可以使价格大幅度上涨，那么，市场就缺乏深度；如果数量很大的追加需求对价格没有大的影响，那么市场就是有深度的。较高流动性的市场，稳定性也比较高，市场价格更加合理。

（2）资金量风险是指当投资者的资金无法满足保证金要求时，其持有的头寸面临强制平仓的风险。

4. 操作风险

操作风险是指因信息系统或内部控制方面的缺陷而导致意外损失的可能性。操作风险包括以下几个方面：①因负责风险管理的计算机系统出现差错，导致不能正确地把握市场风险，或因计算机的操作错误而破坏数据的风险；②储存交易数据的计算机因灾害或操作错误而引起损失的风险；③因工作责任不明确或工作程序不恰当，不能进行准确结算或发生作弊行为的风险；④交易操作人员指令处理错误所造成的风险，不完善的内部制度与处理步骤等。

5. 法律风险

法律风险是指在期货交易中，由于相关行为（如签订的合同、交易的对象、税收的处理等）与相应的法规发生冲突致使无法获得当初所期待的经济效果甚至蒙受有损失的风险。如有的机构不具有期货代理资格，投资者与其签订经纪代理合同就不受法律保护，投资者如果通过这些机构进行期货交易就有法律风险。

四、期货市场风险的成因

期货市场风险来自多个方面。从期货交易起源与期货交易特征分析，其风险成因主要有4个方面：价格波动、保证金交易的杠杆效应、交易者的非理性投机和市场机制的不健全。

（一）价格波动

期货价格是对未来现货价格的预期反映。现货价格自身因供求关系因素的影响而上下波动，成为期货价格频繁波动之源。再加上期货价格的远期性和预期性，融入了更多的未来的不确定因素，因而其波动性大于现货价格是极其正常的。频繁的价格波动性构成价格风险。

（二）杠杆效应

期货交易实行保证金制度，交易者只需支付期货合约一定比例的保证金即可进行交易，保证金比例通常为期货合约价值的10%左右，以此作为合约的履约担保。这种以小博大的高杠杆效应，既吸引了众多投机者的加入，也放大了本来就存在的价格波动风险。价格的小幅波动，就可能使交易大户损失大量保证金。市场状况恶化时，他们可能无力支付巨额亏损而发生违约。期货交易的杠杆效应是区别于其他投资工具的主要标志，也是期货市场高风险的主要原因。

（三）集中交易使风险具有延伸性

期货交易不同于分散的现货交易，期货交易采用集中交易方式，交易机制为连续双向竞拍，期货交易所按最新价格对交易者进行统一结算。这种交易机制具有的优点是：竞价的公平性；有利于流动性的增长；有利于风险控制。但不能不看到，集中交易及按最新价格统一结算也有不利的一面。例如，在交易中短时间内出现一个离奇的价格，但不久就回归正常，由于期货公司的风控人员通常按最新价控制客户的风险，短时间内的离奇价格导致客户的风险度迅速被改变。集中交易的另一弊端是由于交易量和持仓量大，价格稍有波动，从总体上看多空双方的盈亏幅度非常大。

（四）对抗性交易导致风险具有连续性

期货市场风险大于股票市场的另一个原因在于期货交易是双边交易，期货交易中有卖出持仓方，股市中除融券卖出者之外没有卖出持仓方。这一差别导致股市的风险集中表现在熊市上，在股市上涨时皆大欢喜，因为最不利的交易者至多是踏空，并没有导致实际损失。期货交易是对抗性交易，因此，不论期货市场处于牛市还是熊市，都会形成一方获利一方亏损的局面，不可能出现皆大欢喜的局面。因而对期货市场而言，交易风险具有全程性和连续性。

五、期货市场风险管理的原理

（一）风险管理的含义

风险管理（Risk Management）是指在一个有风险的环境里把风险减至最低的管理过程。

风险管理的基本流程可以归纳为风险的识别、风险的预测和度量、选择有效的手段处理或控制风险。

1. 风险的识别

风险识别是风险管理的首要环节。只有在全面了解各种风险的基础上，才能够预测风险可能造成的危害，从而选择处理风险的有效手段。

在实践中，企业可以采用风险列举法和流程图分析法帮助识别风险。在期货行业中，这些方法比较适合于期货公司和期货交易所应用。

（1）风险列举法指风险管理部门按照业务流程，列举出各个业务环节中存在的风险。

（2）流程图分析法指风险管理部门对整个业务过程进行全面分析，对其中各个环节逐项分析可能遭遇的风险，找出各种潜在的风险因素。

2. 风险的预测和度量

风险预测实际上就是估算、衡量风险，由风险管理人运用科学的方法，对其掌握的统计资料、风险信息及风险的性质进行系统分析和研究，进而确定各项风险的频度和强度，为选择适当的风险处理方法提供依据。风险的预测一般包括以下两个方面。

（1）预测风险的概率：通过资料积累和观察，发现造成损失的规律性。

（2）预测风险的强度：假设风险发生，导致的直接损失和间接损失。

在金融市场上，随着计算机技术及统计方法的提高和普及，利用统计技术对风险进行计量或预测越来越受到重视。期货交易所普遍采用相应的模型测算波动性风险，并以此设定保证金水平，金融机构根据自己的需要也开发了许多风险计量模型。30 国集团（G30）在研究衍生产品的基础上，于 1993 年发表了题为《衍生产品的实践和规则的报告》，提出了度量市场风险的 VAR（Value at Risk）方法，即风险价值法，该方法已成为目前金融界测量市场风险的主流方法。后由摩根（JP Morgan）推出的用于计算 VAR 的风险控制模型被众多金融机构广泛采用。

3. 风险控制

风险控制的最高境界是消除风险或规避风险，如对套期保值者而言，其目的就是期望通过期货交易规避企业无法消除的价格风险。但彻底杜绝风险是一种理想状态。利益主体在作出很大努力之后仍旧会面临风险是正常的，一方面是因为有些风险是利益主体无法控制的，另一原因是风险控制也有一个成本收益之间的平衡或选择难题。例如，期货交易所或期货公司长时间大幅提高保证金比例，自然可以消除客户的爆仓风险，从而彻底杜绝自身受到损失的可能，但此举同时不可避免地会造成负面影响，最终可能导致客户放弃交易，使期货交易所和期货公司面临另一种风险，即经营风险。又如，期货交易所推出创新业务，更好地服务市场，也具有一定的风险，如单纯从杜绝风险角度考虑，自然会对创新活动采取抵制态度，但这是以牺牲整个市场效率为代价的。另外，对期货投机者而言，参与期货交易的目的是获取风险收益，如果以杜绝风险为目的，那就没有必要去参与期货交易了。

风险控制包括两个内容，一是风控措施的选择，这是成本收益权衡的结果；二是制定切实可行的应急方案，最大限度地对所面临的风险做好充分的准备，当风险发生后，按照预设方案实施，将损失控制在最低限度。

（二）期货市场风险管理的特点

如前所述，期货市场中不同主体均面临期货价格波动所传导的风险，但各利益主体面临的风险又是不一样的。因此，对各利益主体而言，风险管理的内容、重点及风险管理的措施也不一样。

1. 期货交易者

对于期货交易者来说，面临着可控风险和不可控风险。可控风险中最主要的是对交易规则制度不熟悉所引发的，对机构投资者而言，还存在着内部管理不当引发的风险。另外，选择合法合规的期货公司也属于可控风险。

期货交易者面临的不可控风险中最直接的就是价格波动风险。投机交易的目的是获取风险报酬，对他们而言，不冒风险是不现实的。问题在于必须在风险与报酬之间取得平衡，不能只想着报酬而忽视风险。一些风险承受能力较强的投机者可能会选择比较激进的投机方法，而另一些风险承受能力较弱的投机者会选择风险较小的投机方法，如进行套利交易。

对套期保值者而言，存在着导致套期保值失败的风险或效果极差的风险，除了基差风险属于不可控风险外，其余的如头寸、资金、交割、不熟悉交易规则等原因都可归类于可控风险，如果强化风险管理，可以避免。

2. 期货公司和期货交易所

对于期货公司和期货交易所来说，所面临的主要是管理风险。管理风险表现在以下两个方面：

（1）对期货公司对客户的管理和期货交易所对会员的管理。尽管期货价格的波动是不可控风险，但只有当期货价格波动导致交易者的风险溢出之后（如爆仓）才构成期货公司的风险，同样，只有当期货公司的风险溢出之后才构成期货交易所的风险，因而对期货公司和期货交易所而言，严格风控制度，防范溢出风险成为风险管理中的重中之重。

（2）防止自身管理不严导致对正常交易秩序的破坏，以致自身成为引发期货行业的风险因素。例如，期货公司或期货交易所的机房出现严重问题，大面积影响客户交易等。

（三）期货市场监管的必要性

期货市场是高风险市场，高风险不仅来自期货价格的波动性上，期货行业内各利益主体可能存在的不规范运作将加剧风险的程度。

一般而言，期货市场中各利益主体对期货交易的市场风险性都会有所认知。问题在于期货交易涉及金额高，利益诱人。在不受制约的情况下，利益主体在成本收益的权衡过程中，很容易出现为追求收益而弱化风险管理的倾向，更为严重的是通过恶意违规违法来追求非法利益，从而引发更大的风险。

例如，在国内期货市场清理整顿之前，一些期货投机者为追求超额利润承担了远超自身能力的风险，一旦出现巨亏或爆仓之后，为减少损失，置诚信于不顾，利用当时法律法规的疏漏，想方设法将责任推给期货公司。还有，一些资金实力较大的投机者利用交易规则上的漏洞，铤而走险，联手操纵市场，因此引发风险事故。

对期货公司而言，尽管知道放松客户保证金管理和透支交易蕴涵着很大风险，但追求手续费收入的冲动无形中又抵消了严格风险管理的愿望。最为严重的是，有的期货公司不仅挪用客户资金，甚至席卷客户资金而逃，给市场造成极为恶劣的影响。

对期货交易所而言，在失去约束后，对整个行业造成的伤害或影响无疑会更大。国内期货业整顿之前，期货交易所多达数十家，一些期货交易所为了追求交易量，置"三公原则"于不顾，中途更改交易规则，严重的甚至主动与客户勾结，明显偏袒一方和侵害另一方的利益，以致多次出现较大的风险事故。

利益主体的不规范运作，不仅加大自身风险，且容易出现风险外溢，侵犯其他投资者或业内其他利益主体的正当权益，人为加剧了他们的风险。严重的风险事故甚至引发全行业的系统性风险，使投资者丧失信心，摧毁期货市场的生存基础。

因此，为了规范各利益主体的行为，保护各方的合法权益和社会公共利益，维护期货市场的正常秩序，需要政府依法行政，对期货行业实施全方位的监管。

政府对期货市场实行有效监管，对于降低期货市场的风险具有重要作用。例如，中国证监会针对以往国内期货公司经常出现的挪用客户保证金行为，设立了中国期货保证金监控中心，强化了保证金的监管。自中国期货保证金监控中心成立之后，期货公司挪用客户保证金的行为基本绝迹，期货投资者的资金安全得到了制度上的保障。

第二节　期货市场风险监管体系

市场经济是法治经济，期货市场就是法治市场。从某种意义上讲，我国期货市场的发展历史，也是我国期货市场法制体系从无到有，从少到多，不断完善的演进历程。作为商品经济发展到一定阶段的产物，期货市场是高级的市场组织形态。期货市场对于法治建设有着内在的动力和渴求，完善的立法、有效的执法及公正的司法，是期货市场有序运行的基础和前提。

一、期货市场法律法规与自律规则

期货交易机制复杂，交易风险大，因此健康发展的期货市场离不开法律法规的规范。可以说，期货市场的法律规范是社会主义市场经济法律体系的必要组成部分。规范和调整期货市场各主体间权利义务关系的法律规范体系构成了我国期货市场的法制框架。目前，我国期货法律法规体系主要由全国人民代表大会及其常务委员会通过的与期货市场有关的法律、国务院制定的行政法规、中国证监会及其他政府部门制定的部门规章与规范性文件、最高人民法院和最高人民检察院的有关司法解释、中国期货业协会和期货交易所制定的有关自律规则等构成。

（一）相关法律法规

规范和调整期货市场各主体间权利义务关系的法律规范体系构成了我国期货市场的法制框架。从法律规范的效力层次来看，目前，由国家最高立法机关——全国人民代表大会常务委员会制定的，专门系统地规范和调整期货市场各主体间权利义务的期货法还没有。《中华人民共和国民法通则》《中华人民共和国公司法》《中华人民共和国合同法》《中华人民共和国刑法》（以下简称《刑法》）《中华人民共和国行政处罚法》《中华人民共和国行政许可法》《中华人民共和国行政复议法》《中华人民共和国仲裁法》等法律的相关内容从不同的角度对期货市场具有规范和调整作用。如，《刑法》明确规定刑事责任是国家刑事法律规定的犯罪行为所应承担的法律后果。期货活动中的当事人如果有《期货交易管理条例》规定的违法行为，且其行为符合《刑法》所规定的犯罪构成要件，就要依据《刑法》有关条款追究相应的刑事责任。

（二）相关行政法规和部门规章

与期货市场相关的行政法规和部门规章如表 8-1 所示。

表 8-1　　　　　　　　　　期货市场相关行政法规和部门规章

名　称	实 施 时 间	发 布 单 位
《期货交易管理条例》	2007 年 4 月 15 日	国务院
《期货交易管理办法》	2007 年 4 月 15 日	中国证监会
《期货公司管理办法》	2007 年 4 月 15 日	中国证监会
《国有企业境外期货套期保值业务管理办法》	2001 年 5 月 24 日	中国证监会
《期货从业人员资格管理办法》	2002 年 1 月 23 日	中国证监会
《期货经济公司高级管理人员任职资格管理办法》	2002 年 2 月 5 日	中国证监会
《关于规范期货保证金存取业务有关问题的通知》	2006 年 1 月	中国证监会
《关于推广期货保证金安全存管工作的通知》	2006 年 6 月	中国证监会
《期货公司董事、监事和高级管理人员任职资格管理办法》	2007 年 7 月 4 日	中国证监会
《期货从业人员管理办法》	2007 年 7 月 4 日	中国证监会
《期货投资者保障金管理暂行办法》	2007 年 8 月 1 日	中国证监会
《期货公司风险监管指标管理试行办法》	2007 年 4 月 18 日	中国证监会
《期货公司金融期货结算业务试行办法》	2007 年 4 月 19 日	中国证监会
《证券公司为期货公司提供中间介绍业务试行办法》	2007 年 4 月 20 日	中国证监会
《期货交易所、期货经营机构信息技术管理规范（试行）》	2001 年 1 月 1 日	中国证监会
《最高人民法院关于审理期货纠纷案件若干问题的规定》	2003 年 7 月 1 日	中国证监会
《期货公司期货投资咨询业务试行办法》	2011 年 3 月 23 日	中国证监会
《期货营业部管理规定（试行）》	2011 年 11 月 3 日	中国证监会
《期货市场客户开户管理规定》	2009 年 8 月 27 日	中国证监会

针对中国期货市场盲目发展、缺乏有效监管且立法滞后的局面，20 世纪 90 年代中后期

国家对期货市场进行严厉地清理整顿，在形成集中统一监管体制的基础上，于1999年制定出台《期货交易管理暂行条例》，中国证监会也相应地发布了《期货交易所管理办法》《期货公司管理办法》等配套法规文件。虽然这些法规文件管制色彩较浓，但对于加强期货市场监管、强化市场风险管理、巩固期货市场清理整顿成果等提供了有力的法律保障，为期货市场规范发展作出了重要贡献，并为后来期货市场健康发展奠定了重要基础。

稳步发展期货市场是我国的战略决策，服务和服从于国民经济建设是期货市场稳步发展的出发点和落脚点。期货市场法治建设必须以此为努力目标，要为实现这一重大决策提供更为良好的法律保障。近年来，我国期货市场法治建设取得明显的成就，逐渐摸索出了一条适应期货市场发展需要、符合期货市场规律要求、有中国特色的期货市场法治建设道路，为期货市场健康稳定发展发挥了非常重要的作用。2007年4月15日，国务院颁布实施《期货交易管理条例》。历史和实践证明，依法治市是期货市场稳步发展的必由之路。

《期货交易管理条例》对《期货交易管理暂行条例》作了重要修改。一是扩大了适用范围，将金融期货、期权交易纳入调整范围，为推出金融期货提供了法律基础，并明确商品期货和金融期货市场由中国证监会集中统一监管。二是对交易结算制度进行了创新，规定期货交易所可以采用分级结算制度。三是适当扩大了期货公司的业务范围，在原有经纪业务的基础上增加了境外期货经纪和期货投资咨询业务。四是强化对期货公司监管的基础制度建设，要求实行以净资本为核心的风险监管指标管理办法，实施保证金安全存管监控制度，建立期货投资者保障基金。五是强化证监会期货监管职能，丰富了监管措施和手段。例如，对涉嫌违法违规或者不符合持续性经营条件的期货公司高级管理人员进行谈话、提示、记入信用记录，对期货公司予以限制或暂停部分业务，停止批准新增业务或者分支机构，限制自有资金或者风险准备金的调拨和使用，责令控股股东转让股权，撤销期货业务许可，关闭其分支机构等。六是加强自律管理，规定了期货业协会的地位和职能。七是规定了变相期货交易的具体认定标准。

修订后的《期货交易管理条例》体现了国家"稳步发展期货市场"的精神，对于完善我国期货市场法制体系、改善法制环境、牢固法制基础、促进期货市场稳步发展将产生深远影响。《期货交易管理条例》在法律上为我国期货市场长远的规范发展作出前瞻性的制度性安排。

在法规体系和框架结构方面，根据立法要求，综合当前市场急需，中国证监会征求包括市场主体在内的各方面意见，形成了以主体规范为主线、兼顾业务规范的总体规划。一方面，全面修改《期货交易所管理办法》《期货经纪公司管理办法》《期货公司高级管理人员任职资格管理办法》和《期货从业人员管理办法》等规章。另一方面，制定《期货投资者保障基金管理暂行办法》《期货公司金融期货结算业务试行办法》《期货公司风险监管指标管理试行办法》《证券公司为期货公司提供中间介绍业务试行办法》和《期货公司首席风险官管理规定（试行）》等规范性文件。此外，中国证监会会同中国银监会制定商业银行从事期货保证金存管和期货结算业务方面的管理规定。从目前情况看，期货法规体系结构相对合理，既遵循了立法的基本原则，又兼顾了期货市场的业务特性，还考虑了与金融期货有关的制度安排，有利于今后的不断修改完善。

（三）自律规则

《期货交易管理条例》和上述规章及规范性文件实施以后，各期货交易所对其规则体系进行了修改和完善，中国期货业协会也建立健全和修改完善了行业自律规则。一是期货交易所层面。根据《期货交易管理条例》的要求，在中国证监会的领导下，上海期货交易所、郑州商品交易所和大连商品交易所均按照《期货交易管理条例》和《期货交易所管理办法》的规定和要求，对交易规则进行了修订完善。中国金融期货交易所针对股指期货进行了较大规模的制度建设工作，根据《期货交易管理条例》《期货交易所管理办法》等法规规章，发布了《股指期货交易规则》及其实施细则，并在业务规则体系中创新性地引入了市场协议，明确了交易所与会员间的权利和义务。二是行业自律性组织——中国期货业协会层面。中国期货业协会制定或修订完成《期货从业人员资格考试管理规则》《期货从业人员资格管理规则》《期货从业人员后续职业培训规则》《期货从业人员执业行为准则》《中国期货业协会纪律惩戒程序》及《中国期货业协会行业信息数据库系统管理规则》等自律规则。

在配合和推动完成《期货交易管理条例》以及与之配套的法规文件、规则的同时，中国证监会积极推动期货市场法治建设，为期货市场稳步发展创造更为良好的法治环境和制度保障。一方面，中国证监会积极配合和推动相关法律、法规的制定出台工作。目前，期货法已经列入全国人大常委会的立法计划，相关的调研论证工作已经启动。中国证监会将积极配合全国人大常委会开展《期货法》的立法调研和论证工作。同时，中国证监会将积极配合《刑法》修正案的立法工作，补充完善有关惩治期货犯罪的规定。根据金融期货的推出和运作过程中可能出现的新情况，中国证监会还将积极配合最高人民法院等研究制订新的期货司法解释，为期货市场稳步发展创造更为良好的司法环境。另一方面，中国证监会根据市场发展和监管需要，除适时修改完善现有法规文件以外，还将适时研究制订其他有关规章和规范性文件，如境外期货业务管理办法、期货投资咨询业务管理办法以及境外机构设立、收购和参股期货经营机构管理办法等。此外，中国证监会还将进一步加强对期货交易所和中国期货业协会等自律组织的监督和指导，推动市场自律规则的不断健全和完善。

综上所述，目前以《期货交易管理条例》为核心，以中国证监会部门规章和规范性文件为主体，并通过期货交易所、中国期货保证金监控中心和中国期货业协会的若干规则细则予以体现落实，具有中国特色的期货市场法规制度体系已经基本形成。

二、期货市场监管机构

（一）境外期货监管机构

1. 美国的期货监管机构

在美国，政府的期货监管机构是商品期货交易委员会（Commodity Futures Trading Commission，CFTC）。1974年《商品交易法》修正案确立了美国商品期货交易委员会对于整个期货行业拥有全面的管理、监督权。除特殊情况外，美国商品期货交易委员会对期货、期权和现货选择交易有全面的主管权。美国商品期货交易委员会管理范围不限于期货交易所、期货交易所会员和期货经纪商，包括一切期货交易，同时还管理在美国上市的国外期货合约。该委员会通过制定交易法规、批准或否认新合约和期货交易所规则等手段，管理期货交易，必要时有权行使强制手段，如听取赔偿要求、停止交易等。

《商品交易法》规定，期货交易必须在美国商品期货交易委员会指定的期货交易所内进行。为适应各种不断变化的金融衍生产品交易发展，促进在全球金融市场上的竞争能力，美国国会通过了《1992年期货交易规则法案》，其中第5条授权美国商品期货交易委员会允许那些满足特定规则的金融衍生产品可在《商品交易法》外进行交易。据此，美国商品期货交易委员会免除了掉期及混合型金融衍生工具必须在期货交易所交易的限制。同时，该法案又进一步扩大了美国商品期货交易委员会的监管权限，如加强了对期货交易所的监管，加强对期货交易所的审计，提高了美国商品期货交易委员会解决期货交易商欺诈问题的能力。

2. 英国的期货监管机构

英国期货市场监管最高机构为证券投资委员会（Securities and Investments Board，SIB）。英国证券投资委员会是一个非营利的民间机构或准政府组织。该机构实行会员制，主席由财政部长或英格兰银行行长任命，是议会授权并向其报告工作的独立的管理机构，对证券期货市场实行统一管理。

英国证券投资委员会的宗旨是保证金融投资活动的规范化和各种市场交易活动的公平、公开、公正性，以保护广大投资者的利益，维护金融服务业的信誉和声望。

3. 中国香港

为加强对期货交易的监管，香港立法局 1976 年 9 月正式颁布了《商品期货交易法》。该法规定设立商品期货交易委员会，统一监管香港的期货行业。该法同时要求所有期货代理商、交易顾问和其代表必须在商品期货交易委员会登记，期货代理商需要保持完整的会计和交易记录。为了保持财务上的健全性，代理商必须把客户的资金和自己的资金分别管理并存入不同的银行账户。同时，指令要求代理商向商品期货交易委员会提交年度报告，该委员会在一定的条件下有权对代理商进行审计。

1985 年，香港商品交易所改名为香港期货交易所。2000 年，香港期货交易所与香港联交所合并，组成香港交易及结算所有限公司（Hong Kong Exchanges and Clearing Iimifed，HKEx），成为香港交易所的上市公司，由香港证券及期货事务监察委员会（以下简称"香港证监会"）统一监管。

香港证券及期货市场的主要监管者是香港证监会。香港证监会是 1989 年根据《证券及期货事务监察委员会条例》（以下简称《证监会条例》）成立的独立法定监管机关。《证监会条例》及另外九部与证券及期货业相关的条例已经整合为《证券及期货条例》，并于 2003 年 4 月 1 日生效。香港证监会的职能是执行监管证券及期货市场的条例，促进与鼓励证券期货市场的发展。

（二）中国的期货监管机构

1. 中国证监会

期货市场管理是指一国的期货监管机关通过履行自己的职责而对本国期货市场实施的管理。期货监管机关依据法律、法规规范期货市场的组织机构和运行机制，保证期货市场的正常运作。中国证监会作为中国期货市场的主管机关，近年来为防范风险，规范市场运作，出台了一系列行政措施，如《期货交易所管理办法》《期货公司管理办法》《期货从业人员管理办法》《期货公司董事、监事和高级管理人员任职资格管理办法》《关于对操作期货市场行为认定和处罚的规定》《关于加强期货公司内部控制的指导原则》等，对期货交易所、期货公司、期货从业人员等进行行政管理。

中国证监会为国务院直属事业单位，依照法律、法规和国务院授权，统一监督管理全国证券期货市场，维护证券期货市场秩序，保障其合法运行。依据有关法律法规，中国证监会在对期货市场实施监督管理中履行下列职责。

（1）制定有关期货市场监督管理的规章、规则，并依法行使审批权。

（2）对品种的上市、交易、结算、交割等期货交易及其相关活动，进行监督管理。

（3）对期货交易所、期货公司及其他期货经营机构、非期货公司结算会员、期货保证金安全存管监控机构、期货保证金存管银行、交割仓库等市场相关参与者的期货业务活动，进行监督管理。

（4）制定期货从业人员的资格标准和管理办法，并监督实施。

（5）监督检查期货交易的信息公开情况。

（6）对期货业协会的活动进行指导和监督。

（7）对违反期货市场监督管理法律、行政法规的行为进行查处。

（8）开展与期货市场监督管理有关的国际交流、合作活动。

（9）法律、行政法规规定的其他职责。

2．地方派出机构

中国证监会总部设在北京，在省、自治区、直辖市和计划单列市设立36个证券监管局，以及上海、深圳证券监管专员办事处。

中国证监会及其下属派出机构对中国期货市场进行统一监管。国家工商行政管理总局负责对期货公司的工商注册登记工作。我国期货市场由中国证监会作为国家期货市场的主管部门进行集中、统一管理的基本模式已经形成。对地方监管部门实行由中国证监会垂直领导的管理体制。

各派出机构的主要职责：①根据中国证监会的授权，对辖区内的上市公司，证券、期货经营机构，证券期货投资咨询机构和从事证券期货业务的律师事务所、会计师事务所、资产评估机构等中介机构的证券、期货业务活动进行监督管理；②查处监管辖区范围内的违法、违规案件。

3．中国期货保证金监控中心

中国期货保证金监控中心是经国务院同意、中国证监会决定设立，并在国家工商行政管理总局注册登记的期货保证金安全存管机构，是非营利性公司制法人。

中国期货保证金监控中心的主管部门是中国证监会，其业务接受中国证监会领导、监督和管理，章程经中国证监会批准后实施，总经理、副总经理由股东会聘任或解聘，报中国证监会批准。中国证监会成立中国期货保证金监控中心管理委员会，审议决定中国期货保证金监控中心的重大事项。

中国期货保证金监控中心的经营宗旨是建立和完善期货保证金监控机制，及时发现并报告期货保证金风险状况，配合期货监管部门处置风险事件。

中国期货保证金监控中心的主要职能如下。

（1）建立并管理期货保证金安全监控系统，对期货保证金及相关业务进行监控。

（2）建立并管理投资者查询服务系统，为投资者提供有关期货交易结算信息查询及其他服务。

（3）督促期货市场各参与主体执行中国证监会期货保证金安全存管制度。

（4）将发现的各期货市场参与主体可能影响期货保证金安全的问题及时通报监管部门和期货交易所，按中国证监会的要求配合监管部门进行后续调查，并跟踪处理结果。

（5）为期货交易所提供相关的信息服务。

（6）研究和完善期货保证金存管制度，不断提高期货保证金存管的安全程度和效率。

（7）中国证监会规定的其他职能。

三、期货市场行业自律组织

（一）期货交易所的自律监管

期货交易所处于期货市场风险监管的第一线，各国期货交易所都是按照公开、公平、公正和诚实信用的原则来组织期货交易的。

期货交易所涉及的监管基本内容可以归纳为以下几个方面。

（1）对会员资格审查。期货交易所一般以会员制为主，期货交易所对申请加入交易所的会员都要进行资格审查，只有符合期货交易所规定的道德、财力、信誉、知识和技能等方面的具体要求，才可能取得交易所会员的资格。

（2）监督交易操作规则和程序的执行。期货交易所对场内交易制定了一定的运作程序和相应的制约措施。这些程序和措施包括交易大厅的纪律、交易报单的规则和报价制度；每一交易者最大持仓限额及其调整程序（如涨跌停板）；交易结算要求及到期合约的交割程序等。期货交易所按这些规定对场内交易进行监控，是期货交易所自律监管的最主要方面。

（3）制定客户定单处理规范。这方面的规定主要涉及 5 个方面的内容：一是对所使用的指令类型作出特别的限定，如市场指令、开盘价指令、止损指令、停止限价指令、组合指令等；二是要求公平、合理、及时地执行交易指令；三是对定单流程作出规定，如定单的每一处理环节必须加盖时间印戳等；四是规定处理定单的佣金和交易所服务水平；五是定单所必需的基本内容和记录规定。

（4）规定市场报告和交易记录制度。法律规定一切交易必须在市场上公平进行，期货交易所通常规定一切交易必须在交易大厅内通过竞价达成，开价和出价必须所有参与者知晓，成交情况作为市场行情及时公告；所有在交易中形成的单据、凭证、账册等资料必须妥善保管，以备政府或行业协会检查；期货交易所还有责任要求接受客户指令的经纪商定期向客户报告账户情况。

（5）实施市场稽查和惩戒。期货交易所要求对交易行为进行监督稽查，按法律和期货交易所规定对违法违规行为进行量定，然后实施相应的处罚。另外，期货交易所还为解决会员之间、会员与客户之间的纠纷制定了详细的仲裁条款，以保证交易公平、公正、公开地进行。

（6）加强对制造假市场的监管。期货交易所对违规制造假市的会员予以非常严厉的处分，直到追究其法律责任。

（二）境外期货交易所的自律监管

1. 美国的期货交易所自律监管

美国期货市场管理中最重要的一环是期货交易所的管理，因为交易成交过程的公正性和财务上的健全性都依靠期货交易所和期货结算单位的监控。

美国的各期货交易所同时也是自我监管机构。各期货交易所制定并实行其规则，如保证金制度、会员之间发生争论时的调解制度及监督会员的财务能力等。期货交易所的规则包括对经纪商的最低资金限额要求、交易记录、实际交易程序、客户交易程序、客户定单管理、内部惩罚程序等。期货交易所的自管活动受商品期货交易委员会的监督。期货交易所的交易规则必须经过商品期货交易委员会的批准，其实施也在商品期货交易委员会的严格监视之下。

2. 英国的期货交易所自律监管

按照 1986 年英国《金融服务法》，在证券投资委员会监管的总体框架之下，伦敦国际金融期货交易所还设有自己的自律机构——市场监察部，这是伦敦国际金融期货交易所的最大部门之一。期货交易所的自律主要表现为服从英国证券投资委员会的监督和指导，协同清算行和会员单位。其主要职能包括：①对期货交易所的期货交易活动进行监督与管理；②对交易机制进行监控；③对投资者进行财务监督。

伦敦金融期货市场有一个独立的外部清算系统——伦敦清算所。伦敦清算所有一套严密的风险管理方法和措施，完备的风险防范措施，使其不仅是一个期货交易的结算机构，而且是一个有效的风险管理机构，提高了期货市场的抗风险能力。

3. 中国香港的期货交易所自律监管

香港交易所的风险管理系统主要由以下 9 个方面组成。

（1）保证金要求。任何交易所产品的买卖都规定交易者必须付出一笔指定数目的保证金。保证金用作抵消会员及客户不履行合约的责任和保障有关合约的履行，香港结算公司对期货与期权采用相同的保证金系统。

（2）以市价计算合约价值。通过以市价计算合约价值的程序，香港结算公司得以维持其无负债的状况。

（3）分离会员的资金及仓位。香港交易所硬性规定会员必须将客户的资金及仓位与会员公司分隔开，这样做是为了避免客户因其会员公司出现财政困难或倒闭时受到牵连。

（4）结算会员的资金要求及持仓上限。香港交易所要求结算会员的最低资产净值必须等于其客户存款总额的 4%，而债务对股份权益的比率不得超过 2:1。对每一会员皆有持仓限额。香港结算公司每月均不间断地监视每个会员的持仓数量。

（5）财务监察。香港交易所的监察部定期巡查各会员公司的操作，也会不定期地突击检查，以确保每个会员均遵从期货交易所的规定，为客户提供公平合理的金融服务。

（6）对客户的保障。香港交易所规定所有的会员与客户之间必须签署一份"风险说明条文"以及其他列明有关风险的文件。

（7）结算会员无力清偿债务的对策。香港交易所从成交的每份合约中提取一定金额来建立赔偿基金。

（8）交易运作保障。交易场所设有电子摄像机，将每一个交易过程都拍摄下来，遇有交易纠纷，可以用来判定谁是谁非，也可用来调查舞弊和犯规事件。

（9）技术及其他保障。辅助香港结算公司执行风险管理的计算机系统是经过改良的美国期权结算所的"市场内的交收结算系统"。此系统提供即时以市价计算价值及价格报告；同时，所有交易时间的价格变动及其他有关买卖资料也将被准确记录下来。为防止因结算系统出现问题而影响正常结算，香港结算公司拥有两套计算机数据处理系统，一套用于日常操作，另一套作为灾备系统。

（三）境内期货交易所的自律监管

根据《期货交易管理条例》的规定，我国各期货交易所应当建立、健全各项规章制度，加强对交易活动的风险控制，以及对会员、交易所工作人员的监督管理。期货交易所应该履行下列监管职责。

（1）提供期货交易的场所、设施及相关服务。

（2）制定并实施交易所的业务规则。

（3）设计期货合约，安排期货合约上市。

（4）组织并监督期货交易、结算和交割。

（5）制定并实施风险管理制度，控制市场风险。

（6）保证期货合约的履行。

（7）发布市场信息。

（8）监管会员期货业务，查处会员违规行为。

（9）指定交割仓库并监管其期货业务。

（10）指定结算银行并监督其与交易所有关的期货结算业务。

（四）期货行业协会的自律管理

1. 美国期货行业协会的自律管理

全国期货协会（National Futures Association，NFA）是美国期货行业和市场用户共同支持、共同参加的自我管理机构。1974年修改《商品交易法》时，美国国会认为，如果能有一种由期货行业组织的、能够管理包括金融期货在内所有期货业务的机构，对实现《商品交易法》一定会有很大的帮助。因此，美国国会讨论后决定建立具备自我管理职能并需被批准的期货协会，希望这个自律组织能够做到视公众利益为组织的主要利益，以负担起大部分市场的第一线监管工作，从而减轻政府监管的负担。1982年10月，经美国商品期货交易委员会批准，全国期货协会正式开展活动。迄今为止，全国期货协会是唯一被美国商品期货交易委员会批准成立的期货协会。因此，全国期货协会在监管期货交易市场方面发挥着十分重要的作用。

全国期货协会能够拥有自我监管机构功能的主要原因，是由于有权实施下列限制：除了协会会员以外，不得接受期货定单（直接从客户接收定单除外）。这样，就能够排除协会会员以外的经纪人或没有达到协会会员资格水平的经纪人进行期货代理业务。

美国还有另一家期货业协会组织——成立于1955年的期货业协会（Futures Industry Association，FIA），其前身是商品交易公司协会。近年来，期货业协会的影响力已渐渐超出了美国国界，成为一个国际性的期货协会组织。它吸引了来自国内外期货市场的参与者，目前期货业协会有200多个公司会员，包括正式会员和联合会员。期货业协会的正式会员一般是期货经纪商，其正式会员的期货业务几乎占了美国期货交易所交易业务的80%；期货业协会的联合会员包括国际交易所、银行、法律和会计事务所、介绍经纪人、商品交易顾问、商品合资基金经理、其他市场用户，以及总部设在美国的信息和设备供应商。作为一个法人会员，会员的雇员有资格加入期货业协会分部，并获得期货业协会出版物，使用期货业协会法律、统计和信息资源，参加期货业协会举办的活动。期货业协会在纽约、芝加哥、伦敦和日本都设立了分支机构。

期货业协会每年都举办各种类型的大型会议或活动，为期货业提供讨论业内焦点问题和发展机遇的机会和场所。这些会议主要包括国际期货业会议、法律和执行研讨会、纽约运营和技术会议、国际衍生品会议、期货和期权博览会等。

期货业协会期货业学院成立于1989年，是一所由期货业协会董事会组建的非营利性教育基地。该院的任务是提供期货、期权和其他衍生品教育和高质量信息来源。期货业协会还定期出版刊物，向会员介绍当前期货业的最新信息，主要出版物有《每周报告》《期货业杂志》。

2. 英国期货行业协会的自律管理

英国是典型的以自律为主对期货市场实行监管的国家。在英国，实施政府监管的机构是证券投资委员会，下面有4个覆盖英国投资各方面的自律组织。

（1）证券期货业协会，监管涉及证券业、期货和期权的公司。

（2）投资管理监管组织，监管从事资金管理的公司，如退休基金、投资信托基金等。

（3）金融中介、管理人和经纪商监管协会，监管提供咨询和安排交易的中介公司。

（4）人寿保险和单位信托基金监管组织，监管推销人寿保险和单位信托基金的公司。

目前，后两个自律组织已合并为个人投资管理局，其监管范围也由个人投资管理局全部接管。

涉及期货交易行业自律监管的最主要机构是证券期货业协会，其实施行业自律监管的主要目的是推广和维持交易的完整性和公平性，以此向投资者提供有效保护。其主要职能：对已注册的公司进行管理；最大限度地杜绝已注册公司滥用职权，减少风险；为制定、修改章程提供依据。

3. 中国期货业协会

2000 年 12 月，我国成立了中国期货业协会。中国期货业协会的宗旨是：①在国家对期货业实行集中统一监督管理的前提下，进行期货业自律管理；②发挥政府与期货业间的桥梁和纽带作用，为会员服务，维护会员的合法权益；③坚持期货市场的公开、公平、公正，维护期货业的正当竞争秩序，保护投资者利益，推动期货市场的规范发展。

中国期货业协会是期货业的自律性组织，是非营利性的社会团体法人。中国期货业协会由会员、特别会员和联系会员组成。会员是指经中国证监会审核批准设立的期货公司、从事期货业务或相关活动的机构。特别会员是指经中国证监会审核批准设立的期货交易所。联系会员是指经各地方民政部门审核批准设立的地方期货业社会团体法人。期货公司及其他专门从事期货经营的机构应当加入中国期货业协会，并缴纳会员费。

中国期货业协会的权力机构为全体会员组成的会员大会。中国期货业协会接受业务主管单位中国证监会和社团登记管理机关民政部的业务指导和监督管理。

依据有关法律法规，中国期货业协会履行下列职责。

（1）教育和组织会员及期货从业人员遵守期货法律法规和政策，制定行业自律性规则，建立健全期货业诚信评价制度，进行诚信监督。

（2）负责期货从业人员资格的认定、管理及撤销工作，负责组织期货从业资格考试及有关专业资格胜任能力考试、期货公司高级管理人员资质测试。

（3）监督、检查会员和期货从业人员的执业行为，受理对会员和期货从业人员的举报、投诉并进行调查处理，对违反协会章程及自律规则的会员和期货从业人员给予纪律惩戒；向中国证监会反映和报告会员和期货从业人员执业状况，为期货监管工作提供意见和建议。

（4）制定期货业行为准则、业务规范，参与开展行业资信评级，参与拟订与期货相关的行业和技术标准。

（5）受理客户与期货业务有关的投诉，对会员之间、会员与客户之间发生的纠纷进行调解。

（6）为会员服务，依法维护会员的合法权益，积极向中国证监会及国家有关部门反映会员在经营活动中的问题、建议和要求。

（7）制定并实施期货业人才发展战略，加强期货业人才队伍建设，对期货从业人员进行持续教育和业务培训，提高期货从业人员的业务技能和职业道德水平。

（8）设立专项基金，为期货业人才培养、投资者教育或其他特定事业提供资金支持。

（9）负责行业信息安全保障工作的自律性组织协调，提高行业信息安全保障和信息技术水平。

（10）收集、整理期货信息，开展会员间的业务交流，推动会员按现代金融企业要求完善法人治理结构和内控机制，促进业务创新，为会员创造更大市场空间和发展机会。

（11）组织会员对期货业的发展进行研究，参与有关期货业规范、发展的政策论证，对相关方针政策、法律法规提出建议。

（12）加强与新闻媒体的沟通与联系，广泛开展期货市场宣传和投资者教育，为行业发展创造良好的环境。

（13）表彰、奖励行业内有突出贡献的会员和个人，组织开展业务竞赛和文化活动，加强会员间沟通与交流，培育健康向上的行业文化。

（14）开展期货业的国际交流与合作，代表中国期货业加入国际组织，推动相关资质互认，对期货涉外业务进行自律性规范与管理。

（15）法律、行政法规规定及中国证监会赋予的其他职责。根据期货法律法规和规章，制定期货业行为准则、业务规范及其他自律性规则，参与拟订与期货相关的行业和技术标准。

（五）我国地方期货自律组织

我国地方期货自律组织是由在当地注册的期货公司、外地期货公司当地营业部和期货交易所驻当地办事处等单位自愿联合发起成立，经中国证监会审核设立的期货行业自律组织，是在当地社会团体登记管理机关核准登记的非营利性社会团体法人。

地方期货自律组织接受业务主管单位中国证监会在当地证券监管办事处的领导、中国期货业协会的业务指导及当地社会团体登记管理机关的监督管理。

第三节　期货市场风险管理

根据期货交易风险的特点，市场各参与者应从各自不同的交易地位出发，在识别主要风险源的基础上，对可能出现的各种风险采取必要的防范措施，建立并完善各自的内部风险监控机制。

一、监管机构的风险管理

（一）分类监管的必要性

（1）实施分类监管是合理配置期货监管资源的必然要求。近年来，随着期货市场的迅速发展，期货公司的业务规模日益扩大。考虑到不同的期货公司业务规模和风险状况各异，平均分配监管资源不利于监管效率的提高。为此，有必要借鉴国际上金融机构监管的"风险导向"模式，根据各期货公司的风险状况采取差异化的监管措施，从而提高监管的有效性。中国证监会的《期货公司分类监管规定（试行）》从2009年9月1日起施行。期货公司分类监管通过设计一系列评价指标，客观衡量期货公司的风险状况和市场影响，并在对期货公司分类分级的基础上合理配置监管资源，提高监管效率。

（2）实施分类监管是完善主体自我约束机制的有效手段。期货行业的规范发展有赖于公司外部监管和主体自我约束的良性互动。通过对期货公司实施分类监管，全面、客观评价期货公司的风险状况和经营能力，可以督促公司主动规范自己的经营行为，强化合规经营意识，完善自我约束机制。此外，分类监管的实质在于通过差异化监管实现期货公司的差异化发展，根据分类评价结果，期货公司可以明确自己的定位和发展方向，进而产生自我约束、不断提高的内在动力。

（二）分类监管的原则

分类监管应遵循以下原则。

（1）坚持以风险管理能力为核心，以监管措施为导向，兼顾公司的市场影响力。

（2）坚持集体决策，评价工作公开透明，维护分类评价的公平、公开、公正。

（3）坚持分类评价与日常监管相结合，加强监管与促进公司自律相结合，促进期货公司稳步健康发展。

（三）分类监管的内容

1. 以风险管理能力为核心的分类评价指标体系

期货公司分类评价指标共分为 3 类：风险管理能力指标、市场影响力指标、持续合规状况指标。这 3 类指标下面又分为若干二级指标。具体评价方法为：设定正常经营的期货公司基准分为 100 分，在此基础上，根据期货公司上述评价指标得分情况，进行相应加分或扣分，最终确定期货公司的评价计分。

（1）风险管理能力指标重点关注期货公司的客户资产保护和资本充足等核心监管制度，以及公司治理、内部控制等保障性制度的合规情况，包括客户资产保护、资本充足、公司治理、内部控制、信息系统安全、信息披露共 6 类 33 项指标。

（2）市场影响力指标主要考虑了指标的代表性、数据的可获得性和区分度等因素，具体指标包括日均客户权益总额、经纪业务盈利能力、净利润 3 项。

（3）持续合规状况指标主要根据期货公司在评价期内发生的违规行为、期货行业自律组织采取的纪律处分、中国证监会及其派出机构采取的监管措施、行政处罚，或者司法机关采取的刑事处罚进行评价。

2. 分类评审的集体决策制度

为保证分类监管工作的公信力和权威性，《期货公司分类监管规定（试行）》中明确由中国证监会组建分类监管评审委员会对期货公司进行分类评审，评审委员会由中国证监会期货二部、期货一部、中国期货保证金监控中心、中国期货业协会和期货交易所代表组成。同时，在评审委员会下设办事机构（评审委员会办公室），具体负责材料复核和协调工作。每次评价时，经期货公司自评、中国证监会各派出机构初审、评审委员会办公室复核后，相关材料提交评审委员会，由其评审确定分类评价结果。期货公司分类结果由中国证监会确认后生效。

3. 分类结果的披露和使用

考虑到分类监管评价结果主要用于中国证监会的日常监管，在借鉴境外金融机构分类监管和国内银行、保险、证券业分类监管做法的基础上，分类结果由中国证监会采取"一对一"的方式向期货公司通知，并要求各公司不得将分类结果用于商业宣传。在分类结果的使用上，中国证监会按照分类监管原则，对不同类别的期货公司在监管资源分配、现场检查和非现场检查频率等方面区别对待。期货公司分类结果将作为期货公司申请增加业务种类、新设营业网点等事项的审慎性条件，同时也是中国证监会确定新业务试点范围和期货投资者保障基金不同缴纳比例的依据。

4. 分类评价"一票降级"制度

"一票降级"制度，即如果期货公司在评价期内出现规定的违规行为，在分类评价时将公司类别下调 3 个级别；情节严重的，直接评为 D 类。上述所指违规行为包括股东虚假出资、股东抽逃出资、挪用客户保证金、超范围经营、信息系统不符合监管要求、日常经营及自评中向中国证监会及期货保证金监控中心报送虚假材料等情形。通过"一票降级"制度，可以向市场明确传递政策信号，引导期货公司规范发展。

5. 分类评价申诉机制

为保证期货公司分类评价的公平，中国证监会允许期货公司在对分类评价结果持不同意见时，可以通过中国证监会派出机构向中国证监会提交申诉材料，申诉材料经分类监管评审委员会办公室复核后提交评审委员会审议。原出席分类评价会议的评审委员不参与审议与当年度分类评价结果相关的申诉事项。

二、交易所的风险管理

交易所是期货成交合约双方的中介，作为卖方的买方和买方的卖方，担任双重角色，应保证合约的严格履行。交易所是期货交易的直接管理者和风险承担者，这就决定了交易所的风险监控是整个市场风险监控的核心。

（一）交易所的主要风险源

交易所在期货交易中的地位和作用，表明其主要风险源：一是监控执行力度问题；二是非理性价格波动风险。

1. 监控执行力度

为保证期货交易的顺畅进行，交易所都有一整套风险监控制度，如保证金制度、逐日盯市制度、每日无负债结算制度、最大持仓限制制度和大户申报制度等。交易所的监管条例、措施是风险控制的必要条件，但不是决定因素。影响风险发生的关键是交易所对监管的行为因素，即执行力度，能不能有效、及时地执行有关监管措施，做到及时发现问题、及时处理。

2. 非理性价格波动风险

价格频繁波动是期货市场生存与发展的基础。如果没有期货价格（与现货价格）的频繁波动，则投机者就会失去获取风险收益的机会，套期保值者也无需回避价格波动风险，因而期货市场就没有必要存在。换句话说，期货市场需要价格的频繁波动，期货市场同价格波动是相容的，相互依存的。因此，价格波动引发的风险是期货市场永恒的、客观必然的风险。

价格波动风险一般是可以估量的。理性（正常）价格波动引起的风险的大小一般是在一定的范围内，而非理性（异常）价格波动造成的风险大小，则难以估量其范围。造成期货价格非理性波动的因素有很多，如合约设计上有缺陷，会员结构不合理，交易规则执行不当，监管措施不完善，以及人为操纵、过度投机等。但是，人为的非理性投机因素是其中最直接最核心的因素，主要是这种非理性投机因素导致期货价格非理性波动，造成期货价格与现货价格背离，也正是这种非理性的投机因素影响了期货市场功能的正常发挥。

与非理性价格波动风险紧密联系、互为因果的风险还有两个：一是大户持仓风险。期货市场一般都通过最大持仓限制制度来防止大户垄断操纵。但如执行不力，持仓过分集中就可能导致市场的大亏大盈，价格被少数交易者左右或部位对峙难以流动而引发生非理性价格波动风险。二是资金风险。"爆仓"是期货俗语，就是说在期货市场价位剧烈波动的情况下，会员或客户的保证金不能满足交易所规定的要求，即按当时价位平仓，则会员或客户的平仓亏损大于其现有的保证金总额。交易中如果出现大面积"爆仓"或巨额"爆仓"，将是交易所和全体会员的灾难。

（二）交易所的内部风险监控机制

1. 正确建立和严格执行有关风险监控制度

交易所除了加强前面提到的已有的风险监管制度执行力度的同时，根据期货交易风险的特点，还可采取以下措施，加强对风险的监控。

（1）加强资本的充足性管理，制定适当的资本充足标准，以避免信用风险的发生。投资主体的资本是稳健经营的基础，资本充足性要求已成为控制投资主体无偿付能力风险、保证整个期货市场业务健全运转的重要监管工具。期货作为金融衍生产品的一种，虽然是一种表外业务，但它会使投资主体承受额外的风险，因此，应要求投资主体提供额外资本去防止可能产生的巨额亏损，防止连锁性信用风险的产生，危及整个市场。

（2）根据资本多少确定交易的持仓限额。

（3）合理制定并及时调整保证金率，以避免发生连锁性的合同违约风险。

（4）加强清算、结算和支付系统的管理，协调期货和现货市场，以增强衍生产品的流动性和应变能力，降低流动性风险。

（5）加强交易系统的开发、维护和检修，防止因系统故障而造成的作业风险的发生。

（6）加强交易合约的合理化设定，实行适当的交易制度，尽可能保持交易活动最大的流动性。

2. 建立对交易全过程进行动态风险监控机制

为了及时控制风险，交易所应建立相应的动态的监控系统，对交易运作进行全程监控，主要包括交易价位的变动、交易规模的变化、交易部位的转换、账户存有资金和持仓规模的比例等，以便交易所及时掌握情况，做好风险防范工作。针对交易过程中可能出现的非理性价格被动风险及其密切相关的大户持仓风险和资金（爆仓）风险，交易所更有必要建立风险异常监控系统，以求有效地监测和控制。

3. 设立风险管理基金

交易所（结算所）虽然采取了一系列严密的风险管理措施，但是由于会员或交易所本身的某些原因，如会员破产、倒闭、会员或交易所遇不可抗拒的原因而无法履约的可能性还是存在的，因此，必须建立风险基金以应付这类事件的发生。一旦发生紧急情况，交易所（结算所）能否直接从公积基金或风险基金中划拨亏损金额，以承担履约责任，是交易所这一层面整体抗风险能力的前提。

1995年10月16日，新加坡国际金融交易所宣布对原英国巴林银行新加坡期货公司罚款500万美元，罚款将从该公司存于新加坡国际金融交易所的公积基金中扣除。显然，新加坡国际金融交易所的自身履约能力是完善的，否则，若不能履约的话，交易所就有可能面临着清产、倒闭的可能。

设立风险基金以应付当会员无力偿还债务所带来的问题是必需的，但不能用作日常交易的保证金和日常的盈亏结算。当会员申请会籍时须缴纳一笔指定数目的保证基金，以备会员无法偿还欠债时使用。另外，交易商在结算所进行清算时，手续费中的一部分也被用作专项设立的赔偿或风险基金。例如，香港交易所规定，投资者买卖期货交易所合约时，每单边需付港币五角的赔偿费。如果遇有会员无法清算欠下客户保证金或利润，赔偿基金便会用来赔偿客户的损失。

结算会员在期货交易中违约的，结算所或结算机构应先运用该结算会员的交易保证金账户内的财产补偿对方损失；上述财产不足补偿的，应运用风险和储备基金，最后运用结算所或结算机构的自有资金予以补偿。但是，最为重要的是无论在何种情况下，结算所绝对不能运用其他会员或客户除了风险基金之外的基金存款，去填补某一会员无力偿付的债项。风险基金使结算会员之间在财务的清偿上负有连带责任。

为了实施有效的风险管理，结算所除了规定结算会员的账户只允许在指定银行划转外，并要求结算会员必须接受在必需时结算所可以无条件地将结算会员的银行账户存款提出的条件。同时，由于各项基金是以现金方式支付的，而银行保证金也是以现金形式借出的，因此，在问题发生时，结算所可以即时以现金形式将资金注入市场，从而除去缺乏弹性的固定资产所带来的阻碍。

三、期货公司的风险管理

期货公司作为期货交易的直接参与者和交易的中介者，对期货交易风险的影响处于核心地位，因为交易所（结算所）的风险是当期货公司严重亏损、无法代客履约后出现的风险，客户爆仓既是客户的风险，也是期货公司的风险。

（一）期货公司的主要风险

期货公司在期货交易中的地位，决定其风险主要来源于自身管理、客户素质及同业竞争等。

（1）管理风险。主要指期货公司管理不当可能造成的损失。例如，期货公司在客户未办理委托的情况下，就为客户交易或在客户开户资金未到位便开始作交易等，均会造成风险。

（2）预测风险。期货公司人员在进行预测时，由于价格变化复杂，往往出现偏差，给客户造成损失，将会失去客户信任，使期货公司交易萎缩。

（3）业务操作风险。期货公司业务操作熟练程度直接影响公司的业绩。重要的业务操作手段包括如何建议客户进行合理的风险分散化投资，如何准确迅速地协助客户下单，如何制定有效的交易计划等，对经纪人员来说，业务操作风险时时存在。

（4）客户信用风险。期货公司在代理客户进行交易时，如遇客户无法或不履约，将由期货公司代为履约，客户的任何信用危机都将影响期货公司的业绩，因此对客户资金的信用状况了解便至关重要。客户信用风险有以下两种情况：一是客户因法人代表更迭，所有权变动等重大事件，经营状况的恶化及不可抗力的发生而不能履约；二是期货市场发生重大变化，价格急剧变动，使客户无力承受，无法履约。

（5）技术风险。技术风险表现为期货公司电脑硬件、软件及网络系统出现故障而产生的风险。

（6）法律风险。法律风险表现为因客户提出法律诉讼而产生的风险。

（7）道德风险。道德风险来自客户与公司从业人员两个方面。客户爆仓往往从市场风险转化为信用风险，而从业人员内外勾结或不守职业道德也会给公司造成风险。

（二）期货公司内部风险监控机制

期货公司作为代理期货业务的法人主体，其期货经营中的风险管理牵涉到它的兴衰成败。其风险管理的目标是为客户提供安全可靠的投资市场，维护其市场参与的权益。通常采用的风险监管措施主要有以下几个方面。

1. 设立首席风险官制度

2008年3月27日，中国证监会发布了《期货公司首席风险官管理规定（试行）》，并于

2008年5月1日起施行。首席风险官是负责对期货公司经营管理行为的合法合规性和风险管理状况进行监督检查的期货公司高级管理人员。首席风险官向期货公司董事会负责。首席风险官向期货公司总经理、董事会和公司住所地中国证监会派出机构报告公司经营管理行为的合法合规性和风险管理状况。首席风险官按照中国证监会派出机构的要求对期货公司有关问题进行核查，并及时将核查结果报告公司住所地中国证监会派出机构。首席风险官对期货公司经营管理中可能发生的违规事项和可能存在的风险隐患进行质询和调查，并重点检查期货公司是否依据法律、行政法规及有关规定，建立健全和有效执行以下制度：①期货公司客户保证金安全存管制度；②期货公司风险监管指标管理制度；③期货公司治理和内部控制制度；④期货公司经纪业务规则、结算业务规则、客户风险管理制度和信息安全制度；⑤期货公司员工近亲属持仓报告制度；⑥其他对客户资产安全、交易安全等期货公司持续稳健经营有重要影响的制度。

对于依法委托其他机构从事中间介绍业务的期货公司，首席风险官还监督检查以下事项：①是否存在非法委托或者超范围委托等情形；②在通知客户追加保证金、客户出入金、与中间介绍机构风险隔离等关键业务环节，期货公司是否有效控制风险；③是否与中间介绍机构建立了介绍业务的对接规则，在办理开户、行情和交易系统的安装维护、客户投诉的接待处理等方面，与中间介绍机构的职责协作程序是否明确且符合规定。

对于取得实行会员分级结算制度的交易所的全面结算业务资格的期货公司，首席风险官还监督检查以下事项：①是否建立与全面结算业务相适应的结算业务制度和与业务发展相适应的风险管理制度，并有效执行；②是否公平对待本公司客户的权益和受托结算的其他期货公司及其客户的权益，是否存在滥用结算权利侵害受托结算的其他期货公司及其客户利益的情况。

首席风险官发现期货公司有下列违法违规行为或者存在重大风险隐患的，立即向公司住所地中国证监会派出机构报告，并向公司董事会和监事会报告：①涉嫌占用、挪用客户保证金等侵害客户权益的；②期货公司资产被抽逃、占用、挪用、查封、冻结或者用于担保的；③期货公司净资本无法持续达到监管标准的；④期货公司发生重大诉讼或者仲裁，可能造成重大风险的；⑤股东干预期货公司正常经营的；⑥中国证监会规定的其他情形。

对上述情形，期货公司按照公司住所地中国证监会派出机构的整改意见进行整改。首席风险官配合整改，并将整改情况向公司住所地中国证监会派出机构报告。

2. 控制客户信用风险

（1）对客户资金来源情况进行详细调查，保证客户有足够的资金从事交易，对那些资信差，不符合期货投资要求的客户要拒之门外。严格委托程序，在接受客户委托时，双方要签署"代理期货买卖协议书"，同时呈示"期货交易风险提示声明书"，让客户充分理解期货交易的风险后果后才签字。期货公司要对客户进行必要的培训，加强其风险意识，提高客户的交易技能，减少大幅度亏损的可能性。

（2）根据客户资信情况核对持仓限额。为控制交易风险，期货公司一般在交易所规定的保证金上再加上一定的比率向客户收取，否则风险极大，难有回旋余地。因此，不少期货公司对客户有最大持仓限额，控制其交易规模。

3. 严格执行保证金和追加保证金制度

保证金是客户履约的保证，期货公司的保证金标准一般要高于交易所的保证金收取标准。

客户必须在规定时限内追加保证金，做到每日无负债化，而客户无法追加时实行强制平仓。对于客户在途资金的处理，也是风险控制的一个重要环节。由于银行结算系统的限制，个别还会发生退票或空头支票的现象。因此，客户在途资金一般不能用于开新仓，只作为追加保证金；在市场价格剧烈波动时，在途资金也不能作为不被强行平仓的依据。

4. 严格经营管理

期货公司必须及时公开市场信息、数据，理性地参与市场。严禁为了私利而采用违规手法，扰乱正常交易；对财务的监督，必须坚持财务、结算的真实性，坚持对客户和自身在期货交易全过程中的资金运行进行全面的监督。

5. 加强对从业人员管理，提高业务运作能力

期货公司要加强人员培训，提高从业人员素质，健全场内、场外经纪人及其他工作人员的岗位责任制和岗位管理守则，加强经纪人的职业道德教育和业务培训，增强市场竞争能力。

四、投资者的风险管理

客户是期货交易的间接参与者，但却是利益的主体，是利益与风险的直接承受者。一般客户要参与期货交易，必须通过经纪公司的代理在交易所内进行，他们既面临经纪公司的违约风险，也面临期货价格波动带来的风险。因此，客户风险管理也是期货交易风险管理的重要组成部分。

（一）客户的主要风险

1. 价格风险

价格风险是指价格波动使投资者的期望利益受损的可能性。换言之，价格风险是由于价格变化方向与投机者的预测判断和下单期望相背而产生的。价格风险是投资者的主要风险源。

2. 代理风险。

代理风险是指客户在选择期货公司确立代理过程中所产生的风险。客户在选择期货公司时应对期货公司的规模、资信、经营状况等对比选择，确立最佳选择后与该公司签订"期货经纪合同"，如果选择不当，就会给客户将来的业务带来不便和风险。

3. 交易风险

交易风险是指交易者在交易过程中产生的风险。它包括由于市场流动性差，期货交易难以迅速、及时方便地成交所产生的风险，以及当期货价格波动较大，保证金不能在规定时间内补足的话，交易者可能面临强行平仓的风险。

4. 交割风险

交割风险是客户在准备或进行期货交割时产生的风险。期货合约到期后，所有未平仓合约都必须进行交割，因此，不准备进行交割的客户应在合约到期之前或合约交割月到来之前将持有的未平仓合约及时平仓，免于承担交割责任。

5. 投资者自身因素而导致的风险

作为期货交易利益的直接承受者，其自身的素质、知识水平、进行期货投资的经验和操作水平，都是影响风险的因素。主要表现在以下几点。

（1）对价格预测的能力欠佳。期货投机交易是一种典型的价差投机，投机者力图通过对未来期货价格变动的判断和预测来赚取差价。然而，不少投资者在价格预测方面没有系统的方法，仅仅凭消息或者主观随意猜测，当价格走势与判断相违时，自然出现亏损。

（2）满仓操作，承受过大的风险。一些投机者在进行期货投机时，只看到获取利润的机

会而忽视其中蕴涵的风险，习惯于满仓运作，一旦遭遇价格稍大的波动，就导致大部分的资金损失甚至爆仓。

（3）缺乏处理高风险投资的经验。期货交易是高风险交易，面对期货价格上下震荡频繁，预测固然重要，但如果缺乏处理高风险投资的经验，不养成及时止损的习惯，很容易导致失败。在实践中，经常有一些投机者因为拒绝止损而最终导致重大损失。又如，对套期保值者而言，因为缺乏经验而导致套期保值失败的事件也经常会出现。

（二）投资者的风险防范措施

客户作为期货市场利益期待的主体，其风险管理的目标是维持自身投资的权益，保障自身财务的安全。客户常可采取以下防范措施。

（1）充分了解和认识期货交易的基本特点。客户投资期货市场事先必须对期货交易有足够的了解和认识，必须掌握如何识别交易中的欺诈行为，以维护自身的权益。

（2）慎重选择期货公司。认真了解期货公司的资信情况，交易业绩、代理业务的范围和资格以及有关的规则和制度，以寻找安全可靠的经纪公司，降低其代理风险。

（3）制定正确投资战略，将风险降至可以承受的程度。入市前要认真考虑期货风险，正确估量财力，分析期货价格变动规律，制订正确投资战略，降低投资风险。

（4）规范自身行为，提高风险意识和心理承受力。投资者必须严格遵守政府、交易所、经纪公司的有关法规，约束自身行为，严禁违法交易，不断提高业务技能，诚实守信、严格履约。同时，加强风险意识，增强心理承受能力。

（三）机构投资者的内部风险监控机制

期货作为一种重要的金融衍生工具，被退休基金等各类基金及投资银行、金融机构广泛地使用，但巴林银行破产事件给人们敲响了警钟。1995 年 10 月 17 日，新加坡财政部发表对巴林事件的调查报告显示，内部管理中的严重缺陷是导致巴林银行垮台的主要原因。巴林集团内部的组织结构和报告制度存在严重缺陷，公司高级执行人员，包括直接负责期货业务的经理，都对期货交易缺乏了解。调查报告认为，在问题发展到不可收拾之前，早已有一些先兆出现，但巴林内部监控似乎失灵。1992 年年初，尼克•里森被派到新加坡时，他的任务只是负责巴林新加坡期货公司的结算工作。然而，从巴林新加坡期货公司的交易业务一开始，里森就在新加坡国际金融交易所作为巴林的场内交易员进行交易。巴林集团让里森同时既负责交易，又掌管结算，这种安排根本上违反了正常内部监控的基本原则。该事件提醒人们，无论技术多么高明、资本多么雄厚的金融机构，如果疏忽了安全保障和风险防范，都难免遭受市场的惩罚。风险的存在是永恒的，只有加强内部风险控制，才能将失误导致的损失减少到较小程度内。

巴林事件后，欧美各主要投资银行和基金纷纷采取措施，加强机构投资者的内部风险监控措施。

1. 建立由董事会、高层管理部门和风险管理部门组成的风险管理系统

高层管理部门负责拟定风险管理的书面程序，并报董事会同意。董事会定期考核机构风险暴露状况，并对上述程序进行评估与修正。风险管理部门必须独立于业务部门，是联系董事会、高层管理部门和业务部门的纽带。

2. 制定合理的风险管理流程

该流程至少应包括：①风险衡量系统，即对机构在交易中面临的风险进行全面、准确和

及时的衡量；②风险限制系统，即为风险设置分类界限，保证风险暴露超过界限时要及时报告管理层，并由其授权同意；③管理资讯系统，即由风险管理部门将所衡量的风险及时向管理部门和董事会报告。

3. 建立相互制约的业务操作内部监控机制

（1）前台：负责具体交易操作，严格各项操作规定并按有关规定和权限调拨与管理交易资金，且详细记载每天的交易活动，向中台和后台报告交易情况。

（2）后台：负责每笔交易复核、对账，确认买卖委托，以及各类财务处理并跟踪近期交易（即确认到期交易合约）情况，同时按规定独立监管前台交易和完成后续结算，且随时协助前台交易人员准备盈亏报告，进行交易风险的评估，分析市场信用。

（3）中台：负责监督并控制前台与后台的一切业务操作，核对持有头寸限额，负责比较后台结算与前台交易之间计算出的损益情况，并根据交易的质量采取必要的措施，以保证会计记录的准确性；对交易质量、财务信息管理和回报率的质量实施监督职能，负责交易情况的分析及对交易误差作出正确解释和内部稽核，最终负责公布监控结果。中台（一般指业务经理）是高层管理人员直接领导下的监督职能部门，它与高层管理人员中的风险管理人员组成一个管理阶层，可以在不受任何制约的情况下，从容地对整个交易过程实施监督，并利用与前台、后台无直接业务关系的条件，随时向有关的风险管理人员报告监督情况。因此，应加强并充分发挥中台的监督作用。

4. 加强高层管理人员对内部风险监控的力度

高层管理人员在协同有关部门进行内部风险监控时，应采用总量控制和交易程序化的方式，以实现在期货交易中降低风险获取盈利的目的。具体包括：①对运行事先作出评估；②制定切实可行的盈利目标，目标应是实事求是、可实现的，对不同时期利润指标的修改应是明显的；③经常根据前台交易人员所提供的损益报告来分析盈利及损失的主要原因，并视情况对具体业务交易人员的交易行为进行控制；④对前台、后台交易人员依据交易票据对每日的交易情况进行必要的比较，提出具体明确的要求，以保证交易记录的真实性和准确性；⑤对后台呈报的近期交易材料的分析，以及对前台在盈亏范围的交易情况进行分析和考核，并将结果记录在结算会计系统和交易程序内，以便吸取教训积累经验。

对交易风险监控的手段，必须由监控部门以书面形式作出文字规定，并强制交易人员贯彻执行。这种手段应包括既有管理目标、交易形式、交易管理手段，又要有交易人员的授权权限（以防止持仓过度）、交易损失与收益的评估标准、交易监控手段、计算盈亏差额的结算原则。依据这些手段，高层管理人员就可以通过对衍生金融产品的交易活动及整个交易过程进行有效的监控。

附录 A　期货交易常用术语

1. 期货（Futures）：与现货相对应，并由现货衍生而来，通常指期货合约。

2. 期货交易（Futures Trading）：期货合约的买卖，由现货交易衍生而来，是与现货交易相对应的交易方式。

3. 期货合约（Futures Contract）：由期货交易所统一指定的、规定在将来某一特定的时间和地点交割一定数量标的物的标准化合约。

4. 商品期货（Commodity Futures）：标的物为实物商品的期货合约。

5. 金融期货（Financial Futures）：标的物为金融产品的期货合约。

6. 期货市场（Futures Market）：进行期货交易的场所，由远期现货市场衍生而来，是与现货市场相对应的组织化和规范化程度更高的市场形态。广义的期货市场包括期货交易所、结算所、经纪公司和期货交易（投资）者。狭义的期货市场仅指期货交易所。

7. 保证金制度（Margin System）：交易者在买卖期货合约时按合约价值的一定比率缴纳保证金（一般为 5%～15%）作为履约保证，即可进行数倍于保证金的交易。

8. 当日无负债结算：也称为"逐日盯市"（Marking-to-Market），是指结算部门在每日交易结束后，按当日结算价对交易者结算所有合约的盈亏、交易保证金及手续费、税金等费用，对应收应付的款项实行净额一次划，相应增加或减少保证金。如果交易者的保证金余额低于规定的标准，则须追加保证金，从而做到"当日无负债"。

9. 衍生品（Derivatives）：从一般商品和基础金融产品（如股票、债券、外汇）等基础资产衍生而来新型金融产品。具有代表性的衍生品包括远期、期货、期权和互换。

10. 场内交易（Curb Trading）：也称为交易所交易（Exchange Trading），是在交易所内进行集中竞价的交易。

11. 场外交易（off-Floor Trading，over-the-Counter Trading）：也称为柜台交易或店头交易，是在交易所外进行的交易。

12. 规避风险功能：期货市场能够通过参与者的套期保值交易达到规避现货价格波动风险的目的。

13. 价格发现功能：期货市场能够预期未来现货价格的变动，发现未来的现货价格。期货价格可以作为未来某一时期现货价格变动趋势的"晴雨表"。

14. 期货佣金商（Futures Commission Merchant，FCM）：接受客户委托，代理客户进行期货、期权交易，并收取交易佣金的中介组织。它是美国主要的期货中介机构，可以独立开发客户和接受指令，可以向客户收取保证金，也可以为其他中介提供下单通道和结算指令。

15. 介绍经纪商（Introducing Broker，IB）：主要为期货公司开发客户或接受期货、期权指令，但不能接受客户资金，且必须通过期货公司进行结算的中介组织。介绍经纪商在国际上既可以是机构也可以是个人，但一般都以机构的形式存在。

16. 商品交易顾问（Commodity Trading Advisors，CTA）：可以向他人提供买卖期货、期权合约的指导或建议，或以客户名义进行操作的自然人或法人。

17. 交割仓库：经交易所指定的为期货合约履行实物交割的交割地点。

18．商品投资基金（Commodity Pool）：广大投资者将资金集中起来、委托给专业的投资机构，并通过商品交易顾问进行期货和期权交易，投资者承担风险并享受投资收益的一种集合投资方式。

19．对冲基金（Hedge Fund）：一种私人投资基金，目标往往是从市场短暂快速的波动中获取高水平的回报，常进行高杠杆比率的操作，运用如卖空、互换、金融衍生工具、程序交易和套利等交易手段。

20．交易单位：也称为合约规模（Contract Size），是指在期货交易所交易的每手期货合约代表的标的物的数量。

21．最小变动价位（Tick Size，Minimum Price Fluctuation）：在期货交易所的公开竞价过程中，对合约每计量单位报价的最小变动数值，在期货交易中，每次报价的最小变动数值必须是最小变动价位的整数倍。

22．每日价格最大波动限制（Daily Price Limit，Daily Price Fluctuation）：期货合约中规定的在一个交易日中的交易价格波动不得高于或者低于规定的涨跌幅度。

23．涨停板（Up Limit）：当日价格上涨的上限，由期货合约上一交易日的结算价加上允许的最大涨幅构成。

24．跌停板（Down Limit）：当日价格下跌的下限，由期货合约上一交易日的结算价减去允许的最大跌幅构成。

25．合约交割月份（Contract Month）：某种期货合约到期交割的月份。

26．最后交易日（Last Trading Day）：某种期货合约在合约交割月份中进行交易的最后一个交易日，过了这个期限的未平仓期货合约，必须按规定进行实物交割或现金交割。

27．交割日期（Delivery Day）：合约标的物所有权进行转移，以实物交割或现金交割方式了结未平仓合约的时间。

28．交割等级（Deliverable Grade）：由期货交易所统一规定的、准许在交易所上市交易的合约标的物的质量等级。

29．交易手续费：期货交易所按成交合约金额的一定比例或按成交合约手数收取的费用。

30．持仓限额制度（Position Limits）：交易所规定会员或客户可以持有的、按单边计算的某一合约投机头寸的最大数额。

31．大户报告制度：当交易所会员或客户某品种某合约持仓达到交易所规定的持仓报告标准时，会员或客户应向交易所报告。

32．强行平仓：按照有关规定对会员或客户的持仓实行平仓的一种强制措施，其目的是控制期货交易风险。强行平仓分为两种情况：一是交易所对会员持仓实行的强行平仓；二是期货公司对其客户持仓实行的强行平仓。

33．下单（Place an Order）：客户在进行每笔交易前向期货公司业务人员下达交易指令，说明拟买卖合约的种类、数量、价格等的行为。

34．开仓：也称为建仓，是指期货交易者新建期货头寸的行为，包括买入开仓和卖出开仓。

35．持仓：交易者开仓之后手中持有头寸的情形。若交易者买入开仓，则构成了买入（多头）持仓；反之，则形成了卖出（空头）持仓。

36．平仓（Offset Close Out）：交易者了结持仓的交易行为，了结的方式是针对持仓方向作相反的对冲买卖。

37．市价指令（Market Order）：按当时市场价格即刻成交的指令。客户在下达这种指令时无须指明具体的价位，而是要求期货公司出市代表以当时市场上可执行的最好价格达成交易。

38．限价指令（Limit Order）：执行时必须按限定价格或更好的价格成交的指令。下达限价指令时，客户必须指明具体的价位。

39．停止限价指令（Stop Limit Order）：当市场价格达到客户预先设定的触发价格时，即变为限价指令予以执行的一种指令。

40．止损指令（Stop Order）：当市场价格达到客户预先设定的触发价格时，即变为市价指令予以执行的一种指令。客户利用止损指令，既可以有效地锁定利润，又可以将可能的损失降至最低限度，还可以相对较小的风险建立新的头寸。

41．触价指令（Markel If Touched Order，MIT）：在市场价格到达指定价位时，以市价指令予以执行的一种指令。触价指令一般用于开新仓。

42．限时指令（Time Limit Order）：要求在某一时间段内执行的指令。如果在该时间段内指令未被执行，则自动取消。

43．长效指令（Good-till-Cancelled Order）：除非成交或由委托人取消，否则持续有效的交易指令。

44．套利指令（Spread Order）：同时买入和卖出两种或两种以上期货合约的指令。

45．取消指令（Cancel Order）：又称为撤单，是要求将某一指定指令取消的指令。通过执行该指令，客户以前下达的指令完全取消，并且没有新的指令取代原指令。

46．结算准备金：交易所会员（客户）为了交易结算，在交易所（期货公司）专用结算账户预先准备的资金，是未被合约占用的保证金。

47．交易保证金：会员（客户）在交易所（期货公司）专用结算账户中确保合约履行的资金，是已被合约占用的保证金。

48．结算价（Settlement Price）：当天交易结束后，对未平仓合约进行当日交易保证金及当日盈亏结算的基准价。

49．交割（Delivery）：期货合约到期时，按照期货交易所的规则和程序，交易双方通过该合约所载标的物所有权的转移，或者按照结算价进行现金差价结算，了结到期未平仓合约的过程。

50．实物交割（Physical Delivery）：期货合约到期时，根据交易所的规则和程序，交易双方通过该期货合约所载标的物所有权的转移，了结未平仓合约的过程。

51．集中交割：又称一次性交割，是指所有到期合约在交割月份最后交易日过后一次性集中交割的交割方式。

52．滚动交割：在合约进入交割月以后，在交割月第一个交易日至交割月最后交易日前一交易日之间进行交割的交割方式。

53．实物交割结算价：在实物交割时商品交收所依据的基准价格。交割商品计价以交割结算价为基础，再加上不同等级商品质量升贴水及异地交割仓库与基准交割仓库的升贴水。

54．标准仓单：由期货交易所统一制定的，期货交易所指定交割仓库在完成入库商品验收、确认合格后签发给货主的实物提货凭证。

55．现金交割（Cash Delivery）：合约到期时，交易双方按照期货交易所的规则、程序及其公布的交割结算价进行现金差价结算，了结到期未平仓合约的过程。

56．套期保值（Hedging）：又称避险、对冲等，是指企业在一个或一个以上的工具上进行交易，预期全部或部分对冲其生产经营中所面临的价格风险的方式。

57．期货的套期保值（Futures Hedging）：企业通过持有与其现货市场头寸相反的期货合约，或将期货合约作为其现货市场未来要进行的交易的替代物，以期对冲价格风险的方式。

58．交叉套期保值（Cross Hedging）：选择与被套期保值商品或资产不相同但相关的期货合约进行的套期保值。

59．套期保值者（Hedger）：通过持有与其现货市场头寸相反的期货合约，或将期货合约作为其现货市场未来要进行的交易的替代物，以期对冲现货市场价格风险的机构和个人。

60．套期保值比率（Hedge Ratio）：套期保值中期货合约所代表的数量与被套期保值的现货数量之间的比率。

61．卖出套期保值（Selling Hedging）：又称空头套期保值，是指套期保值者通过在期货市场建立空头头寸，预期对冲其目前持有的或者未来将卖出的商品或资产的价格下跌风险的操作。

62．买入套期保值（Buying Hedging）：又称多头套期保值，是指套期保值者通过在期货市场建立多头头寸，预期对冲其现货商品或资产空头，或者未来将买入的商品或资产的价格上涨风险的操作。

63．完全套期保值（Perfect Hedging）：期货头寸与现货头寸盈亏完全冲抵的套期保值。

64．不完全套期保值（Imperfect Hedging）：期货头寸与现货头寸盈亏只是在一定程度上相抵的套期保值。

65．套期保值有效性：度量风险对冲程度的指标，可以用来估计或评价套期保值效果。

66．基差（Basis）：某一特定地点某种商品或资产的现货价格与相同商品或资产的某一特定期货合约价格间的价差。

67．持仓费（Carrying Charge）：又称为持仓成本，是指为拥有或保留某种商品、资产等而支付的仓储费、保险费和利息等费用总和。

68．正向市场（Normal Markel）：又称正常市场，是指期货价格高于现货价格或者远期期货合约大于近期期货合约的市场状况。

69．反向市场（Inverted Markel）：又称为逆转市场、现货溢价，是指现货价格高于期货价格或者近期期货合约大于远期期货合约的市场状况。

70．期货转现货交易（Exchange of Futures for Physicals，EFP）：简称期转现交易，是指持有方向相反的同一品种同一月份合约的会员（客户）协商一致并向交易所提出申请，获得期货交易所批准后，分别将各自持有的合约按双方商定的期货价格（该价格一般应在交易所规定的价格波动范围内）由期货交易所代为平仓，同时，按双方协议价格与期货合约标的物数量相当、品种相同、方向相同的仓单进行交换的行为。

71．期现套利：交易者利用期货市场与现货市场之间的不合理价差，通过在两个市场上进行反向交易，待价差趋于合理而获利的交易。

72．点价交易（Pricing）：以某月份的期货价格为计价基础，以期货价格加上或减去双方协商同意的升贴水来确定双方买卖现货商品的价格的交易方式。

73．基差交易（Basis Trading）：企业按某一期货合约价格加减升贴水方式确立点价方式同时，在期货市场在同一期货合约上进行套期保值操作，从而有效规避套期保值中的基差风险的操作。

74．期货投机（Futures Speculation）：交易者通过预测期货合约未来价格的变化，以在期货市场上获取价差收益为目的的期货交易行为。

75．止损（Stop-Loss）：当某一投资出现的亏损达到预定数额时，及时斩仓出局，以避免形成更大的亏损。

76．价差套利（Spread）：利用期货市场上不同合约之间的价差进行的套利行为。

77．跨期套利（Calendar Spread）：在同一市场（即同一交易所）同时买入、卖出同种商品不同交割月份的期货合约，以期在有利时机同时将这些合约对冲平仓获利的操作。

78．牛市套利（Bull Spread）：当市场出现供给不足、需求旺盛的情形，导致较近月份的合约价格上涨幅度大于较远期的上涨幅度，或者较近月份的合约价格下降幅度小于较远期的下跌幅度时，买入较近月份的合约同时卖出远期月份的合约的操作。

79．熊市套利（Bear Spread）：当市场出现供给过剩，需求相对不足时，一般来说，较近月份的合约价格下降幅度往往要大于较远期合约价格的下降幅度，或者较近月份的合约价格上升幅度小于较远合约价格的上升幅度时，卖出较近月份的合约同时买入远期月份的合约的操作。

80．蝶式套利（Butterfly Spread）：由共享居中交割月份一个牛市套利和一个熊市套利的跨期套利组合的操作。

81．跨品种套利（Intercommodity Spread）：利用两种不同的、但相互关联的商品之间的期货合约价格差异进行套利，即买入某一交割月份某种商品的期货合约，同时卖出另一相同交割月份、相互关联的商品期货合约，以期在有利时机同时将这两种合约对冲平仓获利的操作。

82．跨市套利（Inter-Exchange Spread）：在某个交易所买入（或卖出）某一交割月份的某种商品合约同时，在另一个交易所卖出（或买入）同一交割月份的同种商品合约，以期在有利时机分别在两个交易所对冲在手的合约获利的操作。

83．程序化交易（Program Trading）：所有利用计算机软件程序制定交易策略并实行自动下单的交易行为。

84．开盘价（Opening Price）：又称开市价，是指某一期货合约每个交易日开市后的第一笔买卖成交价格。

85．收盘价（Closing Price）：某一期货合约在当日交易中的最后一笔成交价格。

86．成交量（Volume）：开盘后到目前为止某一期货合约的买卖双方达成交易的合约数量。

87．持仓量（Open Interest）：到目前为止某一期货合约交易中未平仓合约的数量。

88．双开：表明买卖双方都是入市开仓，一方买入开仓，另一方卖出开仓。

89．双平：表明买卖双方都持有未平仓合约，一方卖出平仓，另一方买入平仓。

90．多换："多头换手"的简称，表明在买卖双方中，一方为买入开仓，另一方为卖出平仓，意味着"新的多头换出旧的多头"。

91．空换："空头换手"的简称，表明在买卖双方中，一方为卖出开仓，另一方为买入平仓，意味着"新的空头换出旧的空头"。

92．K 线图：期货行情图类型之一，又称蜡烛图，按时间单位不同，K 线图又分为分钟图、小时图、日线图、周线图、月线图。

93．竹线图：期货行情图类型之一，又称条形图，与 K 线图的表示方法不同，但内容构成完全一样。

94．基本分析（Fundamental Analysis）：基于供求决定价格的理论，从供求关系出发分析和预测期货价格变动趋势。

95．技术分析（Technical Analysis）：通过分析技术数据来对期货价格走势作出预测的分析方法。技术数据的表现形式主要是各种图形和指标，其实质内容主要是价格和数量。

96．支撑线（Surport Line）：价格在波动过程中的某一阶段，往往会出现两个或两个以上的最高点和最低点，用一条直线把这些价格最低点连接起来，就形成支撑线。支撑线对价格有一定的支撑作用，阻止价格下降。

97．阻力线（Resistance Line）：价格在波动过程中的某一阶段，往往会出现两个或两个以上的最高点和最低点，用一条直线把这些价格最高点连接起来，就形成阻力线。阻力线对价格上升有一定的抑制作用，阻碍价格上升。

98．整理形态：表示市场暂时休整，下一步市场运动将与此前趋势的原方向一致，而不是反转。主要的整理形态包括三角形形态、旗形形态、矩形形态等。

99．反转形态：表示价格趋势将与此前趋势的原方向相反。主要的反转形态包括头肩顶、头肩底、双重顶、双重底。

100．移动平均线（Moving Average，MA）：以统计学的平均数原理为理论基础，将一系列不规则的微小的价格波动予以剔除，来反映价格的主要变动趋势，从而帮助预测未来的价格走势。根据计算方法，移动平均线分为简单移动平均线、加权移动平均线和指数平滑移动平均线等。根据计算期的长短，又可分为短期、中期和长期移动平均线。

101．相对强弱指数（Relative Strength Index，RSI）：反映市场气势强弱的指标。通过计算某一段时间内价格看涨时的合约买进量，占整个市场中买涨与卖跌合约总量的份额，来分析市场多空力量对比态势，从而判断买卖时机。

102．波浪理论：由艾略特创立的一种价格趋势分析工具。波浪理论认为，股票价格的涨跌波动，如同大自然的潮汐和波浪一样，一波接一波，一浪接一浪，周而复始，循环不息，具有规律性和周期性。

103．外汇期货（Foreign Exchange Futures）：以货币为标的物的期货合约。

104．远期外汇交易（Forward Exchange Transaction）：交易双方在成交后并不立即办理交割，而是事先约定币种、金额、汇率、交割时间等交易条件，到期才进行实际交割的外汇交易。

105．外汇保证金交易（Foreign Exchange Margin Trade）：也称为按金交易，是指利用杠杆投资的原理，在金融机构之间以及金融机构与个人投资者之间通过银行或外汇经纪商进行的一种即期或远期外汇买卖方式。

106．利率期货（Interest Rate Futures）：以利率类金融工具为标的物的期货合约。

107．欧洲美元（Eurodollar）：美国境外金融机构的美元存款和美元贷款。

108．股票指数期货（Stock Index Futures）：一种以股票价格指数作为标的物的金融期货合约。

109．股票期货（Stock Futures）：一种以股票为标的物的期货合约。

110．期权（Options）：也称为选择权，是指期权的买方有权在约定的期限内，按照事先确定的价格，买入或卖出一定数量的某种特定商品或金融工具的权利。

111．看涨期权（Call Options）：期权的买方向卖方支付一定数额的权利金后，即拥有在期权合约的有效期内或特定时间，按执行价格向期权卖方买入一定数量的标的物的权利，但不负有必须买进的义务。看涨期权又称为买入期权或认购期权。

112．看跌期权（Put Options）：期权的买方向卖方支付一定数额的权利金后，即拥有在期权合约的有效期内，按执行价格向期权卖方卖出一定数量标的物的权利，但不负有必须卖出的义务。看跌期权又称为卖出期权或认沽期权。

113．美式期权（American Option）：期权买方在期权有效期内的任何交易日都可以行使权利的期权。期权买方既可以在期权合约到期日行使权利，也可以在期权到期日之前的任何一个交易日行使权利。在到期日之后期权作废，买方权利随之消失。

114．欧式期权（European Option）：期权买方只能在期权到期日行使权利的期权。期权买方在期权合约到期日之前不能行使权利，在到期日之后期权作废，买方权利随之消失。

115．执行价格（Exercise Price）：也称为履约价格、敲定价格、行权价格，是期权买方行使权利时，买卖双方交割标的物所依据的价格。

116．权利金（Premium）：也称为期权费、期权价格，是期权买方为取得期权合约所赋予的权利而支付给卖方的费用。

117．期权的内涵价值（Intrinsic Value）：在不考虑交易费用和期权费的情况下，买方立即执行期权合约可获取的行权收益。

118．期权的时间价值（Time Value）：又称外涵价值，是指权利金扣除内涵价值的剩余部分，它是期权有效期内标的物市场价格波动为期权持有者带来收益的可能性所隐含的价值。显然，标的物市场价格的波动率越高，期权的时间价值就越大。

119．实值期权（In-the-Money Option）：也称期权处于实值状态，是指执行价格低于标的物市场价格的看涨期权和执行价格高于标的物市场价格的看跌期权。在不考虑交易费用和期权权利金的情况下，买方立即履行期权合约能够获得行权收益。

120．虚值期权（Out-of-the-Money Option）：也称期权处于虚值状态，是指执行价格高于标的物市场价格的看涨期权和执行价格低于标的物市场价格的看跌期权。在不考虑交易费用和期权权利金的情况下，买方立即履行期权合约将产生亏损。所以，虚值期权不具有内涵价值，其内涵价值等于0。

121．平值期权（At-the-Money Option）：也称期权处于平值状态，是指执行价格等于标的物市场价格的期权。在不考虑交易费用和期权权利金的情况下，买方立即履行期权合约收益为零。

122．风险识别：风险管理的第一步，也是风险管理的基础。可通过对各种客观的资料和风险事故的记录来分析、归纳和整理，从而找出各种明显和潜在的风险及其损失规律。

123．风险度量：对风险影响范围的评价和估量，以及对项目风险发生时间的评价和估量等方面，包括对项目风险发生可能性大小（概率大小）的评价和估量。其主要作用是根据这种度量去制定风险的应对措施以及开展风险控制。

附录B 期货经纪合同

期货公司:

客户:

    双方本着平等协商、诚实信用的原则,就期货公司为客户提供期货交易服务的有关事项订立本合同

    第一条   客户委托期货公司按照客户交易指令为客户进行期货交易;期货公司接受客户委托,并按照客户交易指令为客户进行期货交易。

    第二条   期货公司根据期货交易所交易规则执行客户交易指令。期货公司有义务将交易结果转移给客户,客户有义务对交易结果承担全部责任。由于市场原因客户交易指令部分或者全部无法成交,除双方另有书面约定外,期货公司不承担责任。

    第三条   客户开户的最低保证金标准为5万元。客户资金不足5万元的,期货公司不得为客户开户。保证金可以现金、本票、汇票和支票等方式支付,以本票、汇票、支票等方式支付保证金的,以期货公司开户银行确认客户资金到账后方可开始交易。

    第四条   客户可根据期货交易所规则以可上市流通国库券或者标准仓单等质押保证金。同时,客户授权期货公司可将其质押物转质或者以其他方式处置。

    第五条   客户应当保证其资金来源的合法性。期货公司有权要求客户提供资金来源说明,客户对说明的真实性负保证义务。必要时,期货公司可要求客户提供相关证明。

    第六条   期货公司有权根据期货交易所的规定或者市场情况调整保证金比例。期货公司调整保证金,以期货公司发出的调整保证金公告或者通知为准。

    第七条   在期货公司有理由认为客户持有的未平仓合约风险较大时,有权对客户单独提高保证金比例。在此种情形下,提高保证金通知单独对客户发出。

    第八条   客户在下达新的交易指令前或者在其持仓过程中,应随时关注自己的持仓、保证金和权益变化。

    第九条   期货公司以风险率(或者其他风险控制方式)来计算客户期货交易的风险。风险率(或者其他风险控制方式)的计算方法为:_____(由期货公司、客户约定)。

    第十条   客户因交易亏损或者其他原因,交易风险达到约定的风险率(或者其他风险控制条件)时,期货公司将按照期货经纪合同约定的方式向客户发出追加保证金的通知,客户应当在下一交易日开市前及时追加保证金或者采取减仓措施。否则,期货公司有权在事先未通知的情况下,对客户的部分或者全部未平仓合约强行平仓,直至客户的交易风险达到约定的风险率(或者其他风险控制条件)。客户应承担强行平仓的手续费及由此发生的损失。

    第十一条   只要期货公司选择的平仓价位和平仓数量在当时的市场条件下属于合理的范围,客户承诺不因为强行平仓的时机未能选择最佳价位和数量而向期货公司主张权益。前款所称"合理的范围"指按照期货经纪业的执业标准,已经以适当的技能、小心谨慎和勤勉尽责的态度执行强行平仓。

    第十二条   除非客户事先特别以书面形式声明并得到期货公司的确认,期货公司对客户在不同期货交易所的未平仓合约统一计算风险。当客户保证金不足使客户交易风险达到约定

的风险控制条件时，期货公司有权停止客户开新仓，并可对客户持有的未平仓合约进行平仓。客户在期货公司实际控制若干交易账户时，期货公司有权对其合并计算风险。

第十三条 由于期货交易所编码规则的不同，客户可能在不同的期货交易所将拥有不同的交易编码。在这种情况下，客户在不同的交易编码下同时存在盈利和亏损时，在亏损部分未得到充分填补前，客户不得要求提取盈利部分。

第十四条 期货公司采取_____（期货公司、客户约定方式）向客户发出追加保证金通知书、强行平仓通知书。期货公司在每一交易日闭市后按照_____（期货公司、客户约定方式）向客户发出每日交易结算单。期货公司按照_____（期货公司、客户约定时间和方式）向客户提供上月交易结算月报。

第十五条 客户对期货公司提供的每日交易结算单、交易结算月报的记载事项有异议的，应当_____（按照期货公司、客户约定的方式和时间）向期货公司提出书面异议。客户在约定时间内未向期货公司提出书面异议，视为客户对记载事项的确认。

第十六条 期货公司或者客户要求变更本节的约定事项，应当及时通知另一方，经对方确认后方生效。否则，由此造成的通知延误或者损失均由该方负责。

第十七条 期货公司接受客户或者客户授权的指令下达人的交易指令。客户授权下列人员为客户的指令下达人：

　　姓名：　　　　　　　　身份证号码：　　　　　　　签字留样：

第十八条 期货公司接受客户或者客户授权的资金调拨人的调拨资金指令。客户授权下列人员为客户的资金调拨人：

　　姓名：　　　　　　　　身份证号码：　　　　　　　签字留样：

第十九条 客户以下列通信地址和号码作为客户与期货公司业务往来的唯一有效地址和号码：

　　地址：　　　　　　　　　　　　　　　　　　　　　　　邮编：

　　电话：　　　　　　　　　　　　　　　　　　　　　　　传真：

第二十条 客户如需变更其指令下达人、资金调拨人或者变更业务往来方式，需书面通知期货公司并经期货公司按规定程序确认后方生效。客户未及时书面通知期货公司的，由此造成的损失由客户负担。

第二十一条 客户交易指令可以通过书面、电话、电脑等方式下达。书面方式下达的指令必须由客户或者其指令下达人签字。电话、电脑等方式等下达指令的，期货公司有权进行同步录音或者用其他方式保留原始指令记录。客户同意，电话录音、电脑记录等业务过程中形成的记录与书面指令具有同等的法律效力。

第二十二条 期货公司有权审核客户的指令，包括保证金是否充足，指令内容是否齐全和明确，是否违反有关法规和交易所规则等，以确定指令的有效和无效；当确定客户的指令为无效指令时，期货公司有权拒绝执行客户的指令。

第二十三条 客户在发出指令后，可以在指令未成交或者未全部成交之前向期货公司要求撤回或者修改指令，但如果该指令已经在期货交易所成交，客户则必须承担交易结果。

第二十四条 客户若申请套期保值头寸，应当按照相关期货交易所的规定提供相应的文件或者证明，并对上述文件的真实有效承担责任，期货公司应协助客户申请套期保值头寸。

第二十五条 期货公司对客户的期货交易实行每日无负债结算。只要客户在该交易日进行过交易或者有持仓，期货公司均应在每个交易日闭市后按照本合同约定的时间和方式向客户发出显示其账户权益状况或者成交结果的交易结算单。

第二十六条 客户按照本合同约定的时间和方式向期货公司提出异议后，期货公司应根据原始指令记录和交易记录及时核实。当对与交易结果有直接关联的事项发生异议时，为避免损失的可能发生或者扩大，期货公司在收到客户的异议时，有权将发生异议的未平仓合约进行平仓。由此发生的损失由有过错的一方承担。

第二十七条 期货公司的交易结果不符合客户的交易指令，或者强行平仓不符合约定条件，期货公司有过错并给客户造成损失的，应当在下一交易日闭市前重新执行客户交易指令，或者恢复被强行平仓的头寸，并赔偿由此造成的直接损失。

第二十八条 客户应当在期货公司统一规定的时间内向期货公司提出交割申请。客户申请交割，应符合期货交易所的相关规定，否则，期货公司有权拒绝接受客户的实物交割申请。

第二十九条 客户应当在期货公司统一规定的期限前，向期货公司提交足额的交割资金或者标准仓单、增值税发票等期货交易所要求的凭证及票据。超过上述规定的期限，客户未下达平仓指令，也未向期货公司提交前款资金、凭证及票据，期货公司有权在未通知客户的情况下，对客户的未平仓合约进行平仓，由此产生的费用和结果由客户承担。

第三十条 交割通知、交割贷款交收或实物交付及交割违约处理办法依照相关期货交易所和期货公司的交割业务规则执行。

第三十一条 期货公司在期货交易所指定结算银行开设期货保证金账户，代管客户交存的保证金以及质押的可上市流通国库券。

第三十二条 期货公司为客户设置保证金明细账，并在每日交易结算单中报告保证金账户余额和保证金的划转情况。

第三十三条 在下列情况下，期货公司有权从客户保证金账户中划转保证金：

（一）依照客户的指示支付结余保证金；

（二）为客户向期货交易所交存保证金或者清算差额；

（三）为客户履约所支付的实物交割货款或者客户未履约情况下的违约罚款；

（四）客户因违法、违规被监管部门或者期货交易所予以罚款，期货公司为客户支付罚款；

（五）为客户支付的仓租或者其他费用；

（六）客户应当向期货公司、期货交易所支付的手续费和其他费用以及相关税项；

（七）期货公司与客户签订的书面协议中双方同意的划款事项。

第三十四条 客户保证金属于客户所有。期货公司因破产或者其他原因无法从事期货经纪业务时，客户的保证金不得用来抵偿期货公司的债务或者挪作他用。

第三十五条 期货公司应当在营业场所向客户提供国内期货市场行情及与交易相关的分析报告服务。期货公司提供的任何关于市场的分析和信息仅供客户参考，不构成对客户下达指令的指示、诱导或者暗示。客户应当对自己的交易行为负责，不得以根据期货公司的分析或者信息入市为理由，对交易亏损要求期货公司承担责任。

第三十六条 期货公司应当以发放培训教材等方式向客户提供期货交易知识和交易技术的培训服务。

第三十七条 客户有权随时查询自己的原始交易凭证，有权随时了解自己的账户情况，期货公司应当予以积极配合。

第三十八条　客户应当向期货公司支付代理进行期货交易的手续费。手续费收取的标准按附表执行。

第三十九条　客户支付给期货交易所的各项费用以及涉及客户的税项由客户承担，前述费用不在客户支付给期货公司的手续费之内。

第四十条　由于地震、火灾、战争等不可抗力因素导致的交易中断、延误等风险，期货公司不承担责任，但应在条件允许下采取一切必要的补救措施以减少因不可抗力造成的损失。

第四十一条　由于国家有关法律、法规、规章、政策或者相关期货交易所规则的改变、紧急措施的出台等导致客户所承担的风险，期货公司不承担责任。

第四十二条　由于通信设施中断、电脑程序故障、电力中断等原因导致指令传达、执行延迟，期货公司没有过错的，期货公司不承担责任。

第四十三条　本合同经双方当事人或者其代理人签字后，于客户开户资金汇入期货公司账户之日起生效。

第四十四条　本合同如有变更、修改或补充，双方需协商一致并签订变更、修改或补充协议，作为本合同的补充，与本合同具有同等效力。

第四十五条　在合同履行过程中若发生本合同未列明的事宜，按国家有关法规、规章、政策及相关期货交易所的章程、规则和本公司有关的业务细则以及期货交易惯例执行。

第四十六条　当发生下列情形之一时，期货公司有权通过平仓或执行质押物对客户账户进行清算，并解除同客户的委托关系：

（一）客户具备下列情形之一：

1．无民事行为能力或者限制民事行为能力的自然人；

2．期货监管部门、期货交易所的工作人员；

3．本公司职工及其配偶、直系亲属；

4．期货市场禁止进入者；

5．金融机构、事业单位和国家机关；

6．未能提供法定代表人签署的批准文件的国有企业或者国有资产占控股地位或者主导地位的企业；

7．单位委托开户未能提供委托授权文件的；

8．中国证监会规定的其他情况。

（二）客户死亡、丧失民事行为能力或者终止。

（三）客户被人民法院宣告进入破产程序。

（四）客户在期货公司的账户被提起诉讼保全或者扣划。

（五）客户出现其他法定或者约定解除合同条件的情况。客户应对期货公司进行账户清算的费用和清算后的债务余额负全部责任。

第四十七条　期货公司因故不能从事期货业务时，期货公司应当采取必要措施妥善处理客户的持仓和保证金。经客户同意，期货公司可以将客户持仓转移至其他期货公司，同时转移客户保证金。由此产生的有关合理费用由期货公司承担。

第四十八条　客户可以通过撤销账户的方式，终止与期货公司的期货经纪合同。期货公司、客户终止委托关系，客户应当办理销户手续。

第四十九条　双方发生交易纠纷或者其他争议的，可以自行协商解决，协商不成的，提请××仲裁委员会按其规则进行仲裁。

第五十条 期货公司的开户申请表、客户须知及客户声明为本合同不可分割的部分，要与本合同同时签署。

第五十一条 本合同一式二份，双方各执一份。

客户应当以自己的名义委托期货公司从事期货交易，保证身份证明（或者法人和其他经济组织的合法证件）的真实性。客户应当如实声明不具备下列情形：

1. 无民事行为能力或者限制民事行为能力的自然人；

2. 期货监管部门、期货交易所的工作人员；

3. 本公司职工及其配偶、直系亲属；

4. 期货市场禁止进入者；

5. 金融机构、事业单位和国家机关；

6. 未能提供法定代表人签署的批准文件的国有企业或者国有资产占控股地位或者主导地位的企业；

7. 单位委托开户未能提供委托授权文件的；

8. 中国证监会规定的其他情况。

如果客户未履行如实声明义务，期货公司有权解除期货经纪合同。

期货公司：

客户：

授权签字：

授权签字： 签署日期： 年 月 日

附录 C　期货交易风险说明书

尊敬的客户:

　　根据中国证监会的规定，××期货经纪有限公司（以下简称××期货）现向您提供本期货交易风险说明书。

　　进行期货交易风险相当大，可能发生巨额损失，损失的总额可能超过您存放在××期货的全部初始保证金以及追加保证金。因此，您必须认真考虑自己的经济能力是否适合进行期货交易。

　　考虑是否进行期货交易时，您应当明确以下几点:

　　（一）您在期货市场进行交易，假如市场走势对您不利时，××期货会按照期货经纪合同约定的时间和方式通知您追加保证金，以使您能继续持有未平仓合约。如您未于规定时间内存入所需保证金，您持有的未平仓合约将可能在亏损的情况下被追平仓，您必须承担由此导致的一切损失。

　　（二）您必须认真阅读并遵守期货交易所和××期货的业务规则。如果您无法满足期货交易所和××期货的业务规则，您所持有的未平仓合约将可能根据有关规则被强行平仓，您必须承担由此产生的后果。

　　（三）在某些市场情况下，您可能会难以或无法将持有的未平仓合约平仓。例如，这种情况可能在市场达到涨跌停板时出现，出现这类情况，您的所有保证金有可能无法弥补全部损失，您必须承担由此导致的全部损失。

　　（四）由于国家法律法规和政策的变化、期货交易所交易规则的修改或紧急措施的出台等原因，您持有的未平仓合约可能无法继续持有，您必须承担由此导致的损失。

　　（五）由于非期货交易所或者××期货所能控制的原因，例如地震、水灾、火灾等不可抗力因素或者计算机系统、通信系统故障等，可能造成您的指令无法成交或者无法全部成交，您必须承担由此导致的损失。

　　（六）在国内期货交易中，期货交易所无法做到即时确认，所有的交易结果须以闭市之后交易所的书面确认为依据。如果您利用口头确认的交易结果作进一步的交易，您可能会承担额外的风险。

　　（七）套期保值交易同单纯的投机交易一样，同样面临价格波动引起的风险。

　　电子化交易是指期货公司及其营业部利用现代通信和计算机网络技术开展的期货经纪业务及相关的服务，包括期货公司提供的计算机自助委托交易、网上自助委托交易和语音电话自助委托交易。

　　计算机自助委托交易是指使用期货公司计算机自助交易终端进行的期货交易；网上自助交易是指通过因特网与期货公司计算机系统连接进行的期货交易；语音电话自助委托交易是指通过拨打语音电话密码信箱系统进行的期货交易。

　　如果您申请或使用电子化交易，我们将认为您已经完全了解了电子化交易的风险，能够承受电子化交易风险，并能够承担由此可能带来的损失。

　　尽管电子化交易采用目前先进的网络产品和技术来保护客户资料和交易活动的安全，本公司也采取了积极的防护措施，在此仍郑重提醒您，除了其他交易手段共同具有的风险外，电子化交易还存在下列风险：

1．由于通信线路繁忙或服务器负载过重，您可能不能及时进入电子化交易系统完成交易。

2．由于因特网传输的原因，行情信息及其他信息可能会出现中断、停顿、延迟、数据错误等异常情况和不确定信息，可能导致您作出错误判断。

3．由于网络故障，在您通过电子化交易系统进行交易时，可能您的电脑界面已提示成功发送委托，但电子化交易系统并没有接收到委托指令，从而存在您不能及时完成交易的风险。

4．由于网络传输延迟，在您的查询结果中显示委托还未成功，您如果再次发出委托，可能会使电子化交易系统收到您的重复委托，导致您重复买卖。同时由于网络延迟，可能在您指定的委托价位不能成交，让您遭受损失。

5．由于其他人的攻击和入侵，电子化交易系统可能会出现故障，您可能不能及时进入电子化交易系统进行正常交易，或接收到错误信息。

6.即使您的交易指令最终发送到各期货交易所，但如果期货交易所的电脑系统出现故障，也可能导致您的委托不能完成。

鉴于上述可能发生的技术风险，××期货希望您及时对比其他相关信息，采用其他交易手段规避风险，并及时核查成交情况。

电子化交易系统进行交易时，您的身份可能会被仿冒。希望您本人到本公司按照有关法律法规及××期货操作流程的规定提交开户资料、办理开户手续，确保在安全状态下设置各类密码，并妥善保管自己的开户资料、交易密码。如果您开立的交易账户交由他人使用，出现未按您本人意图的买卖和提取资金等情况，××期货概不负责，您应当承担相应的交易结果和全部责任。

如您将交易账号、交易编码遗忘，就有可能被他人利用进行交易。希望您及时挂失，避免或减少损失。

由于种种原因，××期货不能对其通过网站等电子化方式发布信息的可靠性、真实性和正确性负完全责任。希望您能认真识别信息真伪，谨防信息风险。

您在采用电子化交易系统交易后，应当在交易当日同××期货进行账务核对，确认本人资金账户余额及当日发生额准确无误。如有异议或异常情况，请按照约定及时与××期货联系。

由于地震、水灾、火灾、台风、电力故障等不可抗力因素导致交易不能正常进行，造成您的经济损失，××期货不承担任何经济或法律责任。

××期货再次提醒您：您的身份可能会被仿冒，您应确保交易密码没有泄露或未被窃取；对由于因特网传输原因而导致中断、停顿、延迟、数据错误的风险，建议您对此进行核实，并及时采用其他交易手段；行情信息及其他信息有可能出现错误或误导，希望您能认真分辨信息真伪，谨防信息风险；如果××期货的网络通信设备、计算机系统发生放隙，也希望您能及时采用其他交易手段；无论您遇到任何意外或不正常情况，希望您及时与××期货联系，避免或尽量减少交易损失。

本期货交易风险说明书无法揭示从事期货交易的风险和有关期货市场的全部情形。您在入市交易之前，应对自身的经济承受能力、风险控制能力和心理承受能力作出客观判断，对期货交易作仔细的研究。

上述期货交易风险说明和期货电子化交易风险说明的内容，××期货已经在签订期货经纪合同之前向本单位/本人出示并说明，本单位/本人已阅读并完全理解。

客户（开户授权人）签字：

年　月　日

附录D 模 拟 试 题

模 拟 试 题 一

一、单项选择题

1. 在期货市场上以获取价差收益为目的的期货交易行为称为（　　）。

　　A. 套利交易　　　　　B. 期货投机　　　　　C. 期权交易　　　　　D. 过度投机

2. 一般情况下，（　　）是决定可接受的最低获利水平和最大亏损限度的重要因素。

　　A. 个人倾向　　　　　B. 技术分析　　　　　C. 供求分析　　　　　D. 基本分析

3. 当投机总量超过了保证期货市场所需足够的流动性以及市场容量的承受力时，该商品价格突然或不合理的波动，或不正常的变化，可以界定为（　　）。

　　A. 空头投机　　　　　B. 多头投机　　　　　C. 适度投机　　　　　D. 过度投机

4. 建仓时，当远期月份合约的价格（　　）近期月份合约的价格时，做多头的投机者应买入近期月份合约。

　　A. 低于　　　　　　　B. 等于　　　　　　　C. 接近于　　　　　　D. 大于

5. 建仓时，当远期月份合约的价格（　　）近期月份合约的价格时，做空头的投机者应该卖出近期月份合约。

　　A. 等于　　　　　　　B. 低于　　　　　　　C. 大于　　　　　　　D. 接近于

6. 当远期月份合约的价格（　　）近期月份合约的价格时，市场处于正向市场。

　　A. 等于　　　　　　　B. 大于　　　　　　　C. 低于　　　　　　　D. 接近于

7. 在期货投机交易中，投机者应该注意，止损单中的价格不能（　　）当时的市场价格。

　　A. 等于　　　　　　　B. 大于　　　　　　　C. 低于　　　　　　　D. 太接近于

8. 适度的投机能够（　　）价格波动。

　　A. 加剧　　　　　　　B. 减缓　　　　　　　C. 回避　　　　　　　D. 避免

9. 在主要的上升趋势线的上侧（　　），或者在主要的下降趋势的下侧（　　），均不失为有效的时机抉择的对策。

　　A. 建仓；平仓　　　　B. 平仓；建仓　　　　C. 买入；卖出　　　　D. 卖出；买入

10. 按照一般性资金管理要求，在任何单个的市场上所投入的总资金必须限制在总资本的（　　）以内。

　　A. 5%～10%　　　　B. 10%～15%　　　　C. 10%～20%　　　　D. 30%～40%

11. 按照一般性资金管理要求，在任何单个的市场上的最大总亏损金额必须限制在总资本的（　　）以内。

　　A. 2%　　　　　　　B. 5%　　　　　　　　C. 10%　　　　　　　D. 25%

12. 按照一般性资金管理要求，在任何一个市场群类上所投入的保证金总额必须限制在总资本的（　　）以内。

　　A. 20%～25%　　　　B. 10%～15%　　　　C. 5%～10%　　　　　D. 10%～20%

13. 在期货投机交易中，（　　）利用微小的价格波动来赚取微小利润，他们频繁进出，但交易量很大，希望以大量微利头曹来赚取利润。

    A．长线交易者   B．短线交易者   C．抢帽子者   D．当日交易者

14．某投机者决定做小麦期货合约的投机交易，以 1 200 元/吨买入 1 手合约。成交后立即下达一份止损单，价格定于 1 180 元/吨，此后价格上升到 1 220 元/吨，投机者决定下达一份新的到价止损指令，价格定于 1 210 元/吨，若市价回落可以保证该投机者（   ）。

    A．获得 10 元/吨的利润   B．损失 10 元/吨

    C．获得 15 元/吨的利润   D．损失 15 元/吨

15．期货市场的建立和期货交易的进行，其根本目的是要在市场经济条件下为商品的生产者、经营者和加工者创造一个规避价格波动风险的机制，这就是期货市场上的（   ）。

    A．期货投机   B．套期保值   C．套利交易   D．期权期货

16．在买入合约后，如果价格下降则进一步买入合约，以求降低平均买入价，一旦价格反弹可在较低价格上卖出止亏盈利，这称为（   ）。

    A．平均卖高   B．买低卖高   C．平均买低   D．卖高买低

17．下列关于止损单的表述中，正确的是（   ）。

    A．止损单中的价格不能太接近于当时的市场价格

    B．止损单中的价格应该接近于当时的市场价格，以便价格有波动时尽快平仓

    C．止损单中价格选择可以用基本分析法确定

    D．止损指令过大，能够避开噪声干扰，所以能够保证收益较大

18．（   ）在市场中的期货合约持仓方向很少改变，持仓时间较长，他们的交易动机和行为对形成权威价格具有一定的作用。

    A．现货企业   B．投机者   C．套期保值者   D．期货公司

19．建仓时除了决定买卖何种合约、合约数量及人市时间外，还必须确定（   ）。

    A．交易对手   B．对冲时间   C．现货价格   D．合约的交割月份

20．抢帽子者又称为（   ）。

    A．当日交易者   B．小投机商   C．空头投机者   D．逐小利者

二、多项选择题

1．期货交易者依照其交易目的的不同，可分为（   ）。

    A．套期保值者   B．长线交易者   C．投机者   D．短线交易者

2．一般来讲，作为期货市场的上市品种，应该是（   ）的商品。

    A．市场容量大   B．拥有大量买主和卖主

    C．价格受政府限制   D．易于标准化和分级

3．期货投机交易具有（   ）的作用。

    A．承担价格风险   B．促进价格发现   C．减缓价格波动   D．提高市场流动性

4．从交易头寸区分，期货市场中投机可分为（   ）。

    A．大投机商   B．多头空头者   C．小投机商   D．空头投机者

5．从持仓时间区分，期货市场中投机者可分为（   ）。

    A．长线交易者   B．短线交易者   C．当日交易者   D．抢帽子者

6．在期货投机交易市场上，为了尽可能增加获利机会，增加利润量，必须做到（   ）。

    A．集中资金投入方向

B．持仓应限定在自己可以完全控制的数量之内

C．分散资金投资方向

D．尽量增加持仓数量

7．采用金字塔式买入卖出方法时，增仓应遵循（　　）原则。

A．在现有持仓已盈利的情况下，才能增仓

B．持仓的增加应渐次递减

C．持仓的增加应渐次增加

D．持仓的增加应一次性递减

8．期货投机交易应遵循（　　）原则。

A．制订交易计划　　　　　　　　B．确定投入的风险资本

C．充分了解期货合约　　　　　　D．确定获利和亏损限度

9．灵活运用止损指令可以起到（　　）的作用。

A．避免损失　　　B．限制损失　　　C．减少利润　　　D．滚动利润

10．期货交易要想成功，交易者应该考虑到（　　）。

A．适度投机　　　B．资金管理　　　C．价格预测　　　D．时机抉择

11．过度投机具有（　　）等危害。

A．极易引起风险的集中和放大　　B．风险水平迅速上升

C．导致不合理的期货价格　　　　D．导致违约的发生

12．下列关于投机的各项表述中，正确的有（　　）。

A．投机者进行实物交割

B．投机者的交易目的就是为了转移或规避市场价格风险

C．投机交易主要利用期货市场中的价格波动进行买空卖空，从而获得价差收益

D．期货投机交易以较少资金做高速运转，以获取较大利润为目的

13．期货投机具有减缓价格波动的作用，但其实现前提是（　　）。

A．投机者要有理性化操作　　　　B．投机者要做现货交易

C．适度投机　　　　　　　　　　D．要选择好的期货上市品种

14．期货投机减缓价格波动的机理在于（　　）。

A．当期货市场价格低于均衡价格，投机者低价买进合约，使期货价格上涨，供求趋于平衡

B．当期货市场价格低于均衡价格，投机者高价卖出合约，使期货价格上涨，供求趋于平衡

C．当期货市场价格高于均衡价格，投机者高价卖出合约，使期货价格上涨，供求趋于平衡

D．当期货市场价格高于均衡价格，投机者低价买进合约，使期货价格上涨，供求趋于平衡

15．从分析预测方法区分，投机者可分为（　　）。

A．理性分析派　　B．基本分析派　　C．技术分析派　　D．图表分析派

16．制订交易计划具有（　　）。

A．可以使交易者被迫考虑可能被遗漏或考虑不周的问题

    B. 可以使交易者明确自己正处于何种市场环境

    C. 可以使交易者明确将要何时改变交易计划，应对多变的市场环境

    D. 可以使交易者选取适合自身特点的交易方法

17. 为了对投机队伍加以正确引导，应该最大限度地对投机者开放相关商品现货市场的信息，主要包括（　　　）。

    A. 现货生产经营知识   B. 现货市场的历史交易

    C. 现有库存   D. 当前生产需求情况

18. 赌博与投机的关系是（　　　）。

    A. 前者是人为制造的风险，而后者的风险是客观存在的

    B. 二者对结果都是无法预测的

    C. 前者只是个人的金钱的转移，而后者具有在期货市场上承担市场价格风险的功能

    D. 前者对结果是无法预测的，而后者可以运用自己的智慧去分析、判断、正确预测市场变化趋势

19. 期货投机者选择入市的时机，一般采取（　　　）等步骤。

    A. 研究市场趋势   B. 权衡风险和获利前景

    C. 决定入市的具体时间   D. 密切注意周围市场的变化

20. 决定是否买空或卖空期货合约的时候，交易者应该事先为自己确定（　　　），做好交易前的心理准备。

    A. 期望承受的最小亏损限度   B. 期望承受的最大亏损限度

    C. 最低获利目标   D. 最高获利目标

21. 在任何成功的期货交易模式中，交易者都应该考虑（　　　）。

    A. 时机抉择   B. 资金管理   C. 价格预测   D. 适度投机

22. （　　　）是期货市场的两个基本因素，共同维护期货市场的生存和发展。

    A. 投资   B. 期货投机   C. 套期保值   D. 套期交易

23. 期货投机交易的一般方法包括（　　　）。

    A. 平均买低或平均卖高   B. 买低卖高或卖高买低

    C. 金字塔式买入卖出   D. 跨期套利

24. 期货投机交易者要想成功的预测和交易，最终还受（　　　）等方面的影响。

    A. 分析方法   B. 个人情绪

    C. 所制订的交易计划   D. 客观现实

25. 从事期货交易活动，应当遵循（　　　）的原则。

    A. 公开   B. 公正   C. 公平   D. 诚实信用

三、计算题

1. 某投机者预测 8 月份大豆期货合约价格将上升。故买入 1 手（10 吨/手）大豆期货合约，成交价格为 2 010 元/吨。此后价格下降到 2 000 元/吨，该投机者再次买入 1 手合约，则该投机者的持仓平均价格为（　　　）元/吨。

    A. 2 010   B. 2 005   C. 2 000   D. 2 015

2. 某投机者预测 10 月份大豆期货合约价格将上升，故买入 10 手（10 吨/手）大豆期货合约，成交价格为 2 030 元/吨。可此后价格不升反降，为了补救，该投机者在 2 015 元/吨再

次买入 5 手合约，当市价反弹到（　　）元/吨时才可以避免损失。

　　A．2 030　　　　　B．2 020　　　　　C．2 015　　　　　D．2 025

3．某投机者预测 5 月份大豆期货合约价格将上升，故买入 5 手（10 吨/手），成交价格为 2 000 元/吨。此后，合约价格迅速上升到 2 020 元/吨，该投机者再次买入 4 手；当市场价格再次上升到 2 030 元/吨时，又买入 3 手合约；当市价上升到 2 040 元/吨时，再次买入 2 手；当市价上升到 2 050 元/吨时，再次买入 1 手。该投机者持仓的平均价格为（　　）元/吨。

　　A．2 020　　　　　B．2 025　　　　　C．2 030　　　　　D．2 035

四、判断题

1．期货交易实行保证金制度。　　　　　　　　　　　　　　　　　　（　　）

2．期货市场的价格发现机制正是投机者对未来市场价格走向预测的反映。（　　）

3．适度的投机可以加剧市场价格波动。　　　　　　　　　　　　　　（　　）

4．买进期货合约投机者，拥有多头头寸，称为多头投机者。　　　　　（　　）

5．期货交易是否成功，在很大程度上取决于市场流动性的大小，这一点主要取决于投机者。　　　　　　　　　　　　　　　　　　　　　　　　　　　　　　（　　）

6．投机者所冒的风险是人为制造的风险。　　　　　　　　　　　　　（　　）

7．一般情况下，个人倾向是决定可接受的最低获利水平和最大亏损限度的重要因素。

　　　　　　　　　　　　　　　　　　　　　　　　　　　　　　　（　　）

8．如果建仓后市场行情与预料的相反，可以采取买低卖高或卖高买低的政策。（　　）

9．当远期月份合约的价格大于近期月份合约的价格时，市场处于反向市场。（　　）

10．期货投机主张横向投资多元化，而证券投资主张纵向投资分散化。　（　　）

11．投机者一般不做现货交易，几乎不进行实物交割。　　　　　　　　（　　）

12．期货市场具有一种把价格风险从保值者转移给投机者的机制。　　（　　）

13．短线交易者一般只进行当日或某一交易节的买卖，很少将持有的头寸拖到第二天。

　　　　　　　　　　　　　　　　　　　　　　　　　　　　　　　（　　）

14．在卖出合约后，如果价格上升则进一步卖出合约，以提高平均卖出价格，一旦价格回落可以在较高价格上买入止亏盈利，这就是平均买低。　　　　　　　　（　　）

15．套期保值队伍的扩大，有利于抑制市场过度投机和逼仓行为。　　（　　）

16．套期图利者不是投机者的一种。　　　　　　　　　　　　　　　　（　　）

17．期货上市品种的价格应受到政府限制。　　　　　　　　　　　　　（　　）

18．在期货投机交易中，应提倡使用倒金字塔式买入方式。　　　　　　（　　）

19．过度投机使期货市场逐渐丧失保值基础。　　　　　　　　　　　　（　　）

20．在任何单个市场上的最大总亏损金额必须限制在总资本的 10%以内。（　　）

参 考 答 案

一、单项选择题

1．B　　　　2．A　　　　3．D　　　　4．D　　　　5．B

6．B　　　　7．D　　　　8．B　　　　9．C　　　　10．B

11．B　　　12．A　　　13．C　　　14．A　　　15．B

16．C　　　17．A　　　18．C　　　19．D　　　20．D

二、多项选择题

1. AC	2. ABD	3. ABCD	4. BD	5. ABCD
6. AC	7. AB	8. ABCD	9. BD	10. BCD
11. ABCD	12. CD	13. AC	14. AC	15. BC
16. ABCD	17. ABCD	18. ACD	19. ABC	20. BC
21. ABD	22. BC	23. ABCD	24. ABCD	25. ABCD

三、计算题

1. B［分析］平均价格＝（$2\,010 \times 1 + 2\,000 \times 1$）$/2 = 2\,005$（元/吨）。

2. D［分析］平均价格＝（$2\,030 \times 10 + 2\,015 \times 5$）$/15 = 2\,025$（元/吨）。

3. A［分析］平均价格＝（$2\,000 \times 5 + 2\,020 \times 4 + 2\,030 \times 3 + 2\,040 \times 2 + 2\,050 \times 1$）$/15$
＝$2\,020$（元/吨）。

四、判断题

1. √	2. ×	3. ×	4. √	5. √
6. ×	7. √	8. ×	9. ×	10. ×
11. √	12. √	13. ×	14. ×	15. √
16. ×	17. ×	18. ×	19. √	20. ×

模 拟 试 题 二

一、单项选择题

1. 期货市场最早萌芽于（　　）。
   A. 美国　　　　　　　B. 欧洲　　　　　　　C. 亚洲　　　　　　　D. 南美洲

2. 现代意义上的期货交易在（　　）产生于美国芝加哥。
   A. 16 世纪中期　　　B. 17 世纪中期　　　C. 18 世纪中期　　　D. 19 世纪中期

3. 1848 年，芝加哥的 82 位商人发起组建了（　　）。
   A. 芝加哥商业交易所　　　　　　　　　B. 伦敦金属交易所
   C. 纽约商业交易所　　　　　　　　　　D. 芝加哥期货交易所

4. CBOT 是（　　）的简称。
   A. 芝加哥期货交易所　　　　　　　　　B. 伦敦金属交易所
   C. 纽约商业交易所　　　　　　　　　　D. 芝加哥商业交易所

5. 芝加哥期货交易所的英文缩写是（　　）。
   A. COMEX　　　　　B. CME　　　　　　C. CBOT　　　　　　D. NYMEX

6. 芝加哥期货交易所于（　　）推出了标准化合约，并实行了保证金制度。
   A. 1851 年　　　　　B. 1865 年　　　　　C. 1874 年　　　　　D. 1882 年

7. 1882 年，交易所允许以（　　）方式免除履约责任，这更加促进了投机者的加入，使期货市场流动性加大。
   A. 实物交割　　　　　B. 对冲　　　　　　C. 现金交割　　　　　D. 期转现

8. （　　）芝加哥期货交易所结算公司成立，从此，现代意义上的结算机构出现了。
   A. 1848 年　　　　　B. 1865 年　　　　　C. 1882 年　　　　　D. 1925 年

9. 1874 年 5 月，（　　）成立，并于 1969 年发展成为世界最大的肉类和畜类期货交易中心。
   A. 芝加哥期货交易所　　　　　　　　　B. 伦敦金属交易所
   C. 芝加哥商业交易所　　　　　　　　　D. 芝加哥商业交易所

10. 芝加哥商业交易所的英文缩写是（　　）。
    A. COMEX　　　　　B. CME　　　　　　C. CBOT　　　　　　D. NYMEX

11. 2007 年，CBOT 和 CME 合并成为（　　），该集团成为目前全球最大的期货交易场所。
    A. 纽约商业交易所　　　　　　　　　　B. 纽约期货交易所
    C. 欧洲期货交易所　　　　　　　　　　D. 芝加哥商业交易所集团

12. 1876 年 12 月，LME 成立。现在，（　　）是世界最大的有色金属期货交易中心。
    A. 芝加哥商业交易所　　　　　　　　　B. 伦敦金属交易所
    C. 美国堪萨斯交易所　　　　　　　　　D. 芝加哥期货交易所

13. 在发达的市场经济体系中，（　　）共同构成各有分工而又密切联系的多层次的交易体系。
    A. 期货交易与现货交易　　　　　　　　B. 现货交易与远期交易
    C. 期货交易与远期交易　　　　　　　　D. 期货交易与现货交易、远期交易

14．关于期货交易与现货交易的区别，下列描述错误的是（　　）。

A．现货市场上商流与物流在时空上基本是统一的

B．并不是所有商品都能够成为期货交易的品种

C．期货交易不受交易对象、交易空间限制

D．期货交易的目的一般不是为了获得实物商品

15．关于期货交易与现货交易的联系，下列描述错误的是（　　）。

A．现货交易是以期货交易为基础的

B．期货交易是以现货交易为基础的

C．没有期货交易，现货交易的价格波动风险难以回避

D．没有现货交易，期货交易就没有了产生的根基

16．（　　）的对象是实物商品。

A．现货交易　　　　　　　　　　B．农产品期货交易

C．金属期货交易　　　　　　　　D．期权交易

17．（　　）不是"货"，而是一种合同，是一种可以反复交易的标准化合约。

A．期货　　　　　B．纸货　　　　　C．通货　　　　　D．现货

18．期货交易套期保值者的目的是（　　）。

A．获得风险收益　　　　　　　　B．获得实物

C．转移现货市场的价格风险　　　D．让渡商品的所有权

19．期货交易投机者的目的是（　　）。

A．获得风险收益　　　　　　　　B．获得实物

C．转移价格风险　　　　　　　　D．让渡商品的所有权

20．（　　）必须在高度组织化的交易所内以公开竞价的方式集中进行。

A．现货交易　　　　B．远期交易　　　　C．分期付款交易　　　D．期货交易

21．（　　）实行每日无负债结算制度。

A．现货交易　　　　B．远期交易　　　　C．分期付款交易　　　D．期货交易

22．（　　）本质上属于现货交易，是现货交易在时间上的延伸。

A．分期付款交易　　B．即期交易　　　　C．期货交易　　　　D．远期交易

23．期货交易与（　　）有相似之处，主要表现在两者均为买卖双方约定于未来某一特定时间以约定价格买入或卖出一定数量的商品。

A．分期付款交易　　B．即期交易　　　　C．现货交易　　　　D．远期交易

24．关于远期交易与期货交易的区别，下列描述错误的是（　　）。

A．期货交易的对象是交易所统一制定的标准化期货合约

B．远期合同缺乏流动性

C．远期交易最终的履约方式是商品交收

D．期货交易具有较高的信用风险

25．（　　）尽管在一定程度上也能起到调节供求关系、减少价格波动的作用，但由于缺乏流动性，所以其价格的权威性和转移分散风险的作用受到限制。

A．期货交易　　　　B．纸货交易　　　　C．远期交易　　　　D．现货交易

26．期货交易有实物交割和（　　）两种履约方式。

　　A．背书转让　　　　B．对冲平仓　　　　C．货币交割　　　　D．强制平仓

27．期货交易与远期交易的区别不包括（　　）。

　　A．交割时间不同　　B．交易对象不同　　C．履约方式不同　　D．信用风险不同

28．不属于期货交易基本特征的是（　　）。

　　A．合约标准化和杠杆机制　　　　　　B．交易集中化

　　C．双向交易和对冲机制　　　　　　　D．实物交收

29．期货合约标准化是指除（　　）外的所有条款都是预先由期货交易所统一规定好的，这为期货交易带来很大便利。

　　A．交易品种　　　　B．商品交收　　　　C．保证金　　　　　D．价格

30．对于期货交易来说，保证金比例越低，期货交易的杠杆作用就（　　）。

　　A．越大　　　　　　B．越小　　　　　　C．越不确定　　　　D．越稳定

31．在国际上，期货市场的发展，经历了（　　）的发展过程。

　　A．商品期货—期货期权—金属期货　　　B．金属期货—商品期货—期货期权

　　C．商品期货—金融期货—期货期权　　　D．外汇期货—商品期货—期货期权

32．农产品期货是指以农产品为标的物的期货合约。下列不是以经济作物作为期货标的物的是（　　）。

　　A．棉花　　　　　　B．大豆　　　　　　C．白糖　　　　　　D．小麦

33．最早的金属期货交易诞生于（　　）。

　　A．美国　　　　　　B．法国　　　　　　C．德国　　　　　　D．英国

34．1876 年成立的，开金属期货交易之先河的期货交易所是（　　）。

　　A．CBOT　　　　　B．LME　　　　　　C．COMEX　　　　D．NYMEX

35．LME 是（　　）的简称。

　　A．芝加哥期货交易所　　　　　　　　B．伦敦金属交易所

　　C．纽约商业交易所　　　　　　　　　D．伦敦国际石油交易所

36．当今（　　）的期货价格依然是国际金属市场的晴雨表。

　　A．芝加哥商业交易所　　　　　　　　B．伦敦金属交易所

　　C．美国堪萨斯交易所　　　　　　　　D．芝加哥期货交易所

37．1994 年，（　　）合并成为现在的纽约商业交易所。

　　A．NYMEX 和 COMEX　　　　　　　B．NYMEX 和 LME

　　C．CBOT 和 CME　　　　　　　　　　D．NYMEX 和 CME

38．目前（　　）拥有世界上成交量最大的黄金期货合约。

　　A．CME　　　　　　B．NYMEX　　　　C．CBOT　　　　　D．LME

39．（　　）是世界上最具影响力的能源产品交易所，上市的品种有原油、汽油、取暖油、天然气、电力等。

　　A．芝加哥商业交易所　　　　　　　　B．芝加哥期货交易所

　　C．纽约商业交易所　　　　　　　　　D．芝加哥商业交易所集团

40．下列期货品种不属于金融期货的是（　　）。

　　A．黄金期货　　　　　　　　　　　　B．国债期货

　　C．股票期货　　　　　　　　　　　　D．股票价格指数期货

41．金融期货经历了（　　）的发展历程。

　　A．股指期货—利率期货—外汇期货　　　B．外汇期货—股指期货—利率期货

　　C．外汇期货—利率期货—股指期货　　　D．利率期货—外汇期货—股指期货

42．1972 年 5 月，（　　）设立了国际货币市场分部（IMM），率先推出外汇期货。

　　A．芝加哥商业交易所　　　　　　　　　B．芝加哥期货交易所

　　C．纽约商业交易所　　　　　　　　　　D．伦敦国际金融期货交易所

43．1975 年 10 月，（　　）上市国民抵押协会债券（GNMA）期货合约，从而成为世界上第一个推出利率期货合约的交易所。

　　A．芝加哥商业交易所　　　　　　　　　B．芝加哥期货交易所

　　C．纽约商业交易所　　　　　　　　　　D．伦敦国际金融期货交易所

44．1982 年 2 月，（　　）开发了价值线综合指数期货合约，使股票价格指数也成为期货交易的对象。

　　A．芝加哥商业交易所　　　　　　　　　B．美国堪萨斯期货交易所

　　C．纽约商业交易所　　　　　　　　　　D．伦敦国际金融期货交易所

45．金融期货品种最先上市的是（　　）。

　　A．国民抵押协会债券利率期货　　　　　B．外汇期货

　　C．价值线综合指数期货合约　　　　　　D．美国长期国债期货期权

46．天气的变化导致能源、农业、保险和旅游业对相关企业产品的需求量变化的期货是（　　）。

　　A．天气期货　　　　B．信用期货　　　　C．选举期货　　　　D．指数期货

47．经济指数期货是指借助指数期货分散系列商品的价格风险，比较有代表性的是（　　）。

　　A．GDP 指数期货　　　　　　　　　　　B．房地产指数期货

　　C．美国 CRB 期货　　　　　　　　　　　D．消费者物价指数期货

48．1982 年 10 月 1 日，（　　）合约在芝加哥期货交易所上市，为其他商品期货和金融期货交易开辟了新的领域，引发了期货交易的又一场革命。

　　A．外汇期货　　　　　　　　　　　　　B．价值线综合指数期货

　　C．国民抵押协会债券（GNMA）期货　　D．美国长期国债期货期权

49．（　　）不仅对现货商具有规避风险的作用，而且对期货商的期货交易也具有一定程度的规避风险的作用，相当于为高风险的期货交易买上一份保险。

　　A．现货交易　　　　B．远期交易　　　　C．期货交易　　　　D．期权交易

50．下列关于期货交易和期权交易说法错误的是（　　）。

　　A．期权合约最早在芝加哥期货交易所上市

　　B．期权交易与期货交易都具有规避风险、提供套期保值的功能

　　C．期权交易不仅对现货商具有规避风险的作用，而且对期货商的期货交易也具有一定程度的规避风险的作用

　　D．目前，国际期货市场上只有少量期货品种引进了期权交易方式

51．下列关于目前国际期货市场的基本态势描述不正确的是（　　）。

　　A．商品期货保持稳定　　　　　　　　　B．金融期货后来居上

C．期货期权方兴未艾　　　　　　　　D．各个品种、各个市场间相互约束

52．从全球期货市场分布来看，（　　）三足鼎立。

A．北美、欧洲、亚太地区　　　　　　B．北美、拉美、亚太地区

C．欧洲、拉美、亚太地区　　　　　　D．北美、南美、亚太地区

53．下列关于衍生品交易描述不正确的是（　　）。

A．期货交易是衍生品交易的一种重要类型

B．并非所有的衍生品交易都在交易所内进行

C．衍生品交易所内的交易规模要比场外交易市场的交易规模大得多

D．代表性的衍生品市场有远期、期货、期权和互换4种

54．期货市场是一个有组织的规范化的市场，期货市场的特殊机制使得它从制度上提供了一个（　　）的环境，为市场有效运行提供了制度基础。

A．半垄断类型　　　　　　　　　　　B．近似完全竞争类型

C．半竞争类型　　　　　　　　　　　D．半垄断半竞争类型

55．对期货市场价格发现的特点，以下说法不正确的是（　　）。

A．预期性　　　　　B．连续性　　　　　C．权威性　　　　　D．保密性

56．对期货交易在衍生品交易中的地位，以下说法不正确的是（　　）。

A．期货交易在衍生品交易中发挥着基础性作用

B．期货市场转移风险的效果低于远期和互换等衍生品市场

C．其他衍生品的定价往往参照期货价格进行

D．其他衍生品市场在转移风险时，往往要和期货交易配套运作

57．（　　）是期货市场的基本功能。

A．规避风险和获利　　　　　　　　　B．规避风险和价值发现

C．规避风险和价格发现　　　　　　　D．规避风险和套现

58．期货市场规避风险的功能是指借助（　　），通过在期货和现货两个市场进行交易，建立一种盈亏冲抵机制，实现锁定成本、稳定收益的目的。

A．套期保值交易方式　　　　　　　　B．套利交易方式

C．期权交易方式　　　　　　　　　　D．期现套利交易方式

59．期货市场（　　）的功能，为生产经营者实现锁定成本提供了良好的途径。

A．价格发现　　　　B．规避风险　　　　C．资源配置　　　　D．投机

60．（　　）并不是消灭风险，而只是将其转移，转移出去的风险需要有相应的承担者。

A．对冲机制　　　　B．价格发现　　　　C．套期保值　　　　D．投机

61．期货市场的套期保值功能是将市场价格风险转移给了（　　）。

A．套期保值者　　　B．生产经营者　　　C．期货交易所　　　D．投机者和套利者

62．期货市场上套期保值规避风险的基本原理是（　　）。

A．现货市场上的价格波动频繁

B．期货市场上的价格搅动频繁

C．期货价格比现货价格变动得更频繁

D．同种商品的期货价格和现货价格走势一致

63．期货市场价格是在公开、公正、高效、竞争的期货交易运行机制下形成的，对该价

格的特征表述不正确的是（　　）。

    A．保密性　　　　　B．预期性　　　　　C．连续性　　　　　D．权威性

64．期货价格具有对（　　）进行预期的功能。

    A．现货供求关系　　　　　　　　　B．现货价格变化

    C．现货定价　　　　　　　　　　　D．未来供求关系及其价格变化趋势

65．通过传播媒介，交易者能够及时了解期货市场的交易情况和价格变化，这反映了期货价格的（　　）。

    A．公开性　　　　　B．预期性　　　　　C．连续性　　　　　D．权威性

66．在期货交易发达的国家，（　　）被视为权威价格，成为现货交易行为的重要参考依据，也是国际贸易者研究世界市场行情的依据。

    A．现货价格　　　　B．期货价格　　　　C．期权价格　　　　D．股票价格

67．关于期货市场作用描述不正确的是（　　）。

    A．锁定生产成本，实现预期利润

    B．利用期货价格信号安排生产经营活动

    C．提供实施套期保值手段的场所，为套期保值者消灭了风险

    D．有助于增强国际价格形成中的话语权

68．下列体现期货市场有助于稳定国民经济的例子是（　　）。

    A．黑龙江农垦、江西铜业、铜陵有色金属公司等大型国有企业多年利用期货市场开展套期保值业务取得了良好的经济效益

    B．黑龙江等大豆主产区自1997年就开始参考大连商品交易所大豆期货价格安排生产

    C．以芝加哥期货交易所为代表的农产品期货市场促进了美国农业生产结构的调整

    D．2003年国储局数次抛售库存天然橡胶，年末又宣布2004年取消进口配额管理，同时将国内两大垦区的天然橡胶农林特产税改为农业税

69．1990年10月12日，（　　）经国务院批准，以现货交易为基础，引入期货交易机制，作为我国第一个商品期货市场正式开业，迈出了中国期货市场发展的第一步。

    A．中国郑州粮食批发市场　　　　　B．深圳有色金属交易所

    C．上海金属交易所　　　　　　　　D．大连商品交易所

70．1992年9月，我国第一家期货经纪公司（　　）成立。

    A．广东万通期货经纪公司　　　　　B．中国国际期货经纪公司

    C．浙江永安期货经纪公司　　　　　D．北京金鹏期货经纪公司

71．1993年11月4日，国务院下发《关于制止期货市场盲目发展的通知》，开始了第一次清理整顿，最终有（　　）家交易所被确定为试点交易所。

    A．15　　　　　　　B．18　　　　　　　C．33　　　　　　　D．52

72．1998年8月1日，国务院下发《国务院关于进一步整顿和规范期货市场的通知》，开始了第二次清理整顿，15家交易所被压缩合并为（　　）家。

    A．15　　　　　　　B．9　　　　　　　　C．5　　　　　　　　D．3

73．（　　）国务院和中国证监会分别颁布了《期货交易暂行条例》《期货交易所管理办法》《期货经纪公司管理办法》《期货经纪公司高级管理人员任职资格管理办法》和《期货从业人员资格管理办法》。

　　　A．1996 年　　　　　B．1997 年　　　　　C．1998 年　　　　D．1999 年

74．（　　）12 月 29 日，中国期货业协会宣告成立，标志着中国期货行业自律组织的诞生。

　　　A．2000 年　　　　　B．2001 年　　　　　C．2002 年　　　　D．2003 年

75．（　　），全国人大批准的"十五"规划第一次提出了"稳步发展期货市场"，为我国期货市场长达 7 年的清理整顿画上了句号。

　　　A．2000 年 3 月　　　B．2001 年 3 月　　　C．2002 年 3 月　　　D．2003 年 3 月

76．（　　），中共十六届三中全会将"稳步发展期货市场"写入《中共中央关于完善社会主义市场经济体制若干问题的决定》中。有关期货市场的发展方针首次写入了党的会议决议，"稳步发展期货市场"被赋予了新的内涵和高度。

　　　A．2000 年 3 月　　　B．2003 年 10 月　　C．2004 年 3 月　　　D．2005 年 3 月

77．（　　），国务院发布《关于推进资本市场改革开放和稳定发展的若干意见》，对"稳步发展期货市场"作出了进一步阐述和部署，成为"指导期货市场发展的纲领"。

　　　A．2001 年 2 月　　　B．2002 年 2 月　　　C．2003 年 3 月　　　D．2004 年 2 月

78．国务院颁布的《期货交易管理条例》于（　　）起施行。

　　　A．2007 年 3 月 16 日　　　　　　　B．2007 年 4 月 15

　　　C．1999 年 6 月 2 日　　　　　　　　D．2003 年 6 月 23

79．下列不是上海期货交易所交易品种的是（　　）。

　　　A．铜、铝、锌　　　　　　　　　　B．天然橡胶、燃料油

　　　C．黄金　　　　　　　　　　　　　D．棕榈油

80．下列不是大连商品交易所交易品种的是（　　）。

　　　A．黄大豆 1 号、豆粕、豆油、黄大豆 2 号

　　　B．玉米

　　　C．棕榈油

　　　D．菜籽油

81．下列不是郑州商品交易所交易品种的是（　　）。

　　　A．硬冬小麦、优质强筋小麦　　　　B．棉花、白糖

　　　C．PTA　　　　　　　　　　　　　D．LLDPE

82．（　　），中国期货保证金监控中心成立。该监控中心是经国务院同意、中国证监会决定设立的期货保证金安全存管机构。

　　　A．2004 年 5 月 18 日　　　　　　　B．2005 年 5 月 18 日

　　　C．2006 年 5 月 18 日　　　　　　　D．2007 年 5 月 18 日

83．（　　）是经国务院同意、中国证监会决定设立的期货保证金安全存管机构。

　　　A．中国期货保证金监控中心　　　　B．中国期货保证金监管中心

　　　C．中国期货保证金管理中心　　　　D．中国期货保证金监督中心

84．2008 年 1 月 9 日，我国黄金期货在（　　）上市。

　　　A．郑州商品交易所　　　　　　　　B．大连商品交易所

　　　C．上海期货交易所　　　　　　　　D．中国金融期货交易所

85．2006 年全国期货交易金额达到 21 万亿元，2007 年全国期货交易金额已突破（　　）元。

A. 25 万亿　　　　　B. 28 万亿　　　　　C. 30 万亿　　　　　D. 40 万亿

86. 中国金融期货交易所在（　　　）挂牌成立。

A. 北京　　　　　　B. 上海　　　　　　C. 天津　　　　　　D. 深圳

87. （　　　），中国金融期货交易所挂牌成立。

A. 2006 年 9 月 8 日　　　　　　　　　B. 2006 年 12 月 8 日

C. 2007 年 3 月 20 日　　　　　　　　　D. 2007 年 5 月 18 日

88. 2008 年 1 月 9 日，（　　　）期货在上海期货交易所上市。

A. 锌　　　　　　　B. 铜　　　　　　　C. 铝　　　　　　　D. 黄金

二、多项选择题

1. 芝加哥期货交易所（　　　）等具有历史意义的制度创新的实施，标志着现代期货市场的确立。

A. 标准化合约　　B. 保证金制度　　C. 对冲机制　　　D. 统一结算

2. 1865 年，芝加哥期货交易所推出了（　　　）。

A. 标准化合约　　B. 保证金制度　　C. 对冲机制　　　D. 统一结算

3. 现货交易覆盖面广，不受（　　　）等方面的制约，交易灵活方便。

A. 交易对象　　　B. 交易时间　　　C. 交易空间　　　D. 交易价格

4. 期货交易与现货交易的联系包括（　　　）。

A. 期货交易是一种高级的交易方式，它以现货交易为基础

B. 没有期货交易，现货交易的价格波动风险难以回避

C. 没有现货交易，期货交易就没有了产生的根基

D. 两者相互补充、共同发展

5. 期货交易与现货交易的区别包括（　　　）。

A. 交易对象和交易目的不同　　　　　B. 交割时间不同

C. 交易场所和方式不同　　　　　　　D. 结算方式不同

6. 对于期货交易者的目的，下列表述正确的包括（　　　）。

A. 获得风险收益　　　　　　　　　　B. 获得实物

C. 转移风险　　　　　　　　　　　　D. 让渡商品的所有权

7. 现货交易的目的是（　　　）。

A. 获得风险收益　　　　　　　　　　B. 获得实物

C. 转移风险　　　　　　　　　　　　D. 让渡商品的所有权

8. 现货交易、远期交易、期货交易三者之间的联系包括（　　　）。

A. 远期交易属于现货交易，是现货交易在时间上的延伸

B. 期货交易属于现货交易，是现货交易在时间上的延伸

C. 期货交易与远期交易主要表现在两者均为买卖双方约定于未来某一特定时间以约定价格买入或卖出一定数量的商品

D. 期货交易是一种高级的交易方式，它以现货交易为基础

9. （　　　）均为买卖双方约定于未来某一特定时间以约定价格买入或卖出一定数量的商品。

A. 分期付款交易　　B. 远期交易　　　C. 现货交易　　　D. 期货交易

10. 在远期交易中，合同中的商品（　　）等相关要素由交易双方私下协商达成。

A. 数量　　　　　　　B. 等级　　　　　　　C. 质量　　　　　　　D. 交收地点

11. 关于期货交易与远期交易的比较，正确的是（　　）。

	期货交易	远期交易
A. 交易对象	标准化合约	标准化合约，合同要素由买卖双方商定
B. 交易目的	转移风险或追求风险收益	获得或让渡商品所有权
C. 功能作用	规避风险或价格发现	具有一定的转移风险的作用
D. 信用风险	较高	非常小

12. 期货交易的基本特征可归纳为（　　）。

A. 合约标准化和杠杆机制　　　　　　B. 双向交易和对冲机制

C. 当日无负债结算制度　　　　　　　D. 交易集中化

13. 期货交易有（　　）履约方式。

A. 实物交割　　　　B. 对冲平仓　　　　C. 背书转让　　　　D. 强制平仓

14. 商品期货品种有（　　）。

A. 农产品期货　　　B. 金属期货　　　　C. 能源期货　　　　D. 指数期货

15. 农产品期货的标的物主要有（　　）。

A. 谷物　　　　　　B. 经济作物　　　　C. 畜禽产品　　　　D. 林产品

16. 下列农产品期货的标的物是经济作物的有（　　）。

A. 玉米　　　　　　B. 棉花　　　　　　C. 大豆　　　　　　D. 白糖

17. 金属期货是指以金属为标的物的期货合约。下列是有色金属标的物的有（　　）。

A. 铁　　　　　　　B. 铜　　　　　　　C. 辞　　　　　　　D. 铝

18. 关于金属期货，下列说法正确的有（　　）。

A. 最早的金属期货交易诞生于英国

B. 1876 年成立的伦敦金属交易所开金属期货交易之先河

C. 1899 年，伦敦金属交易所将每天上下午进行两轮交易的做法引入铜、锡交易中

D. 至今，伦敦金属交易所的期货价格依然是国际金属市场的晴雨表

19. 下列说法正确的有（　　）。

A. 美国金属期货的出现晚于英国

B. 1994 年，NYMEX 和 COMEX 合并成为现在的纽约商业交易所

C. 世界上主要的金属交易所是 LME 和 NYMEX 的分部 COMEX

D. 目前，NYMEX 拥有世界上成交量最大的黄金期货合约

20. 目前，纽约商业交易所是世界上最具影响力的能源产品交易所，其上市的品种有（　　）等。

A. 原油　　　　　　B. 汽油　　　　　　C. 取暖油　　　　　D. 电力

21. 金融期货的类别可区分为（　　）。

A. 外汇期货　　　　B. 金属期货　　　　C. 利率期货　　　　D. 股指期货

22. 下列期货属于金融期货的是（　　）。

A. 外汇期货　　　　B. 国债期货　　　　C. 黄金期货　　　　D. 股指期货

23. 下列关于金融期货说法正确的有（　　）。

A．金融期货经历了黄金期货—利率期货—股指期货的发展历程

B．金融期货品种最先上市的是外汇期货

C．国民抵押协会债券期货合约是世界上第一个利率期货合约

D．价值线综合指数期货合约是以股票指数为期货交易对象的

24．芝加哥商业交易所推出的天气指数期货和期权包括（　　　）。

A．温度期货　　　　B．降雪量期货　　　C．霜冻期货　　　D．飓风期货

25．下列说法正确的有（　　　）。

A．美国长期国债期货期权合约是 20 世纪 80 年代出现的最重要的金融创新之一

B．期权交易具有规避风险的功能，但不能套期保值

C．期权交易对现货商不具有规避风险的作用

D．目前，国际期货市场上的许多期货交易所都引进了期权交易方式

26．2007 年，位居全球期货、期权市场交易量前三名的交易所是（　　　）。

A．CME 集团　　　　　　　　　　B．韩国交易所

C．欧洲期货交易所　　　　　　　　D．伦敦金属交易所

27．衍生品交易是从（　　　）等基础资产的交易衍生而来的一种新的交易方式。

A．商品　　　　　　　　　　　　B．股票和股票指数

C．债券　　　　　　　　　　　　D．外汇

28．关于衍生品交易，下列说法正确的有（　　　）。

A．衍生品交易被区分为场内交易和场外交易

B．场外交易市场的交易规模要比交易所内的交易规模小得多

C．场外交易又称为柜台交易或店头交易

D．场外交易的不足之处是缺乏流动性，存在一定的信用风险

29．代表性的衍生品市场有（　　　）。

A．远期市场　　　　B．期货市场　　　C．期权市场　　　D．互换市场

30．期货市场在衍生品体系中的交易量比重不是最大，但期货市场发挥着其他衍生品市场无法替代的作用，其原因有（　　　）。

A．期货市场价格发现的效率较高，期货价格具有较强的权威性

B．期货市场转移风险的效果低于远期和互换等衍生品市场

C．期货市场的流动性水平高，可以较低成本实现转移风险或获取风险收益的目的

D．大宗基础原材料的国际贸易定价采取"期货价格＋升贴水"的点价贸易方式，期货市场成为国际贸易定价的基准

31．以下说法正确的有（　　　）。

A．期货交易在衍生品交易中发挥着基础性作用

B．其他衍生品的定价往往参照期货价格进行

C．其他衍生品市场在转移风险时，往往要和期货交易配套运作

D．很多新型的衍生创新品种也是以期货、期权交易为基础发展起来的

32．期货交易的功能是（　　　）。

A．获得实物　　　　　　　　　　B．规避风险

C．价格发现　　　　　　　　　　D．让渡商品的所有权

33．期货市场通过套期保值来实现规避风险的功能，其基本原理是（　　）。

    A．同种商品的期货价格和现货价格走势一致

    B．同种商品的期货价格和现货价格走势完全相同

    C．期货价格和现货价格随着期货合约到期日的来临，两者呈现趋同性

    D．套期保值能消灭风险

34．套期保值并不是消灭风险，而只是将其转移出去，转移出去的风险需要有相应的承担者，（　　）正是期货市场风险的承担者。

    A．期货投机者　　　　B．套期保值者　　　　C．套利者　　　　D．期货公司

35．下列关于期货市场价格发现功能说法正确的有（　　）。

    A．期货市场特有的机制使它比其他市场具有更高的价格发现效率

    B．期货市场价格发现的功能是在期货市场公开、公平、高效、竞争的期货交易运行中形成的

    C．期货市场的特殊机制使得它从制度上提供了一个近似完全竞争类型的环境

    D．期货交易形成的价格具有预期性、连续性、公开性和权威性的特点

36．期货交易形成的价格具有（　　）的特点。

    A．预期性　　　　B．连续性　　　　C．公开性　　　　D．权威性

37．期货市场的作用包括（　　）。

    A．利用期货价格信号安排生产经营活动，锁定生产成本，实现预期利润

    B．提供分散、转移价格风险的工具，有助于稳定国民经济

    C．为政府宏观政策的制定提供参考依据

    D．有助于现货市场的完善与发展，增强国际价格形成中的话语权

38．我国期货市场在过去的 20 年发展过程中，经历了（　　）三个阶段。

    A．理论准备与试办　　　　　　　　B．治理与整顿

    C．全面取缔　　　　　　　　　　　D．规范发展

39．1998 年，国务院发布《国务院关于进一步整顿和规范期货市场的通知》，开始了期货市场的第二次清理整顿工作。第二次清理整顿后，15 家交易所被压缩合并为 3 家，这 3 家交易所分别是（　　）。

    A．上海期货交易所　　　　　　　　B．郑州商品交易所

    C．中国金融期货交易所　　　　　　D．大连商品交易所

40．1999 年，国务院和中国证监会颁布了（　　）等法律法规，规范了期货市场发展。

    A．《期货交易暂行条例》

    B．《期货交易所管理办法》

    C．《期货经纪公司管理办法》

    D．《期货经纪公司高级管理人员任职资格管理办法》和《期货从业人员资格管理办法》

41．在 1994 年期货市场的治理整顿中，对期货经纪公司进行重新审核，清理整顿，坚决停止了（　　）。

    A．期货经纪公司开展的境外期货经纪业务

    B．期货经纪公司、非银行金融机构及各类咨询公司开展的外汇按金交易

C．银行金融机构开展的外汇按金交易

D．期货经纪公司、非银行金融机构及各类咨询公司开展的外汇期货交易

42．关于我国期货市场"稳步发展期货市场"的重大事件有（　　　）。

A．2001 年 3 月，全国人大批准的"十五"规划第一次提出了"稳步发展期货市场"，为我国期货市场长达 7 年的清理整顿画上了句号

B．2003 年 10 月，"稳步发展期货市场"写入《中共中央关于完善社会主义市场经济体制若干问题的决定》

C．2004 年 2 月 1 日，国务院发布《关于推进资本市场改革开放和稳定发展的若干意见》，对"稳步发展期货市场"作出了进一步阐述和部署，成为"指导期货市场发展的纲领"

D．2007 年，第十届全国人大第五次会议和 2008 年第十一届全国人大第一次会议《政府工作报告》都明确坚持"稳步发展期货市场"

43．2002 年，中国证监会重新修订并发布颁布（　　　），新修订的管理办法的颁布和实施为期货市场的稳步发展奠定了基础。

A．《期货从业人员管理办法》

B．《期货经纪公司高级管理人员任职资格管理办法》

C．《期货交易所管理办法》

D．《期货经纪公司管理办法》

44．《期货从业人员执业行为准则》是对期货从业人员的（　　　）等方面的基本要求和规定，是期货从业人员在执业过程中必须遵守的行为规范，是中国期货业协会对期货从业人员进行纪律处分的依据。

A．执业品德　　　B．执业纪律　　　C．专业胜任能力　　D．职业责任

45．2004 年 1 月 31 日，《国务院关于推进资本市场改革开放和稳定发展的若干意见》这个纲领性文件对期货经纪公司的性质、内部治理结构、发展方向等诸多方面作出了新的规定。它提出（　　　）。

A．把期货经纪公司建设成为具有竞争力的现代金融企业

B．健全期货经纪公司的市场准入制度

C．督促期货经纪公司完善治理结构，规范其股东行为，强化董事会和经理人员的诚信义务

D．改革期货客户交易结算资金管理制度，研究健全客户交易结算资金存管机制

46．与原有的《期货交易管理暂行条例》相比，新《期货交易管理条例》的内容包括（　　　）。

A．将适用范围扩大到商品、金融期货和期权合约交易

B．期货公司被定位为金融企业

C．金融机构被禁止从事期货交易

D．设立期货投资者保障基金，建立投资者利益补偿机制

47．目前上海期货交易所交易的期货品种有（　　　）。

A．铜、铝、锌　　B．天然橡胶　　　C．燃料油、黄金　　D．棕榈油、PTA

48．目前郑州商品交易所交易的品种有（　　　）。

A．硬冬小麦、优质强筋小麦　　　　　B．棉花、白糖

    C．LLDPE、棕榈油　　　　　　　　D．PTA、菜籽油

49．对中国期货保证金监控中心描述正确的是（　　）。

    A．是营利性公司制法人

    B．是非营利性公司制法人

    C．经发改委同意、中国证监会设立

    D．基本职能包括及时发现并报告期货保证金被挪用的风险状况

50．中国期货保证金监控中心是经国务院同意、中国证监会决定设立的期货保证金安全存管机构，由（　　）出资兴办。

    A．上海期货交易所　　　　　　　　B．大连商品交易所

    C．郑州商品交易所　　　　　　　　D．中国金融期货交易所

51．2006 年 9 月 8 日，中国金融期货交易所在上海挂牌成立，该交易所是由（　　）共同发起设立的。

    A．上海期货交易所　　　　　　　　B．大连商品交易所

    C．郑州商品交易所　　　　　　　　D．上海证券交易所和深圳证券交易所

52．在下列期货交易所中，（　　）没有金属期货品种上市交易。

    A．上海期货交易所　　　　　　　　B．大连商品交易所

    C．郑州商品交易所　　　　　　　　D．中国金融期货交易所

三、判断题

1．1848 年，芝加哥的 82 位商人发起组建了芝加哥期货交易所。　　　　　（　　）

2．期货交易一般是即时成交或在很短时间内完成商品的交收活动。　　　（　　）

3．现货交易覆盖面广，不受交易对象、交易时间、交易空间等方面的制约，交易灵活方便。　　　　　　　　　　　　　　　　　　　　　　　　　　　　　（　　）

4．期货交易涵盖了全部实物商品，可以说，有商品就有相应的期货交易。　（　　）

5．期货合约所指的标的物是有限的特定种类的商品，并不是所有的商品都能够成为期货交易的品种。　　　　　　　　　　　　　　　　　　　　　　　　　　　（　　）

6．套期保值者的目的是从期货市场的价格搅动中获得风险利润。　　　　（　　）

7．期货交易投机者的目的是通过期货交易转移现货市场的价格风险。　　（　　）

8．期货交易必须在高度组织化的期货交易所内以公开竞价的方式进行。　（　　）

9．期货交易一般不受交易时间、地点、对象的限制，交易灵活方便，随机性强，可以在任何场所与对于交易。　　　　　　　　　　　　　　　　　　　　　　　（　　）

10．期货交易双方必须缴纳一定数额的保证金，并且在持仓期间，所交纳的保证金额度不变，且不能支取保证金。　　　　　　　　　　　　　　　　　　　　　　（　　）

11．期货交易与远期交易均为买卖双方约定于未来某一特定时间以约定价格买入或卖出一定数量的商品。　　　　　　　　　　　　　　　　　　　　　　　　　　　（　　）

12．期货交易是远期交易的雏形，远期交易是在期货交易的基础上发展起来的。（　　）

13．期货不是"货"，而是一种合同，是一种可以反复交易的标准化合约，在期货交易中并不涉及具体的实物商品。　　　　　　　　　　　　　　　　　　　　　　　（　　）

14．远期交易的对象是交易双方私下协商达成的非标准化合同，所涉及的商品没有任何限制。　　　　　　　　　　　　　　　　　　　　　　　　　　　　　　　（　　）

15．远期交易本质上属于现货交易，是现货交易在时间上的延伸。　　　　（　　）

16．期货交易尽管在一定程度上也能起到调节供求关系、减少价格波动的作用，但由于缺乏流动性，所以其价格的权威性和分散风险的作用大打折扣。　　　　（　　）

17．期货交易和远期交易都有实物交割和对冲平仓两种履约方式。　　　　（　　）

18．在期货交易中，绝大多数期货合约都是通过对冲平仓的方式了结的。　　（　　）

19．在期货交易中，绝大多数期货合约都是通过实物交割的方式了结的。　　（　　）

20．远期交易履约方式主要采用实物交收方式，虽然也可采用背书转让方式，但最终的履约方式是实物交收。　　　　（　　）

21．期货交易以保证金制度为基础，实行每日无负债结算制度，每日进行结算，信用风险较小。　　　　（　　）

22．与远期交易相比，期货交易具有较高的信用风险。　　　　（　　）

23．1865 年，芝加哥期货交易所推出标准化合约和保证金制度。　　　　（　　）

24．期货合约标准化指的是，包括价格在内的所有条款都是预先由期货交易所规定好的，具有标准化的特点。　　　　（　　）

25．初次参与期货交易者，只能以买入期货合约作为期货交易的开端。　　（　　）

26．期货交易者既可以买入期货合约作为期货交易的开端，也可以卖出期货合约作为交易的开端。　　　　（　　）

27．对于期货市场来说，投机和套利者的参与大大增加了期货市场的流动性。　（　　）

28．目前，国际期货市场上的大部分期货交易品种都引进了期权交易方式。　（　　）

29．现代期货市场中既有期货交易又有期权交易，期权交易在规避风险方面比期货交易更具优越性。　　　　（　　）

30．一般情况下，现货市场和期货市场的价格变动趋势相同，并且随着期货合约临近交割，现货价格与期货价格趋于一致。　　　　（　　）

31．期货市场的套期保值功能可以帮助生产经营者消灭大部分市场价格风险。　（　　）

32．所有衍生品交易都必须在交易所的交易场内通过公开竞价的方式进行，不允许场外交易。　　　　（　　）

33．期货价格能够连续不断地反映供求关系及其变化趋势。　　　　（　　）

34．2004 年 2 月 1 日，国务院发布《关于推进资本市场改革开放和稳定发展的若干意见》，对"稳步发展期货市场"作出了进一步阐述和部署，成为"指导期货市场发展的纲领"。
　　　　（　　）

35．中国金融期货交易所是由上海期货交易所、郑州商品交易所和大连商品交易所三家交易所共同发起设立的。　　　　（　　）

36．中国期货保证金监控中心的成立对于保证期货交易资金安全、维护投资者利益具有重要意义。　　　　（　　）

37．2007 年 3 月 16 日，国务院颁布《期货交易管理条例》，并于 2007 年 4 月 15 日起施行。　　　　（　　）

38．在《期货交易管理条例》中，期货公司被定位为金融企业。　　　　（　　）

四、综合题

1．现代意义上的期货交易在 19 世纪中期产生于美国芝加哥，对此下列说法正确的是（　　）。

A．1848 年，芝加哥的 82 位商人发起组建了芝加哥期货交易所

B．1851 年，芝加哥期货交易所引进了远期合同

C．1865 年，芝加哥期货交易所推出了标准化合约，同时实行保证金制度

D．1882 年，交易所允许以对冲方式免除履约责任

E．1925 年，芝加哥期货交易所结算公司成立

2．对于期货交易与现货交易的区别，下表 A、B、C、D、E 中正确的是（　　）。

		期货交易	现货交易
A．	交易对象	标准化合约	实物商品或金融商品
B．	交割时间	商流和物流在时空上基本一致	商流和物流分离
C．	交易目的	转移风险或追求风险收益	获得或让渡商品
D．	交易场所与方式	交易所集中交易，公开竞价	集中交易
E．	结算方式	一次性结算为主	货到付款或分期结算为辅

3．期货交易的基本特征有（　　），其中使期货市场具有高收益高风险特点的是（　　）。

A．合约标准化　　　　　　　　　B．杠杆机制

C．双向交易和对冲机制　　　　　D．当日无负债结算制度

E．交易集中化

4．下列交易对象是合同的有（　　），交易目的是转移现货市场风险的有（　　），一定不用保证金交易的有（　　）。

A．现货交易　　　B．商品期货交易　　　C．金融期货交易　　　D．远期交易

E．期权交易

5．下列期货市场重大事件，与芝加哥期货交易所有关的是（　　）。

A．首次推出现代意义上的农产品期货合约

B．首次推出金属期货合约

C．首次推出利率期货合约

D．首次推出长期国债期货合约

E．首次推出长期国债期货期权合约

6．下列交易具有规避风险、提供套期保值功能的是（　　）。

A．证券交易　　　　B．期货交易　　　　C．现货交易　　　　D．期权交易

E．远期交易

7．在下列品种中，目前在郑州商品交易所交易的品种有（　　）。

A．小麦　　　　　B．棉花　　　　　C．棕榈油　　　　D．菜籽油

E．PTA

参 考 答 案

一、单项选择题

1．B	2．D	3．D	4．A	5．C
6．B	7．B	8．D	9．C	10．B
11．D	12．B	13．D	14．C	15．A
16．A	17．A	18．C	19．A	20．D

21. D	22. D	23. D	24. D	25. C
26. B	27. A	28. D	29. D	30. A
31. C	32. D	33. D	34. B	35. B
36. B	37. A	38. B	39. C	40. A
41. C	42. A	43. B	44. B	45. B
46. A	47. C	48. D	49. D	50. D
51. D	52. A	53. C	54. B	55. D
56. B	57. C	58. A	59. B	60. C
61. D	62. D	63. A	64. D	65. A
66. B	67. C	68. C	69. A	70. A
71. A	72. D	73. D	74. A	75. B
76. B	77. D	78. B	79. D	80. D
81. D	82. C	83. A	84. C	85. D
86. B	87. A	88. D		

二、多项选择题

1. ABCD	2. AB	3. ABC	4. ABCD	5. ABCD
6. AC	7. BD	8. ACD	9. BD	10. ABCD
11. ABC	12. ABCD	13. AB	14. ABC	15. ABCD
16. BCD	17. BCD	18. ABCD	19. ABCD	20. ABCD
21. ACD	22. ABD	23. BCD	24. ABCD	25. AD
26. ABC	27. ABCD	28. ACD	29. ABCD	30. ACD
31. ABCD	32. BC	33. AC	34. AC	35. ABCD
36. ABCD	37. ABCD	38. ABD	39. ABD	40. ABCD
41. ABD	42. ABCD	43. ABCD	44. ABCD	45. ABCD
46. ABD	47. ABC	48. ABD	49. BD	50. ABC
51. ABCD	52. BCD			

三、判断题

1. √	2. ×	3. √	4. ×	5. √
6. ×	7. ×	8. √	9. ×	10. ×
11. √	12. ×	13. √	14. √	15. √
16. ×	17. ×	18. √	19. ×	20. √
21. √	22. ×	23. √	24. ×	25. ×
26. √	27. √	28. √	29. √	30. √
31. ×	32. ×	33. √	34. √	35. ×
36. √	37. √	38. √		

四、综合题

1. ABCDE	2. AC	3. ABCDE；B	4. BCE；BCE；AE
5. ACDE	6. BD	7. ABDE	

模 拟 试 题 三

一、单项选择题

1. 关于期货市场组织结构，下列说法错误的是（　　）。
    A. 期货市场是一个高度组织化的市场，有着严密的组织结构和交易制度，从而可以保障期货市场的有效运转
    B. 期货市场的组织结构由期货交易所、期货公司和投资者三部分组成
    C. 期货交易所是专门进行标准化期货合约买卖的场所，按照其章程的规定实行自律管理，以其全部财产承担民事责任
    D. 期货交易所自身不得直接或间接参与期货交易活动，只为期货交易提供设施和服务

2. 下列关于期货交易所的说法错误的是（　　）。
    A. 期货交易所是专门进行标准化期货合约买卖的场所
    B. 期货交易所按照其章程的规定实行自律管理
    C. 期货交易所以其全部财产承担民事责任
    D. 期货交易所参与期货价格的形成

3. （　　）期货交易所不以营利为目的。
    A. 合伙制　　　　B. 合作制　　　　C. 会员制　　　　D. 公司制

4. 下列不属于会员制期货交易所会员的基本权利的是（　　）。
    A. 行使表决权、申诉权　　　　　　B. 设计期货合约
    C. 在期货交易所内进行期货交易　　D. 按规定转让会员资格

5. 世界各地期货交易所的会员构成不尽相同。欧美国家期货交易所会员以（　　）为主。
    A. 自然人会员　　B. 法人会员　　　C. 全权会员　　　D. 专业会员

6. 会员大会是会员制期货交易所的（　　）。
    A. 管理机构　　　B. 监督机构　　　C. 权力机构　　　D. 常设机构

7. （　　）期货交易所是实行自律性管理的非营利性的法人。
    A. 合伙制　　　　B. 合作制　　　　C. 会员制　　　　D. 公司制

8. 会员制期货交易所的常设机构是（　　）。
    A. 董事会　　　　B. 理事会　　　　C. 专业委员会　　D. 业务管理部门

9. 下列不在会员制期货交易所理事会职权范围内的有（　　）。
    A. 召集会员大会，并向会员大会报告工作
    B. 负责起草交易规则
    C. 监督会员大会决议和理事会决议的实施
    D. 监督总经理履行职务行为

10. 下列关于会员制期货交易所有关选举和任免的说法不正确的有（　　）。
    A. 理事会由交易所全体会员通过会员大会选举产生
    B. 理事长由交易所全体会员通过会员大会选举产生
    C. 理事中还有若干名政府管理部门委任的非会员理事
    D. 理事会下设若干专业委员会，一般由理事长提议，经理事会同意设立

11．会员制期货交易所设立的专业委员会一般由（　　　）。
　　A．会员大会提议，经理事会同意设立　　B．理事长提议，经理事会同意设立
　　C．理事长提议，总经理同意设立　　　　D．总经理提议，理事长同意设立

12．在公司制期货交易所中，由（　　　）负责聘任或者解聘公司副经理、财务负责人。
　　A．股东大会　　　B．董事会　　　　C．经理　　　D．监事会

13．在会员制期货交易所中，（　　　）负责审查现有合约并向理事会提出有关合约修改的意见。
　　A．交易规则委员会　　　　　　　　B．合约规范委员会
　　C．交易行为管理委员会　　　　　　D．会员资格审查委员会

14．在会员制期货交易所中，（　　　）负责监督所有与交易活动有关的问题，调查、审查和解决交易期间以及以后发现的错误或价格不符等问题。
　　A．交易规则委员会　　　　　　　　B．合约规范委员会
　　C．业务委员会　　　　　　　　　　D．新品种委员会

15．在会员制期货交易所中，交易规则委员会负责（　　　）。
　　A．起草交易规则，并按理事会提出的修改意见进行修改
　　B．对本交易所发展有前途的新品种期货合约及其可行性进行研究
　　C．审查入会申请，并调查其真实性及申请人的财务状况、个人品质和商业信誉
　　D．审查现有合约并向理事会提出有关合约修改的意见

16．在会员制期货交易所中，新品种委员会负责（　　　）。
　　A．起草交易规则，并按理事会提出的修改意见进行修改
　　B．对本交易所发展有前途的新品种期货合约及其可行性进行研究
　　C．审查入会申请，并调查其真实性及申请人的财务状况、个人品质和商业信誉
　　D．审查现有合约并向理事会提出有关合约修改的意见

17．在会员制期货交易所中，仲裁委员会负责（　　　）。
　　A．起草交易规则，并按理事会提出的修改意见进行修改
　　B．对本交易所发展有前途的新品种期货合约及其可行性进行研究
　　C．通过仲裁程序解决会员之间、非会员与会员之间以及交易所内部纠纷及申诉
　　D．审查现有合约并向理事会提出有关合约修改的意见

18．（　　　）期货交易所由若干股东共同出资组建，以营利为目的。
　　A．合伙制　　　B．合作制　　　　C．会员制　　　D．公司制

19．英国以及英联邦国家的期货交易所一般都是（　　　）交易所。
　　A．合伙制　　　B．合作制　　　　C．会员制　　　D．公司制

20．2007年由CME和CBOT合并而成的CME集团是（　　　）交易所。
　　A．合伙制　　　B．合作制　　　　C．会员制　　　D．公司制

21．（　　　）是公司制交易所的最高权力机构。
　　A．董事会　　　B．股东大会　　　C．理事会　　　D．监事会

22．（　　　）是公司制交易所的常设机构，对股东大会负责。
　　A．股东大会　　　B．董事会　　　C．监事会　　　D．理事会

23．股份公司设置的（　　　）由股东代表和适当比例的公司职工代表组成。

A．股东大会　　　B．董事会　　　C．监事会　　　D．理事会

24．（　）交易所首先适用《公司法》的规定，只有在《公司法》未作规定的情况下，才适用《民法》的一般规定。

A．合伙制　　　B．合作制　　　C．会员制　　　D．公司制

25．（　）作为一种传统的期货交易所组织形式，已有 160 年的历史。

A．合伙制　　　B．合作制　　　C．会员制　　　D．公司制

26．下列交易所中，实行公司制的是（　）。

A．郑州商品交易所　　　　　　　B．大连商品交易所

C．上海期货交易所　　　　　　　D．中国金融期货交易所

27．在公司制期货交易所中，由（　）对董事、高级管理人员执行公司职务的行为进行监督，对违反法律、行政法规、公司章程或股东会决议的董事、高级管理人员提出罢免建议。

A．股东大会　　　B．董事会　　　C．经理　　　D．监事会

28．在公司制期货交易所中，由（　）组织实施公司年度经营计划和投资方案。

A．股东大会　　　B．董事会　　　C．经理　　　D．监事会

29．我国的期货交易所兼有结算职能，下列说法不正确的是（　）。

A．组织并监督结算和交割，保证合约履行

B．监管会员的交易行为

C．监管指定交割仓库

D．在会员之间进行利润分配

30．下列期货交易所中，组织形式属于会员制的是（　）。

A．大连商品交易所　　　　　　　B．中国金融期货交易所

C．纽约商品交易所　　　　　　　D．伦敦国际石油交易所

31．下列不属于公司制期货交易所特点的描述是（　）。

A．对交易中任何一方的违约行为所生产的损失负责赔偿

B．完全中立，其工作人员不得参与交易

C．交易所的设立，不是投资行为，不存在投资回报问题

D．公司制期货交易所效率较高

32．（　）作为保证金的收取、管理机构，承担风险控制责任，履行计算期货交易盈亏、担保交易履行、控制市场风险的职能。

A．期货公司　　　　　　　　　　B．期货结算机构

C．期货中介机构　　　　　　　　D．中国期货保证金监控中心

33．期货交易一旦成交，（　）就承担起保证每笔交易按期履约的全部责任。

A．期货公司　　　　　　　　　　B．期货结算机构

C．期货中介机构　　　　　　　　D．中国期货保证金监控中心

34．（　）是期货市场风险控制最根本、最重要的制度。

A．保证金制度　　B．持仓制度　　C．大户报告制度　　D．强行平仓制度

35．下列是附属于某一交易所但又是独立法人的结算机构为（　）。

A．美国国际结算公司　　　　　　B．英国伦敦结算所

　　　　C．美国芝加哥商业交易所　　　　　　　　D．中国金融期货交易所

36．目前，我国期货交易所期货结算机构采用的组织方式是（　　　）。

　　　　A．作为某一交易所内部机构的结算机构

　　　　B．附属于某一交易所的相对独立的结算机构

　　　　C．由政府出面组建的具有监管职能的结算机构

　　　　D．由多家交易所和实力较强的金融机构出资组成一家独立的结算公司

37．我国目前的期货交易所中，采取分级结算制度的期货交易所是（　　　）。

　　　　A．中国金融期货交易所　　　　　　　　B．郑州商品交易所

　　　　C．大连商品交易所　　　　　　　　　　D．上海期货交易所

38．我国期货交易所会员由结算会员和非结算会员组成的期货交易所是（　　　）。

　　　　A．中国金融期货交易所　　　　　　　　B．郑州商品交易所

　　　　C．大连商品交易所　　　　　　　　　　D．上海期货交易所

39．下列类似于我国期货公司的美国期货市场中介机构是（　　　）。

　　　　A．期货佣金商（FCM）

　　　　B．介绍经纪商（IB）

　　　　C．场内经纪人（FB）、助理中介人（AP）

　　　　D．期货交易顾问（CTA）

40．在美国期货市场中介机构中，（　　　）的主要业务是为期货佣金商开发客户或接受期货、期权指令，但不能接受客户的资金，且必须通过期货佣金商进行结算。

　　　　A．期货佣金商（FCM）

　　　　B．介绍经纪商（IB）

　　　　C．场内经纪人（FB）、助理中介人（AP）

　　　　D．期货交易顾问（CTA）

41．在美国期货市场中介机构中，（　　　）是指在公开喊价的期货交易场所内，为客户买卖期货的人。

　　　　A．期货佣金商（FCM）　　　　　　　　B．介绍经纪商（IB）

　　　　C．场内经纪人（FB）　　　　　　　　　D．期货交易顾问（CTA）

42．在美国期货市场中介机构中，（　　　）是指为期货经纪商、介绍经纪商、客户交易顾问和商品基金经理介绍客源的个人。

　　　　A．期货佣金商（FCM）　　　　　　　　B．介绍经纪商（IB）

　　　　C．助理中介人（AP）　　　　　　　　　D．期货交易顾问（CTA）

43．在美国期货市场中介机构中，（　　　）是指为客户提供期货交易决策咨询或进行价格预测的期货服务商。

　　　　A．期货佣金商（FCM）　　　　　　　　B．介绍经纪商（IB）

　　　　C．助理中介人（AP）　　　　　　　　　D．期货交易顾问（CTA）

44．2007年3月16日颁布的《期货交易管理条例》将"期货经纪公司"名称改为（　　　）。

　　　　A．经纪公司　　　　　　　　　　　　　B．期货公司

　　　　C．期货有限责任公司　　　　　　　　　D．经纪行业公司

45．下列关于期货居间人的说法正确的是（　　　）。

A．居间人与期货公司有隶属关系

B．居间人是期货公司所订立期货经纪合同的当事人

C．居间人主要从事投资咨询

D．居间人是为投资者或期货公司介绍订约或提供订约机会的个人或法人

46．目前，我国的介绍经纪商由（　　）担任。

A．券商　　　　　　B．期货居间人　　　　C．自然人　　　　　D．期货交易顾问

47．国外研究认为，将传统投资组合中的（　　）配置给对冲基金，可以获得更优的夏普比率。

A．10%～20%　　　B．20%～25%　　　C．25%～30%　　　D．30%～35%

48．"风险对冲过的基金"是指（　　）。

A．共同基金　　　　　　　　　　　　B．对冲基金

C．对冲基金的基金　　　　　　　　　D．商品基金

49．对冲基金通常是指不受监管的组合投资计划，其出资人人数一般在（　　），而且对投资者有着很高的资金实力要求。

A．400 人以下　　B．300 人以下　　　C．300 人以上　　D．100 人以下

50．对冲基金一个显著的特征，就是经常运用（　　）的办法去抵消市场风险，锁定套利机会。

A．做多　　　　　　B．做空　　　　　　C．杠杆交易　　　D．对冲

51．（　　）是一种集合投资，即将所有合伙人的资本集合起来进行交易，通常投资于公开市场上的各种证券、货币、期货、期权等。

A．共同基金　　　　　　　　　　　　B．对冲基金

C．对冲基金的基金　　　　　　　　　D．商品基金

52．目前美国的对冲基金以（　　）为主。

A．公司制　　　　　B．有限合伙制　　　C．会员制　　　　D．无限合伙制

53．对冲基金一般只有（　　）负责对冲基金的日常管理、投资策略的制定和具体措施。

A．有限合伙人　　B．一般合伙人　　　C．基金经理人　　D．基金托管人

54．美国的对冲基金作为私募基金，按照操作方式和投资者数量可分两类：一类是（　　），它受到美国证券交易法案等相关规定的制约，存在最大投资者数量限制；另一类为（　　），法律没有限制投资者的数量。

A．低风险对冲基金；混合型对冲基金

B．低风险对冲基金；高风险对冲基金

C．美国对冲基金；离岸对冲基金

D．共同基金；低风险对冲基金

55．建立世界上第一家对冲基金的是（　　）。

A．巴菲特　　　　　　　　　　　　　B．阿尔弗雷德·温斯洛·琼斯

C．索罗斯　　　　　　　　　　　　　D．罗杰斯

56．（　　）是一种利益共享、风险共担的集合投资方式，该投资组合中的资金并不配置到期货等衍生品市场领域。

A．对冲基金　　　　　　　　　　　　B．共同基金

C. 对冲基金的基金　　　　　　　　　　　D. 商品基金

57. （　　）是指广大投资者将资金集中起来，委托给专业的投资机构，并通过商品交易顾问进行期货期权投资交易，投资者承担风险并享受投资收益的一种集合投资方式。

　　A. 对冲基金　　　　　　　　　　　　　B. 共同基金

　　C. 对冲基金的基金　　　　　　　　　　D. 商品基金

58. 实际管理商品基金的资金和账户的是（　　）。

　　A. 有限合伙人　　　　　　　　　　　　B. 一般合伙人

　　C. 商品交易顾问　　　　　　　　　　　D. 基金托管人

59. 商品基金的（　　），是基金的设计者和运作的决策者，负责选择基金的发行方式，选择基金主要成员，决定基金投资方向等。

　　A. 商品交易顾问　　　　　　　　　　　B. 期货佣金商

　　C. 商品基金经理　　　　　　　　　　　D. 托管人

60. 专注投资期货和期权合约的基金是（　　）。

　　A. 共同基金　　　　　　　　　　　　　B. 对冲基金

　　C. 对冲基金的基金　　　　　　　　　　D. 商品基金

61. 将募集的资金投资于多个对冲基金，而不是投资于股票、债券的基金是（　　）。

　　A. 共同基金　　　　　　　　　　　　　B. 对冲基金

　　C. 对冲基金的基金　　　　　　　　　　D. 商品基金

二、多项选择题

1. 期货市场的组织结构由（　　）组成。

　　A. 期货交易所　　　B. 结算机构　　　C. 期货公司　　　D. 投资者

2. 期货交易所的重要职能有（　　）。

　　A. 提供交易场所、设施和服务，制定并实施业务规则

　　B. 设计合约、安排合约上市

　　C. 组织和监督期货交易

　　D. 监控市场风险，发布市场信息

3. 各个国家期货交易所的组织形式不完全相同，一般可以分为（　　）。

　　A. 合伙制　　　　　B. 合作制　　　　C. 会员制　　　　D. 公司制

4. 从国际期货市场的交易所会员制运作状况来看，期货交易所会员资格的获得方式主要是（　　）。

　　A. 以交易所创办发起人的身份加入

　　B. 接受发起人的转让加入

　　C. 依据期货交易所的规则加入

　　D. 在市场上按市价购买期货交易所的会员资格加入

5. 会员制期货交易所会员的基本权利有（　　）。

　　A. 参加会员大会，行使表决权、申诉权

　　B. 在期货交易所内进行期货交易，获得有关期货交易的信息和服务

　　C. 按规定转让会员资格

　　D. 联名提议召开临时会员大会

6. 世界各地交易所的会员构成分类不尽相同，有（　　）等。

　　A. 自然人会员与法人会员之分　　　B. 全权会员与专业会员之分

　　C. 结算会员与非结算会员之分　　　D. 全权会员与结算会员之分

7. 会员制期货交易所会员应履行的义务包括（　　）。

　　A. 遵守国家有关法律、法规、规章和政策

　　B. 遵守期货交易所的章程、业务规则及有关决定

　　C. 按规定交纳各种费用，执行会员大会、理事会的决议

　　D. 接受期货交易所业务监管

8. 会员制期货交易所的具体组织结构各不相同，但一般说来均设有（　　）。

　　A. 会员大会　　　B. 理事会　　　C. 专业委员会　　　D. 业务管理部门

9. 会员制期货交易所会员大会有权（　　）。

　　A. 制定、修改或废止章程及业务规则　　B. 选举和更换高级管理人员

　　C. 审议批准财务预算和决算方案　　　D. 决定期货交易公司的合并和终止

10. 下列是会员制期货交易所理事会职权的有（　　）。

　　A. 召集会员大会，并向会员大会报告工作

　　B. 监督会员大会决议和理事会决议的实施

　　C. 决定专门委员会的设置

　　D. 决定期货交易所合并、分立、解散和清算

11. 会员制期货交易所设立的专业委员会有（　　）。

　　A. 会员资格审查委员会

　　B. 交易行为管理委员会、交易规则委员会

　　C. 新品种委员会、合约规范委员会

　　D. 业务委员会、仲裁委员会

12. 公司制交易所一般采用公司管理制，下设（　　）。

　　A. 股东大会　　　B. 董事会　　　C. 监事会　　　D. 经理

13. 下列属于公司制交易所经理职权的有（　　）。

　　A. 决定公司的经营方针和投资计划

　　B. 主持公司的生产经营管理工作，组织实施董事会决议

　　C. 拟订公司内部管理机构设置方案

　　D. 提请聘任或者解聘公司副经理、财务负责人

14. 下列属于公司制交易所监事会职权的有（　　）。

　　A. 拟订公司内部管理机构设置方案

　　B. 检查公司的财务

　　C. 对董事、高级经理人员执行公司职务的行为进行监督

　　D. 提议召开临时股东会会议

15. 会员制和公司制期货交易所区别的根本标志有（　　）。

　　A. 三权（所有权、经营权和交易权）分配不同

　　B. 营利性不同

　　C. 承担的法律责任不同

D．资金来源不同

16．会员制交易所的基本特点是（　　　）。

A．组织的所有权、控制权与其产品或服务的使用权相联系，交易所为会员利益而运作，只有交易所会员才能利用交易所交易系统进行交易

B．会员制交易所的全部财产归全体会员所有、占有、使用和处置，会员实行自我监管

C．组织通常不以营利为目的

D．组织通常以营利为目标

17．会员制和公司制期货交易所在实际运行过程中有明显的差别，主要表现为（　　　）。

A．设立的目的不同 　　　　　　　　B．承担的法律责任不同

C．适用法律不尽相同 　　　　　　　D．资金来源不同

18．会员制和公司制期货交易所相同的是（　　　）。

A．都承担相同的法律责任 　　　　　B．都以法人组织形式设立

C．都接受证券期货管理组织的管理 　D．都接受证券期货管理组织的监督

19．下列关于公司制期货交易所说法正确的是（　　　）。

A．公司制交易所最主要的特点是以营利为目标，追求交易所利润最大化

B．公司制交易所对场内交易承担担保责任

C．公司制交易所的股票可以上市交易

D．公司制交易所实行自收自支、自负盈亏

20．近年来，世界上许多大型的证券期货交易所都由会员制改为公司制，公司化已经成为全球交易所的发展趋势。会员制的局限性主要表现在（　　　）。

A．交易所的非营利性质降低了交易所的管理效率

B．不能适应日益激烈的竞争环境

C．无法通过向其他投资者融资扩大交易所资本规模和实力的渠道

D．交易所的收益不能在会员间分配，使会员管理交易所的动力不足

21．下列实行公司制的期货交易所的有（　　　）。

A．斯德哥尔摩股票交易所 　　　　　B．欧洲期货交易所

C．大连商品交易所 　　　　　　　　D．芝加哥商业交易所集团

22．期货交易的盈亏结算包括（　　　）。

A．买入结算 　　　　　　　　　　　B．卖出结算

C．平仓盈亏结算 　　　　　　　　　D．持仓盈亏结算

23．期货结算机构的职能有（　　　）。

A．计算期货交易盈亏 　　　　　　　B．担保交易履行

C．控制市场风险 　　　　　　　　　D．交易所的收益在会员间分配

24．下列关于期货结算的说法中正确的是（　　　）。

A．结算机构作为结算保证金收取、管理的机构，承担起了控制市场风险的职责

B．结算机构会向保证金不足最低限额要求的会员发出追加保证金的通知

C．结算会员收到通知后必须在次日交易所开市前将保证金交齐，否则不能参与次日的交易

D．在合约价格剧烈波动时，结算机构也可以随时向会员发出追加保证金的通知，要求会员在收到通知后的一小时内补足保证金

25．期货交易所的结算机构就是期货交易所的一个内部机构的优点在于（　　）。

A．结算部门比较独立

B．便于交易所全面掌握市场参与者的资金情况

C．在风险控制中可以根据交易者的资金和头寸情况及时处理

D．它的风险承担能力较强

26．我国（　　）的结算机构是作为交易所内部机构来设立的。

A．中国金融期货交易所　　　　　　B．郑州商品交易所

C．大连商品交易所　　　　　　　　D．上海期货交易所

27．国际期货市场的结算体系通常采用（　　）的管理体系。

A．分级　　　　　B．分层　　　　　C．非分级　　　　D．会员制

28．国际期货市场的结算体系大体上可以分为（　　）等层次。

A．结算机构对结算会员进行结算　　B．结算会员与非结算会员之间的结算

C．非结算会员对客户的结算　　　　D．结算机构对客户的结算

29．下列关于中国金融期货交易所结算制度的说法正确的是（　　）。

A．中国金融期货交易所采取分级结算制度

B．交易所对结算会员进行结算，结算会员对投资者或非结算会员进行结算

C．结算会员按照业务范围分为交易结算会员、全面结算会员和特别结算会员

D．全面结算会员既可以为其受托客户也可以为与其签订结算协议的交易会员办理结算、交割业务

30．我国采用非分级结算制度的期货交易所有（　　）。

A．中国金融期货交易所　　　　　　B．郑州商品交易所

C．大连商品交易所　　　　　　　　D．上海期货交易所

31．下列关于我国期货交易所非分级结算制度的说法正确的是（　　）。

A．我国期货交易所均采用非分级结算制度

B．我国期货交易所均采用分级结算制度

C．交易所的会员既是交易会员，也是结算会员

D．交易所会员不做结算会员和非结算会员的区分

32．期货中介机构为期货投资者服务，它连接（　　），在期货市场中发挥着重要作用。

A．期货投资者　　B．期货交易所　　C．期货结算组织　　D．商品基金

33．期货中介机构的作用有（　　）。

A．克服了期货交易中实行的会员交易制度的局限性，吸引了更多交易者参与期货交易

B．期货交易所可以集中精力管理有限的交易所会员，而把对广大投资者进行管理的职能转交给期货中介机构

C．代理客户入市交易

D．对客户进行期货交易知识的培训，向客户提供市场信息、市场分析

34．美国期货市场中介机构包括（　　）等。

A. 期货佣金商（FCM）

B. 介绍经纪商（IB）

C. 场内经纪人（FB）、助理中介人（AP）

D. 期货交易顾问（CTA）

35. 我国期货市场中介机构主要包括（　　）。

    A. 场内经纪人　　　　　　　　　B. 期货交易顾问

    C. 期货公司　　　　　　　　　　D. 介绍经纪商

36. （　　），又称（　　），是指独立于公司和客户之外，接受期货公司委托，独立承担基于居间法律关系所产生的民事责任的自然人或组织。

    A. 期货居间人　　B. 客户经理　　C. 场内经纪人　　D. 期货交易顾问

37. 期货居间人下列行为属于越权代理的是（　　）。

    A. 代理签订《期货经纪合同》　　B. 代签交易月账单

    C. 代理客户委托下达交易指令　　D. 代理客户委托调拨资金

38. 我国的介绍经纪商能提供的服务有（　　）。

    A. 协助办理开户手续　　　　　　B. 提供期货行情信息、交易设施

    C. 代理客户进行期货交易　　　　D. 代期货公司、客户收付期货保证金

39. 申请我国介绍经纪商的券商必须满足（　　）的条件。

    A. 净资本不低于 12 亿元

    B. 已按规定建立客户交易结算第三方存管制度

    C. 全资拥有或控股一家期货公司，或者与一家期货公司被同一机构控制

    D. 净资本不低于净资产的 70%

40. 根据期货投资者入市目的的不同，期货投资者可以分为（　　）。

    A. 套期保值者　　B. 投机者　　　　C. 套利者　　　　D. 交易会员

41. 商品期货的套期保值者大多是（　　）。

    A. 生产商　　　　B. 加工商　　　　C. 经营商　　　　D. 投机商

42. 金融期货的套期保值者大多是（　　）。

    A. 金融市场的投资者（或债权人）　B. 融资者（或债务人）

    C. 进口商　　　　　　　　　　　D. 出口商

43. 一般说来，期货市场流动性的强弱取决于（　　）的多少。

    A. 合约品种　　　B. 投机成分　　　C. 期货公司　　　D. 套利保值者

44. 期货市场的机构投资者是指以各种形式参与期货交易的机构投资者，根据期货投资者入市目的的不同可分为（　　）。

    A. 套期保值者　　B. 投机者　　　　C. 套利者　　　　D. 会员

45. 从资金来源划分，期货市场的机构投资者可分为（　　）。

    A. 生产贸易商　　　　　　　　　B. 证券公司、商业银行或投资银行

    C. 养老基金　　　　　　　　　　D. 养老保险

46. 从机构的投资领域划分，期货市场的机构投资者可分为（　　）。

    A. 共同基金　　　　　　　　　　B. 对冲基金

    C. 对冲基金的基金　　　　　　　D. 商品基金

47. 对冲基金可以通过（　　　）等方式，投资于包括衍生工具、外币和外币证券在内的任何资产品种。

　　A．做多　　　　　　B．做空　　　　　　C．杠杆交易　　　　D．融资交易

48. 对冲基金按照交易手段可分为（　　　）。

　　A．低风险对冲基金　　　　　　　　B．混合型对冲基金

　　C．高风险对冲基金　　　　　　　　D．共同基金

49. 商品基金和对冲基金的区别有（　　　）。

　　A．商品投资基金的投资领域比对冲基金小得多，它的投资对象主要为在交易所交易的期货和期权

　　B．对冲基金的投资领域比商品投资基金小得多，它的投资对象主要为在交易所交易的期货和期权

　　C．在组织形式上，对冲基金运作比商品基金规范，透明度更高，风险相对较小

　　D．在组织形式上，商品基金运作比对冲基金规范，透明度更高，风险相对较小

三、判断题

1. 期货市场由三部分组成：提供集中交易场所的期货交易所、提供代理交易服务的期货公司和进行期货交易的投资者。　　　　　　　　　　　　　　　　　　　　　　（　　　）

2. 期货交易所自身直接或间接参与期货交易活动，参与期货价格的形成，拥有合约标的商品，为期货交易提供设施和服务。　　　　　　　　　　　　　　　　　　　　　（　　　）

3. 合约的标准化是期货交易得以进行的前提条件。　　　　　　　　　　　　（　　　）

4. 会员制期货交易所由全体会员共同投资。　　　　　　　　　　　　　　　（　　　）

5. 会员制期货交易所是实行自律性管理的非营利性的会员制法人。　　　　　（　　　）

6. 英国以及英联邦国家的期货交易所一般都是会员制交易所。　　　　　　　（　　　）

7. 公司制交易所一般采用公司管理制。　　　　　　　　　　　　　　　　　（　　　）

8. 公司制期货交易所设有专业委员会，而会员制期货交易所不设专业委员会。（　　　）

9. 三权（所有权、经营权和交易权）分配与营利性是区分会员制和公司制交易所的根本标志。　　　　　　　　　　　　　　　　　　　　　　　　　　　　　　　　　（　　　）

10. 公司制交易所对场内交易承担担保责任，即对交易中任何一方的违约行为所产生的损失负责赔偿。　　　　　　　　　　　　　　　　　　　　　　　　　　　　　　（　　　）

11. 公司制交易所的会员是交易所的股东。　　　　　　　　　　　　　　　　（　　　）

12. 公司制期货交易所和会员制期货交易所首先适用《中华人民共和国公司法》的规定，只有在《中华人民共和国公司法》未作规定的情况下，才适用《中华人民共和国民法》的一般规定。　　　　　　　　　　　　　　　　　　　　　　　　　　　　　　　　　（　　　）

13. 公司制交易所的资金来源于股东，只要交易所有盈利，就可将其作为红利在出资人中进行分配。　　　　　　　　　　　　　　　　　　　　　　　　　　　　　　　（　　　）

14. 公司制交易所作为一种传统的期货交易所组织形式，已有一百六十年的历史。

　　　　　　　　　　　　　　　　　　　　　　　　　　　　　　　　　　（　　　）

15. 会员制交易所的非营利性质降低了交易所的管理效率，使会员管理交易所的动力不足。　　　　　　　　　　　　　　　　　　　　　　　　　　　　　　　　　　（　　　）

16. 近年来，世界上许多大型的证券期货交易所都由会员制改为公司制，公司化已经成

为全球交易所的发展趋势。　　　　　　　　　　　　　　　　　　　　　（　　）

17．上海期货交易所、大连商品交易所和郑州商品交易所三家交易所采取公司制，中国金融期货交易所采取会员制。　　　　　　　　　　　　　　　　　　　（　　）

18．我国期货交易所不仅具有组织并监督交易行为的职能，还兼有组织和监督结算、交割行为，进行期货交易盈亏计算，保证期货合约履行的职能。　　　　　　（　　）

19．交割环节作为联系期货市场与现货市场的纽带，是期货交易最重要的环节之一，它的规范运作是期货市场功能发挥的重要保障。　　　　　　　　　　　　　（　　）

20．1925年芝加哥期货交易所结算公司（BOTCC）成立，芝加哥期货交易所的所有交易都要进入结算公司结算，现代意义上的结算机构产生了。　　　　　　　（　　）

21．期货交易的盈亏结算包括平仓盈亏结算和持仓盈亏结算。　　　　　（　　）

22．平仓盈亏结算是当日平仓的总值与原持仓合约总值的差额的结算。当日平仓合约的价格乘以数量与原持仓合约价格乘以数量相减，结果为正则为盈利，结果为负则为亏损，作为实际盈亏计入会员账户。　　　　　　　　　　　　　　　　　　（　　）

23．美国芝加哥商业交易所的结算机构是一家独立的结算公司。　　　　（　　）

24．美国国际结算公司是一家内部机构的结算公司。　　　　　　　　　（　　）

25．英国的伦敦结算所是一家独立的结算公司。　　　　　　　　　　　（　　）

26．我国期货交易所的结算机构是期货交易所的一个内部机构。　　　　（　　）

27．郑州商品交易所、大连商品交易所和上海期货交易所采取分级结算制度。（　　）

28．中国金融期货交易所没有采取分级结算制度。　　　　　　　　　　（　　）

29．大连商品交易所会员不做结算会员和非结算会员的区分，交易所的会员既是交易会员，也是结算会员。　　　　　　　　　　　　　　　　　　　　　　（　　）

30．期货中介机构的存在克服了期货交易中实行的会员交易制度的局限性，吸引了更多交易者参与期货交易，使期货市场的规模得以发展。　　　　　　　　（　　）

31．期货公司作为交易者与期货交易所之间的桥梁和纽带，归属于银行服务行业。
　　　　　　　　　　　　　　　　　　　　　　　　　　　　　　　　　（　　）

32．目前，我国期货公司主要从事经纪业务、自营业务。　　　　　　　（　　）

33．期货居间人是期货公司内部的客户经理。　　　　　　　　　　　　（　　）

34．期货居间人从事投资咨询、代理交易等期货交易活动。　　　　　　（　　）

35．国外的期货佣金商类似于我国的期货公司，可以独立开发客户和接受指令，可以向客户收取保证金，也可以为其他中介提供下单通道和结算指令。　　　　（　　）

36．在国际上，介绍经纪商的主要业务为期货佣金商开发客户，并收取保证金，接受期货、期权指令，但必须通过期货佣金商进行结算。　　　　　　　　　　（　　）

37．目前，我国的介绍经纪商是券商 IB 制度。　　　　　　　　　　　（　　）

38．我国介绍经纪商的主要业务是代理客户进行期货交易、结算或者交割。（　　）

39．投机者、套利者是期货市场存在的前提和基础。　　　　　　　　　（　　）

40．投机、套利交易促进市场流动，促进了期货市场价格发现功能的实现。（　　）

41．在国际上，养老基金、养老保险、慈善基金等作为期货市场重要的机构投资者，往往将投资组合的一部分资金（一般为5%～20%）配置到对冲基金上，以此分享参与期货市场等衍生品市场的好处。　　　　　　　　　　　　　　　　　　　（　　）

42. 对冲基金（Hedge Fund）又称避险基金，其显著的特征，就是经常运用对冲的办法去抵消市场风险，锁定套利机会。　　　　　　　　　　　　　　　　（　　）

43. 目前美国的对冲基金都是以有限合伙制为主。有限合伙人负责对冲基金的日常管理、投资策略的制定和具体措施，一般合伙人是对冲基金大部分资金的提供者，却不参与任何基金所进行的交易活动及基金的日常管理。　　　　　　　　　　　　（　　）

44. 共同基金投资组合中的资金并不配置期货等衍生品市场领域，但当共同基金为其持有的股票、债券、外汇等相关资产避险时，可以套期保值者的身份参与期货交易。（　　）

四、综合题

1. 期货交易所的重要职能有（　　），其中，（　　）是期货交易得以进行的前提条件。
   A. 提供交易场所、设施和服务，并发布市场信息
   B. 制定并实施业务规则
   C. 设计合约、安排合约上市
   D. 组织和监督期货交易
   E. 监控市场风险

2. 在下列期货交易所中，采取会员制的交易所有（　　），采取分级结算制的交易所有（　　）。
   A. 中国金融期货交易所　　　　　　B. 上海期货交易所
   C. 大连商品交易所　　　　　　　　D. 郑州商品交易所
   E. 芝加哥商业交易所集团

3. 美国期货市场中介机构包括（　　）。我国的期货公司类似于美国期货市场中介机构的（　　）。
   A. 期货佣金商（FCM）　　　　　　B. 介绍经纪商（IB）
   C. 场内经纪人（FB）　　　　　　　D. 助理中介人（AP）
   E. 期货交易顾问（CTA）

参 考 答 案

一、单项选择题

1. B	2. D	3. C	4. B	5. A
6. C	7. C	8. B	9. B	10. B
11. B	12. B	13. B	14. C	15. A
16. B	17. C	18. D	19. D	20. D
21. B	22. B	23. C	24. D	25. C
26. D	27. D	28. C	29. D	30. A
31. C	32. B	33. B	34. A	35. A
36. A	37. A	38. A	39. A	40. B
41. C	42. C	43. D	44. B	45. D
46. A	47. A	48. B	49. D	50. D
51. B	52. B	53. B	54. C	55. B
56. B	57. D	58. C	59. C	60. D

61. C

二、多项选择题

1. ABCD	2. ABCD	3. CD	4. ABCD	5. ABCD
6. ABC	7. ABCD	8. ABCD	9. ABCD	10. ABC
11. ABCD	12. ABCD	13. BCD	14. BCD	15. AB
16. ABC	17. ABCD	18. BCD	19. ABCD	20. ABCD
21. ABD	22. CD	23. ABC	24. ABCD	25. BC
26. ABCD	27. ABD	28. ABC	29. ABCD	30. BCD
31. CD	32. ABC	33. ABCD	34. ABCD	35. CD
36. AB	37. ABCD	38. AB	39. ABCD	40. ABC
41. ABC	42. ABCD	43. BD	44. ABC	45. ABCD
46. ABCD	47. ABCD	48. ABC	49. AD	

三、判断题

1. ×	2. ×	3. √	4. ×	5. √
6. ×	7. √	8. ×	9. √	10. √
11. ×	12. ×	13. √	14. ×	15. √
16. √	17. ×	18. √	19. √	20. √
21. √	22. √	23. ×	24. ×	25. √
26. √	27. ×	28. ×	29. √	30. √
31. ×	32. ×	33. ×	34. ×	35. √
36. ×	37. √	38. ×	39. ×	40. √
41. √	42. √	43. ×	44. √	

四、综合题

1. ABCDE；C　　2. BCD；AE　　3. ABCDE；A

参 考 文 献

[1] 罗孝玲. 期货与期权 [M]. 2 版. 北京：高等教育出版社，2011.

[2] 李一智. 期货与期权教程 [M]. 4 版. 北京：清华大学出版社，2010.

[3] 张忠慧. 证券投资学 [M]. 2 版. 北京：中国电力出版社，2010.

[4] 中国期货业协会. 期货市场教程 [M]. 北京：中国财政经济出版社，2010.

[5] 中国期货业协会. 期货法律法规汇编 [M]. 北京：中国财政经济出版社，2010.

[6] 杨玉川. 期货市场原理与实务 [M]. 天津：南开大学出版社，2000.

[7] 田海霞，张忠慧. 证券投资学 [M]. 哈尔滨：哈尔滨工业大学出版社，2015.

[8] 杨玉川. 现代期货市场学 [M]. 北京：经济管理出版社，1995.

[9] 罗孝玲. 期货投资学 [M]. 2 版. 北京：经济科学出版社，2010.

[10] 罗孝玲. 期货投资案例 [M]. 2 版. 北京：经济科学出版社，2010.